怎么办，
我第一次做胎教

赖爱鸾⊙编著
董 莉⊙审订

南海出版公司

图书在版编目（CIP）数据

怎么办，我第一次做胎教 / 赖爱鸾编著 . —海口：南海出版公司，2012.6

（怎么办，我第一次做妈妈）

ISBN 978-7-5442-6010-7

Ⅰ.①怎… Ⅱ.①赖… Ⅲ.①胎教—基本知识 Ⅳ.① G61

中国版本图书馆 CIP 数据核字（2012）第 124930 号

怎么办，我第一次做胎教

作　　者	赖爱鸾
策　　划	牟伟华
责任编辑	王海荣　宋亦芳
封面设计	胡椒设计
出版发行	南海出版公司　　电话：（0898）66568511
社　　址	海口市海秀中路 51 号星华大厦 5 楼　邮编：570206
电子邮箱	nanhaicbgs@yahoo.com.cn
经　　销	新华书店
印　　刷	北京瑞禾彩色印刷有限公司
开　　本	787 毫米 ×1092 毫米　1/20
印　　张	9
字　　数	200 千字
版次印次	2012 年 7 月第 1 版　2012 年 7 月第 1 次印刷
书　　号	ISBN 978-7-5442-6010-7
定　　价	39.80 元

南海版图书　版权所有　盗版必究

前言

研究证实，接受过胎教的孩子在成长阶段都会表现出远远超过自己的生理年龄的健壮与聪颖，而且他们通常表现得不爱哭闹、情绪稳定、心理行为也很健康，并且能较早地就开始与人交往。接受过胎教的孩子通常拥有较强的语言能力，语言辨别能力也比较强，还能表现出在音乐、美术等方面的天赋，运动神经也较为发达。接受过胎教的孩子大多心灵手巧，对知识的渴求度和学习兴趣也比较浓厚，就像一个"小天才"一样。

虽然可以尽早地发掘每个孩子的个体素质，让每一个孩子的先天遗传素质获得最优秀的发挥。尽管每个接受过胎教的孩子并不各个都是神童，但是我们相信胎教能使人类的智能更加优秀，会让更多的孩子达到更高的智商。

现在，胎教这种形式已经被越来越多的准父母接受并使用了。胎教是一门古老又年轻的学科，属于优生学范畴，国内外的专家学者也开始广泛关注并对此学科开始探索研究。无论是准父母，还是专家学者，大家的目的都是一致的——通过胎教达到优生优育的目的，让孩子们变得更加聪明。

胎教的方法可谓多种多样，有音乐胎教、语言胎教、抚摸胎教、营养胎教、英语胎教、环境胎教以及阅读胎教、光照胎教、情绪胎教等。这其中有传统的胎教方法，从古一直沿用至今，也有新式的胎教方法，是专家学者和准父母们新进发现的可以激发胎儿某项潜能的胎教方式。无论是什么胎教法，对胎儿的发育能产生良好影响的，就是有效果的胎教方式。在对胎儿实施胎教时，相信准父母不会只局限于一种胎教方式，为了让腹中的胎儿得到更全面的发育，通常会同时进行多种胎教方式。

本书就给准父母们提供了各种胎教方式。书中将胎教方式分类，贯穿在 40 周孕期的每一个周期内，并提点本周胎教的要点和原则，让准父母在了解胎儿每周的变化之余，能够选择适合胎儿的胎教方式。准父母们准备好了吗？跟随本书一起走进胎教育儿的世界吧。

编者

2012 年 2 月

第1章 1~4周——奠定大脑发育的基础

第1周 … 2
- 胎儿在成长：宝宝到底有多大啦 … 2
- 准妈妈变化：宝宝让我"孕味"十足 … 2
- 胎教课堂：胚前期胎教 … 2
- 饮食胎教：叶酸、DHA 一个都不能少 … 3
- 运动胎教：太极招式，消除疲劳一身轻松 … 3
- 按摩胎教：睡前按摩，让准妈妈心情放松 … 4
- 情绪胎教：《梦幻曲》感受清新与自然 … 4
- 其他胎教：养好身体，为胎儿发育提供"沃土" … 5

第2周 … 5
- 胎儿在成长：宝宝到底有多大啦 … 5
- 准妈妈变化：宝宝让我"孕味"十足 … 6
- 胎教课堂：胎教不是技术，是一种态度 … 6
- 饮食胎教：每日应补充0.4毫克叶酸 … 6
- 运动胎教：泡脚、搓穴，滋阴保肾 … 7
- 按摩胎教：按摩手腕至腋下，除麻痹 … 7
- 情绪胎教：唱唱小曲儿心情好 … 7
- 其他胎教：教你一招呼吸胎教法 … 8

第3周 … 8
- 胎儿在成长：宝宝到底有多大啦 … 8
- 准妈妈变化：宝宝让我"孕味"十足 … 8
- 胎教课堂：衣着适当，慎穿紧身衣 … 8
- 饮食胎教：营养均衡，钙、铁、锌、硒、维生素一样都不能少 … 9
- 运动胎教：小动作排浊、排毒效果好 … 9
- 按摩胎教：准妈妈治疗耳鸣有妙招 … 10
- 情绪胎教：沉浸在"宝宝长什么样"的幸福中 … 10
- 其他胎教：日记胎教法——记录胎儿的成长 … 11

第4周 … 11
- 胎儿在成长：宝宝到底有多大啦 … 11
- 准妈妈变化：宝宝让我"孕味"十足 … 12
- 胎教课堂：远离纷扰，优境养胎 … 12

饮食胎教：补充维生素 B2、维生素 D	12
运动胎教：保持良好姿势，摆脱腰酸背痛	13
按摩胎教：按摩消胃疼	13
情绪胎教：远离孤独症	14
其他胎教：端正准爸爸的审美胎教	14

第2章 5～8周——心脏已经开始跳动

第5周   16

胎儿在成长：宝宝到底有多大啦	16
准妈妈变化：宝宝让我"孕味"十足	16
胎教课堂：别用重口味伤害了你的宝宝	16
饮食胎教：油腻、生冷食品少吃为妙	17
运动胎教：吸气、吐气，解除疲劳、预防腰酸背痛	18
按摩胎教：按摩头部，改善偏头痛	18
情绪胎教：食补增加黄体酮，缓解压力	19
其他胎教：胎谈胎教，与宝宝聊聊天	19

第6周   20

胎儿在成长：宝宝到底有多大啦	20
准妈妈变化：宝宝让我"孕味"十足	20
胎教课堂：美丽"孕味"从穿衣开始	20
饮食胎教：全面补充维生素	21
运动胎教：改善情绪，伸伸胳膊、动动脚	22
按摩胎教：按摩缓解不良生理反应	22
情绪胎教：静心瑜伽呼吸法，改善不良情绪	23
其他胎教：国粹艺术胎教法	23

第7周   24

胎儿在成长：宝宝到底有多大啦	24
准妈妈变化：宝宝让我"孕味"十足	24
胎教课堂：激发宝宝的运动积极性	25
饮食胎教：叶酸降低宝宝患脊柱裂的危险	25
运动胎教：防止痉挛与抽筋的腿部练习	26

目录 CONTENTS

　　按摩胎教：脸部按摩，改善皮肤 26
　　情绪胎教：数数呼吸法，改善坏情绪 27
　　其他胎教：形体优雅的芭蕾胎教 27
　第 8 周 27
　　胎儿在成长：宝宝到底有多大啦 27
　　准妈妈变化：宝宝让我"孕味"十足 28
　　胎教课堂：宁静致远，怡情养性 28
　　饮食胎教：维生素 A+ 镁 = 宝宝骨骼健壮 28
　　运动胎教：妊娠初期的"床上体操" 29
　　按摩胎教：傍晚按摩，缓解准妈妈胃胀、胃痛 30
　　情绪胎教：准爸爸的小笑话助她"好孕" 30
　　其他胎教：有喜有忧的看电视胎教法 31

第 3 章　9～12 周——小家伙"人模人样"了

　第 9 周 34
　　胎儿在成长：宝宝到底有多大啦 34
　　准妈妈变化：宝宝让我"孕味"十足 34
　　胎教课堂：无规律的作息要摒除 34
　　饮食胎教：清淡、低盐才能远离水肿 35
　　运动胎教：伸腿蹬脚，练习柔韧性 35
　　按摩胎教：简单按摩帮助钙质吸收 36
　　情绪胎教：起居保健，缓解妊娠焦躁 36
　　其他胎教：为宝宝创造温馨、舒适的环境 37
　第 10 周 37
　　胎儿在成长：宝宝到底有多大啦 37
　　准妈妈变化：宝宝让我"孕味"十足 38
　　胎教课堂：你的体质就是宝宝的健康 38
　　饮食胎教：补碘预防甲状腺疾病 39
　　运动胎教：伴随音乐的舒缓散步法 40
　　按摩胎教：背部按摩"温暖"准妈妈的心 40
　　情绪胎教："怀孕日记"发泄担心情绪 41

情绪胎教：胎儿与妈妈"心心相映"	42

第 11 周   42

胎儿在成长：宝宝到底有多大啦	42
准妈妈变化：宝宝让我"孕味"十足	43
胎教课堂：禁忌多多，实施胎教悠着点	43
饮食胎教：蛋白质满足宝宝的飞速发育	43
运动胎教：活跃肌肉的孕妇操	44
按摩胎教：对宝宝形成良好的触觉刺激	45
情绪胎教：懒懒散散，影响胎儿的生长发育	45
其他胎教：共同感受，母子最好的交流方式	45

第 12 周   46

胎儿在成长：宝宝到底有多大啦	46
准妈妈变化：宝宝让我"孕味"十足	47
胎教课堂：实施胎教的前提条件	47
饮食胎教：营养全面，当数红糖	47
运动胎教：训练宝宝反应的宫内运动训练	48
按摩胎教：小腹按摩，促进消化吸收	49
情绪胎教：集中注意力让身心静下来	49
其他胎教：开阔眼界的旅行胎教	49

第4章   13～16 周——大脑迅速发育期

第 13 周   52

胎儿在成长：宝宝到底有多大啦	52
准妈妈变化：宝宝让我"孕味"十足	52
胎教课堂：皮肤，宝宝的"第二大脑"	53
饮食胎教：营养补充不能"厚此薄彼"	53
运动胎教：腿部练习是你最坚强的"后盾"	54
按摩胎教：你和宝宝的信任从此开始建立	55
情绪胎教：准妈妈怀孕别"娇气"	55
其他胎教：妈妈的心跳让我格外依赖	56

第 14 周   56

胎儿在成长：宝宝到底有多大啦	56

目录 CONTENTS

准妈妈变化：宝宝让我"孕味"十足 … 57
胎教课堂：替宝宝"开眼看世界" … 57
饮食胎教：营养师告诉你这样吃更优生 … 57
运动胎教：家务活也是一种运动 … 58
按摩胎教：头部按摩改善准妈妈的睡眠 … 59
情绪胎教：止乱呼吸法，让心情平和 … 59
其他胎教：聪明宝宝的"斯赛迪克胎教法" … 60

第15周 … 60
胎儿在成长：宝宝到底有多大啦 … 60
准妈妈变化：宝宝让我"孕味"十足 … 61
胎教课堂：胎教培养宝宝的"三自"性格 … 61
饮食胎教：人体无法合成维生素A … 61
运动胎教：深呼吸，提高供氧能力的运动 … 62
按摩胎教：按摩肩部，预防颈肩劳损症 … 63
情绪胎教：冥想法，梳理准妈妈思绪 … 63
其他胎教：灵活多变的肚皮舞胎教 … 64

第16周 … 64
胎儿在成长：宝宝到底有多大啦 … 64
准妈妈变化：宝宝让我"孕味"十足 … 64
胎教课堂：准妈妈巧妙"节制饮食" … 64
饮食胎教：增加了4倍的铁元素需求量 … 65
运动胎教：准妈妈的健身球锻炼 … 66
按摩胎教：防治妊娠性鼻炎有妙招 … 67
情绪胎教：腹式呼吸调节羞怯情绪 … 67
其他胎教：新奇的"胎儿大学" … 68

第5章 17～20周——生殖器官基本发育完成

第17周 … 70
胎儿在成长：宝宝到底有多大啦 … 70
准妈妈变化：宝宝让我"孕味"十足 … 70
胎教课堂：防止妊娠中的体力衰弱 … 70
饮食胎教：把早餐当做正餐吃 … 71

运动胎教：孕中期练习腹式呼吸　　71
　　按摩胎教：抚触，快与宝宝做游戏　　72
　　情绪胎教：拜日式练习安稳度过孕程　　72
　　其他胎教：利用意念做心音胎教法　　73

第18周　　73
　　胎儿在成长：宝宝到底有多大啦　　73
　　准妈妈变化：宝宝让我"孕味"十足　　74
　　胎教课堂：你的口味决定宝宝的口味　　74
　　饮食胎教：胃口好、消化好才是硬道理　　74
　　运动胎教：高龄孕妇的运动选择　　75
　　按摩胎教：逆时针抚摸宝宝最有效　　76
　　情绪胎教：孕程漫漫，走出"小世界"　　76
　　其他胎教：使用 BabyPlus 发挥宝宝潜能　　76

第19周　　77
　　胎儿在成长：宝宝到底有多大啦　　77
　　准妈妈变化：宝宝让我"孕味"十足　　77
　　胎教课堂：看、听、体会美的存在　　77
　　饮食胎教：营养来源——食补胜于药补　　78
　　运动胎教：散步、快走，增加准妈妈的耐力　　79
　　按摩胎教：按摩可舒缓准妈妈脚部浮肿　　79
　　情绪胎教：莲花冥想抚平情绪　　80
　　其他胎教：慰劳自己的美容胎教　　80

第20周　　81
　　胎儿在成长：宝宝到底有多大啦　　81
　　准妈妈变化：宝宝让我"孕味"十足　　81
　　胎教课堂：性格形成，先天、后天各有差异　　81
　　饮食胎教：纠正偏食、挑食的饮食习惯　　82
　　运动胎教：游泳增强准妈妈的心肺功能　　83
　　按摩胎教：腰部按摩活血化瘀　　83
　　情绪胎教：织毛衣迎接亲亲小宝贝　　84
　　其他胎教：对宝宝进行隔腹形体训练　　84

第6章 21～24周——大脑皮质发育完成

第21周 86
　　胎儿在成长：宝宝到底有多大啦 86
　　准妈妈变化：宝宝让我"孕味"十足 86
　　胎教课堂：多些口味，多些乐趣 86
　　饮食胎教：每日主食400克左右 86
　　运动胎教：跳舞缓解孕期不适 87
　　按摩胎教：按按腿，缓解血管压力 88
　　情绪胎教：你冷漠，所以他（她）冷漠 88
　　其他胎教：刺激听觉神经的音乐胎教 89

第22周 89
　　胎儿在成长：宝宝到底有多大啦 89
　　准妈妈变化：宝宝让我"孕味"十足 90
　　胎教课堂：给宝宝一个寓教于乐的胎教 90
　　饮食胎教：改掉不良饮食习惯 90
　　运动胎教：仰卧运动缓解腰痛 91
　　按摩胎教：适合孕6月的亲子游戏法 92
　　情绪胎教：激素水平导致情绪起伏 92
　　其他胎教：认字读书促进胎儿器官发育 93

第23周 93
　　胎儿在成长：宝宝到底有多大啦 93
　　准妈妈变化：宝宝让我"孕味"十足 93
　　胎教课堂：孕中期，掌握胎教宜忌 94
　　饮食胎教：一个人要吃"两人份" 94
　　运动胎教：足部运动松弛腰关节 95
　　按摩胎教：揉捏腿部，消除水肿 96
　　情绪胎教：心态好，胎儿长得也好 96
　　其他胎教：胎教新潮流——"海豚疗法" 96

第24周 97
　　胎儿在成长：宝宝到底有多大啦 97
　　准妈妈变化：宝宝让我"孕味"十足 97

胎教课堂：宝宝捕捉信息的"感情雷达"　　97
　　饮食胎教：食物纤维改善便秘与烧心　　98
　　运动胎教：准妈妈可以适度骑自行车　　98
　　按摩胎教：让胎儿"散步做操"的按摩法　　99
　　情绪胎教：准妈妈不良情绪的改善方法　　99
　　其他胎教：孕6月读书作画的求知胎教法　　100

第7章 25～28周——开始记忆

第25周　　102
　　胎儿在成长：宝宝到底有多大啦　　102
　　准妈妈变化：宝宝让我"孕味"十足　　102
　　胎教课堂：抚触刺激胎儿脑部发育　　103
　　饮食胎教：不可溶纤维防治便秘　　103
　　运动胎教：热门健身运动——孕妇普拉提　　104
　　按摩胎教：幽静、清香的芳香按摩　　105
　　情绪胎教：微笑是胎儿的最好胎教　　106
　　其他胎教：准爸爸要做的怡情胎教　　106

第26周　　106
　　胎儿在成长：宝宝到底有多大啦　　107
　　准妈妈变化：宝宝让我"孕味"十足　　107
　　胎教课堂：胎儿时期的记忆力　　107
　　饮食胎教：热牛奶帮助准妈妈安然入睡　　107
　　运动胎教：横扫心灵压力的普拉提呼吸法　　108
　　按摩胎教：橄榄油按摩全身，预防妊娠纹　　109
　　情绪胎教：准爸爸的"情绪胎教"　　109
　　其他胎教：胎教新法——养神益智修教养　　110

第27周　　110
　　胎儿在成长：宝宝到底有多大啦　　110
　　准妈妈变化：宝宝让我"孕味"十足　　111
　　胎教课堂：孕后期将胎教进行到底　　111
　　饮食胎教：细胞修复需要蛋白质与热量　　111

运动胎教：孕妇瑜伽的基础呼吸法 112
按摩胎教：按摩可减轻膀胱负担 113
情绪胎教：准爸爸的微笑胎教 113
其他胎教：缤纷的色彩胎教法 113

第28周 114

胎儿在成长：宝宝到底有多大啦 114
准妈妈变化：宝宝让我"孕味"十足 114
胎教课堂：提早对胎儿进行记忆训练 115
饮食胎教：矿物质防治先天疾病 115
运动胎教：瑜伽三式提高肌肉柔韧性 116
按摩胎教：按摩关元穴等提高造血功能 116
其他胎教：刺激视觉的光照胎教 117
其他胎教：给胎儿讲"故事"的童话胎教 117

第8章 29～32周——各器官已基本发育完善

第29周 120

胎儿在成长：宝宝到底有多大啦 120
准妈妈变化：宝宝让我"孕味"十足 120
胎教课堂：说说你想和胎儿说的话 120
饮食胎教：多吃富含不饱和脂肪酸的食物 121
运动胎教：孕妇的理想运动——动静操 121
按摩胎教：穴位按摩，准妈妈睡得香 122
情绪胎教：宝宝性格的雏形来源于胎儿期 122
其他胎教：陶冶情操的视觉胎教 123

第30周 123

胎儿在成长：宝宝到底有多大啦 123
准妈妈变化：宝宝让我"孕味"十足 124
胎教课堂：大脑功能靠广泛的情趣去改善 124
饮食胎教：咖啡因影响宝宝发育 124
运动胎教：坚持练习孕妇体操 125
按摩胎教：按摩到位，准妈妈小腿不再抽筋 125

情绪胎教：消除紧张情绪的自律训练 126
其他胎教：建立良好母子关系的阅读胎教 126

第31周 127

胎儿在成长：宝宝到底有多大啦 127
准妈妈变化：宝宝让我"孕味"十足 127
胎教课堂：心理健康，胎教无声胜有声 127
饮食胎教：控制体重，少吃淀粉类食物 128
运动胎教：锻炼肌肉增加准妈妈的力量 128
按摩胎教：食欲不振，按摩调节 129
情绪胎教：通过香气调节情绪 129
其他胎教：无意胎教与有意胎教 130

第32周 130

胎儿在成长：宝宝到底有多大啦 130
准妈妈变化：宝宝让我"孕味"十足 130
胎教课堂：和谐乐观，美好心灵的轻松感受 131
饮食胎教：美味饭菜，养胃第一 131
运动胎教：益处多的提肛、猫姿练习 132
按摩胎教：孕期痔疮——准妈妈难言的痛 132
情绪胎教：夫妻感情良好是胎教的重要因素 133
其他胎教：准妈妈爱思考，宝宝脑力好 134

第9章 33～36周——变得很健壮

第33周 136

胎儿在成长：宝宝到底有多大啦 136
准妈妈变化：宝宝让我"孕味"十足 136
胎教课堂：母子血脉相连、心灵相通 136
饮食胎教：亚油酸满足大脑的迅速发育 136
运动胎教：三种运动，备战分娩时刻 137
按摩胎教：早晚搓脚心，打通经络交"好孕" 138
情绪胎教：充分做好产前的心理准备 138
其他胎教：备受重视的英语启蒙胎教 139

目录 CONTENTS

第 34 周 　　　　　　　　　　　　　　　　　　　139
　　胎儿在成长：宝宝到底有多大啦　　　　　　　139
　　准妈妈变化：宝宝让我"孕味"十足　　　　　　139
　　胎教课堂：语言暗示消除分娩恐惧　　　　　　140
　　饮食胎教：营养摄入多样化、高质量　　　　　140
　　运动胎教：准妈妈运动，准爸爸"奉陪到底"　141
　　按摩胎教：亲情互动的 3 个小游戏　　　　　　142
　　情绪胎教：远离惊险恐怖的电视、电影　　　　142
　　其他胎教：天马行空的想象力胎教法　　　　　142

第 35 周 　　　　　　　　　　　　　　　　　　　143
　　胎儿在成长：宝宝到底有多大啦　　　　　　　143
　　准妈妈变化：宝宝让我"孕味"十足　　　　　　143
　　胎教课堂：增加顺产概率的五种方法　　　　　143
　　饮食胎教：孕晚期决定新生儿体重的 70%　　　144
　　运动胎教：学做孕妇清静体操　　　　　　　　144
　　按摩胎教：胃部不适，通过按摩解决　　　　　145
　　情绪胎教：小家伙也会有"脾气"　　　　　　145
　　其他胎教：帮助胎儿提高 IQ 和 EQ 的方法　　　146

第 36 周 　　　　　　　　　　　　　　　　　　　147
　　胎儿在成长：宝宝到底有多大啦　　　　　　　147
　　准妈妈变化：宝宝让我"孕味"十足　　　　　　147
　　胎教课堂：胎教放松准妈妈的心情　　　　　　147
　　饮食胎教：谨防酮症酸中毒症　　　　　　　　147
　　运动胎教：回归自然的"森林浴"　　　　　　148
　　按摩胎教：抚触按摩刺激胎儿的感觉器官　　　149
　　情绪胎教：准妈妈为何冷落丈夫　　　　　　　149
　　其他胎教：理想中的完美胎教　　　　　　　　150

第 10 章　37～40 周——头已经完全入盆

第 37 周 　　　　　　　　　　　　　　　　　　　152
　　胎儿在成长：宝宝到底有多大啦　　　　　　　152

  准妈妈变化：宝宝让我"孕味"十足　152
  胎教课堂：乌托邦式的胎教环境　152
  饮食胎教：每日摄入热量 2300 千卡　152
  运动胎教：仰卧运动缓解腰腿酸痛　153
  按摩胎教：按摩风池穴可治落枕　153
  情绪胎教：了解分娩，缓解紧张感　154
  其他胎教：充满生命力的氧气胎教　154

第 38 周　154
  胎儿在成长：宝宝到底有多大啦　154
  准妈妈变化：宝宝让我"孕味"十足　155
  胎教课堂：小心你的言语"教坏"宝宝　155
  饮食胎教：不再补充各类营养素制剂　155
  运动胎教：增加骨盆底肌肉柔韧性　156
  按摩胎教：乳房按摩确保母乳喂养顺利　156
  情绪胎教：准爸爸要体谅妻子　156
  其他胎教：性格胎教，你的性格我做主　157

第 39 周　157
  胎儿在成长：宝宝到底有多大啦　157
  准妈妈变化：宝宝让我"孕味"十足　157
  胎教课堂：生产前心情放松最紧要　158
  饮食胎教：补充蛋白质，积蓄分娩能量　158
  运动胎教：用指尖促进脑部血液循环　159
  按摩胎教：穴位按摩提神、醒脑、除疲劳　159
  情绪胎教：外国准妈妈精神放松法　160
  其他胎教：日本准妈妈的情商胎教法　160

第 40 周　160
  胎儿在成长：宝宝到底有多大啦　160
  准妈妈变化：宝宝让我"孕味"十足　161
  胎教课堂：择优而行，不同孕育生产不同宝宝　161
  饮食胎教：易消化，分娩前饮食第一原则　162
  运动胎教：产前体操，做得舒心，生得顺心　162
  按摩胎教：多管齐下，按摩调节胃口　163
  情绪胎教：交响曲《田园》调节产前情绪　163
  其他胎教：备忘录，优质胎教的 10 个金点子　164

第1章 1~4周——奠定大脑发育的基础

最初怀孕的这四周里,你多半不知道自己已经"有喜"了吧?在这"造人计划"的最后阶段,你的心情越来越惴惴不安了。各项准备工作都做得很好的你,正期待着命运赐给你一个健康、活泼、可爱、聪明的宝宝。而它此时也就悄无声息地人住你的身体,跟你的生命形成永恒的联系。不管怎样,这最初的四周,是奠定宝宝大脑发育基础的关键时期,想要孕育出一个智力傲人的"小智多星",准父母就要一齐用心、共同努力。

第1周

有"造人计划"的准父母们一定在迫不及待地等待好消息吧！数周后当准妈妈得知自己怀孕后，推算下来，尚处于月经期的这一周竟成为自己的怀孕第1周。

胎儿在成长 | 宝宝到底有多大啦

得知怀孕的消息后，很多准妈妈都会迫不及待地想知道宝宝到底多大了。但是，当你查阅第一周的胎儿有多大的相关内容时，一定会很失望吧。大多数准妈妈都是在停经37天以后确知怀孕消息的。由于每一位孕妇都难以准确地判断受孕时间，所以，医学上规定，从末次月经的第一天起计算预产期，整个孕期共为280天、10个妊娠月（每个妊娠月为28天），这也是本书的主要内容框架。

所以，准确地说，在孕期第1周，准妈妈尚未受孕。计划怀孕的夫妻，此时要多锻炼身体，保持良好的作息和饮食习惯，因为身体情况决定了精子和卵子的质量，这是受孕后胎儿能够健康发育的基础。

准妈妈变化 | 宝宝让我"孕味"十足

怀孕第1周，在临床上通常是指末次月经起的第一周，医学上也是根据准妈妈末次月经的起始日来推算预产期的。这时候，准确地说，准妈妈尚未受孕，其身体也尚未发生任何变化。

月经，是准妈妈的子宫每个月都会进行的自我"清扫"。这时子宫的内膜脱落、出血，之后又会长出新的子宫内膜并逐渐增厚，直到下次"清扫"时间的到来。假如在这两个周期之间有胎儿住进了子宫，那么直到胎儿出世，准妈妈的月经都不会再来了。

胎教课堂 | 胚前期胎教

医学上将孕期分为胚前期（0～4周）、胚胎期（5～10周）和胎儿期（11～40周），其中胚前期和胚胎期最为重要，是创造新生命的质变时期。所以，准父母也要重视怀孕前四周的胎教，为孕育胎儿打下良好的基础。

本周胎教的原则和重点是：快乐，顺其自然。

本周就要开始胎教第一课了。准父母保持愉悦轻松的心情是首要前提。听听舒缓的音乐、散散步，都能让身体和心灵放松下来。另外，保持周围环境清净也是非常重要的，脏乱浑浊的环境怎能让身心愉悦起来呢？别忘了，从这一刻开始，内外环境对准妈妈情绪的影响，也会在不远的将来带给其腹中的胎儿。快用你的情绪去影响身体状况，进而给卵子和精子好的影响，才能让它们有更好的组合，创造更大的奇迹。

饮食胎教 | 叶酸、DHA 一个都不能少

【营养重点】

准父母从此刻开始就要补充营养，这样才能孕育出健康的宝宝哦。以前饮食上的恶习一定要改掉：准爸爸要远离烟酒，准妈妈不能再摄入咖啡因了，双方都要远离垃圾食品、被污染的食品。这样才能使你们的精子和卵子先强壮起来，可别让宝宝输在起跑线上！

若叶酸摄入不足，以后可能会导致流产或妊娠中毒症，甚至生下畸形儿、低体重儿、神经障碍儿以及早产儿。另外，促进胎儿大脑发育的DHA、增强胎儿骨骼强壮度的钙、促进血液循环的镁等元素，都是准妈妈从此时就该开始补充的微量元素。

【食补指导】

多吃豆类食品、坚果和蔬菜，这些食物都含有叶酸，能有效帮助准妈妈提高叶酸摄入量。准妈妈在平日的饮食中要多吃些含有叶酸的食物，还要多摄入蛋类、奶类等蛋白质含量丰富的食物。

【饮食推荐】

酸奶猕猴桃汁

猕猴桃的籽含有丰富的叶酸、维生素E和维生素C，再配合酸奶食用，可令猕猴桃内的维生素E更好地被吸收，降低准妈妈的血糖，并且可以补充钙质。

材料：猕猴桃2个，酸奶250克。

做法：将猕猴桃削皮切成块，加上酸奶一起放入榨汁机中，将二者搅拌均匀即可。

一品山药

山药补肾气，肾虚者、脾胃较虚弱者应多食用，准妈妈食用山药可健肾、补脾胃。

材料：山药500克，面粉150克，果仁、蜜饯、蜂蜜、白糖、淀粉各适量。

做法：将山药去皮，放入蒸锅蒸熟，取出后捣成泥，加入面粉揉成面团，做成圆饼放入盘中，撒上果仁、蜜饯，再放入锅中隔水蒸30分钟。将白糖、蜂蜜、淀粉调成稠汁，入锅烧开，浇在蒸好的山药面饼上即可。

运动胎教 | 太极招式，消除疲劳一身轻松

【运动说明】

有氧运动可以保持体力，适合准妈妈们来做，不过要注意，一定不能做太剧烈的运动哦。准妈妈可以尝试做些简单的有氧运动，对自己和未来的宝宝都是有好处的。

打太极拳是一种常见的且不太剧烈的有氧运动项目，这种运动强度较低、富有节奏，非常适合准妈妈练习。下面就介绍太极拳招式中的"拍打穴位法"，供准妈妈们来练习。

【运动方法】

拍打双肩井穴

右手手掌拍打左肩井穴36下，左手手掌拍打右肩井穴36下，双手交叉同时进行。

拍打足三里穴

用双手手掌的掌根部同时拍打同侧腿的足三

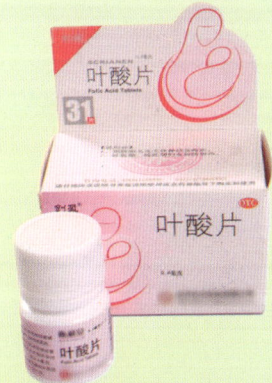

里穴 36 下。

拍打足心涌泉穴
右手手掌拍打左足心涌泉穴 36 下，左手手掌拍打右足心涌泉穴 36 下。

【运动功效】

拍打身体穴位法可以解除身体出现的疲累现象，这种方法是太极拳招式中最简单的一式，练习后会使全身轻松，既能解除一身疲惫，又可强健身体、提高受孕机会。

按摩胎教｜睡前按摩，让准妈妈心情放松

【按摩说明】

由于有"造人计划"，准妈妈难免有焦急等待的心情，情绪自然也会受到影响，经常会有莫名紧张、发火和愤怒的情绪出现。通过按摩，就可以改善准妈妈的这种情况。通过对穴位的按摩和拍打，可以疏通气血，让准妈妈立刻心平气和。

【按摩方法】

1. 用左手拇指按压在右手的内关穴上，同时，左手的食指压在左边的外关穴上按揉，然后换右手按摩左手。

2. 双手中指交叠用力按揉百会穴，每次按揉 3 分钟左右，直到有酸胀感、刺痛感为止。

【按摩功效】

这种按摩方法可以使准妈妈精神安宁、宽胸理气、经脉疏通、减轻压力，也会使准妈妈的头疼、头晕、心悸、失眠等症状有所缓解。

情绪胎教｜《梦幻曲》感受清新与自然

大家都知道，情绪不佳的时候身体会产生很多毒素。古人云"妒妇不孕""肝郁不孕"是有一定科学依据的。准妈妈情绪不好，必然会使身体处于亚健康状态，其排出的卵子也是处于亚健康状态的。同样，准爸爸的情绪也影响着精子的健康状态。如若同是亚健康状态的精子和卵子结合，就会影响胎儿的质量，甚至导致宫外孕和流产。

所以，准妈妈要赶紧让自己的情绪好起来，只有拥有良好的情绪，精力、体力、智力、性功能才都能处于最佳状态，受精卵的质量也才会高，胎儿素质也好。

> **小贴士｜罗伯特·舒曼的《梦幻曲》——感受清新与自然**
>
> 德国作曲家舒曼的《梦幻曲》完成于 1838 年，是其所作十三首《童年情景》中的第七首。这首乐曲有些微妙变化的律动感，曲调轻盈融情、温暖甜蜜。《梦幻曲》表达了作曲家对已逝的和未来的梦幻的热望与挚爱。常被选为胎教音乐和早教音乐，响彻准妈妈的床头和宝宝的摇篮边，细腻幽静的音乐曲调能使准妈妈心情放松、安静下来，并获得清新自然的感受。

其他胎教 | 养好身体，为胎儿发育提供"沃土"

大家都希望自己的宝宝既聪明又健康，因此，优生、优育就成为每对准父母格外关心的问题。健康检查可以让准父母更清楚地了解自己的身体状况，及时做出调整，以最佳的身体状态受孕，给胎儿发育提供最好的基础条件。

血常规检查：排除遗传病隐患

通过血常规检查可以诊断出很多遗传疾病，防止生出不健全的宝宝。血常规检查中的各项血液指标还可以确定准妈妈是否患有贫血、有无潜在感染、凝血机能如何，以及是否有血液系统和免疫系统的疾病，以做到早发现早治疗，调节好身体机能，为孕育出健康的小生命做好准备。

尿常规检查：防止流产、早产

孕前的尿常规检查可以帮助判断准妈妈是否患有肾脏疾病，及时发现后要尽快治疗，以防孕晚期发生危险情况。另外，尿常规检查还能够发现准妈妈有无泌尿系统感染、血液病等，并能初步了解到准妈妈是否患有糖尿病。

染色体检测：避免新生儿缺陷

通过染色体检测排查，可以预测后代是否可能遗传到染色体疾病，以做到及早发现，并采取有效措施进行干预，避免有缺陷的宝宝降生。

妇科 B 超检查：排查子宫肿瘤、畸形等

妇科 B 超检查是排查子宫肿瘤、子宫畸形、子宫内膜异位、卵巢肿物，以及盆腔内炎性肿块或脓肿的重要手段。清楚地了解了这些身体内部情况，你的怀孕计划就"高枕无忧"了。

心电图：降低孕产妇死亡率

为了降低孕、产妇的死亡率，孕前的心电图是一定要做的常规健康检查中的重要项目。女性怀孕后，心脏血液输出量比常人增加 43%，平均心跳也比孕前增加了 20%，导致心脏负荷明显增加。通过心电图检查，及时了解自己的身体状况，减少怀孕给准妈妈带来的生命危险。

子宫颈刮片检查：遏制子宫颈癌变

感染了滴虫、霉菌、支原体、衣原体以及有其他阴道炎症的孕妇，极易发生流产、早产。因此，准妈妈需要做子宫颈刮片检查，确定上述感染情况是否存在。若发现存在问题，应及时向医生反映情况，以获得最佳治疗方案。

第 2 周

在你毫不知情的情况下，来自你丈夫的精子与你的卵子结合在一起，而你需要再过两周才能发现自己怀孕了。

胎儿在成长 | 宝宝到底有多大啦

根据临床上对怀孕起始时间的定义，本周准妈妈就要进入排卵期啦。"造人计划"正是从本周正式拉开帷幕。

正常情况下，排卵期发生在月经周期的第 14 天，而临床上的怀孕第一天就是末次月经的第一天，那么这样算来，在第 2 周的末期准妈妈才刚刚进入排卵期而已，此时，当卵子遇到精子并受精后形成受精卵，就是新生命的雏形。

准妈妈变化 | 宝宝让我"孕味"十足

从表面来看，准妈妈现在没什么显而易见的变化，可是，这翻天覆地的变化都在内里，准妈妈的子宫和输卵管正进行着惊天动地的变化。

本周周末，准妈妈们就要开始排卵了。卵子排出后，在输卵管中存活不超过36小时，在这短短的一天半时间里，有大约3亿个精子要努力与其结合成为受精卵，但最终经过重重障碍后，只能有一枚幸运的精子与卵子受精结合，形成胚胎，并开始他（她）的成长发育历程。

瞧瞧你身体内部这激烈的变化，难道你不想为此而感叹：生命就是一个奇迹！

胎教课堂 | 胎教不是技术，是一种态度

本周胎教的原则和重点是：胎教不是技术，是一种态度。

准妈妈至少需要再过两周才能发现自己怀孕了，按理说是不会在临床上所谓的孕第2周进行胎教的。但是准父母们至少要明白一个道理：胎教不是技术，而是一种心态。也就是说，胎教不是父母要传递给胎儿多少知识，而是一种生命的暗示和潜移默化的"培育"。

从广义来讲，孕期有关饮食、环境、精神等方面的各项保健措施都算是一种胎教，这些不仅对帮助胎儿健康发育起到关键性作用，也会对准妈妈的精神和身体状况产生良好的影响。只有准妈妈的身体健康了，才能孕育出强健的宝宝。别忘了，这就是"胎教"的力量。

饮食胎教 | 每日应补充0.4毫克叶酸

【营养重点】

怀孕前三个月要尽力地去补充叶酸，这是每个正在准备怀孕的准妈妈们都了解的常识。因此，本周的饮食重点，依然是补充叶酸。叶酸是人体三大造血原料之一，能促进红细胞的生产。其实在大多数情况下，在准备怀孕的阶段就应该开始补充叶酸了。

【食补指导】

专家建议准备怀孕的女性每日应补充0.4毫克叶酸，若是怀孕后，每日补充的量应达到0.6~0.8毫克。缺少了叶酸的胎儿可能会出现大脑发育畸形的情况，影响其神经系统正常发育，最终变成无脑儿。

【饮食推荐】

松仁海带

松仁有健脾滋阴的功效，海带散结软坚，可通便，准妈妈在孕早期食用不仅可以增强体质、防治便秘，还有利于安胎。海带含有丰富的碘元素，有利于胎儿的生长发育。

材料： 松仁50克，水发海带100克，鸡汤、盐各少许。

做法： 松仁、水发海带用清水洗净，将海带切成细丝。锅置火上，放入鸡汤、松仁、海带丝，用文火煨熟，加盐调味即可。

上汤菠菜

菠菜富含叶酸，适合孕早期的准妈妈们食用。菠菜中还含有维生素A、维生素B、维生素C和

铁，有利五脏、通血脉、下气调中、止渴、润肠的作用，还可以缓解慢性便秘症状、促进胰腺分泌、促进消化。

材料：菠菜400克，草菇100克，枸杞子、葱、姜、大蒜、盐各5克，胡椒粉1克。

做法：将菠菜洗净；葱、姜洗净切丝；大蒜去皮，洗净后切末。锅中加水，将菠菜氽水，捞出装盘。锅中加水，加入洗净的草菇、枸杞子和姜丝、葱丝、蒜末、盐、胡椒粉，烧开后倒在菠菜上即可。

运动胎教 | 泡脚、搓穴，滋阴保肾

【运动说明】

肾是主管生长发育及生殖的器官，向来被称为生命之本，肾与怀孕生产有十分密切的关系。准妈妈只有肾功能健全，才能顺利完成妊娠。肾脏是十分敏感的，身体其他任何脏器的疾病都可能累及肾脏。因此，对肾脏的呵护就成为准妈妈应该格外重视和关注的内容。那么，究竟哪些方式可以帮助保持肾脏的健康和功能呢？

【运动方法】

泡脚法

每天睡前用热水泡脚10分钟左右，然后点揉双足足心涌泉穴各36次。

搓肾俞穴

面南而立，双脚分开与肩同宽，左右开步，并且全身放松、双手手掌五指合拢插在腰后，掌心向外，手背向内。用双手合谷穴突出部位上下搓两侧肾俞穴各81次，一上一下为1次。

【运动功效】

保护肾脏不仅可以延年益寿，对孕育后代也有不可忽视的功效。上述运动方法可治愈肾虚病。

按摩胎教 | 按摩手腕至腋下，除麻痹

【按摩说明】

怀孕后，准妈妈的循环系统会较怀孕前能力有所下降，手部按摩能帮助准妈妈增加手部血液及淋巴腺的循环。不妨从现在起，就对手部进行按摩吧。

【按摩方法】

1. 先托着准妈妈的手腕，再用另一只手的手指轻轻按捏其手腕直至腋下。

2. 仍旧托着准妈妈的手腕，另一只手上下不停地扫拨其手腕直至腋下。

3. 双手夹着准妈妈的手臂，上下按摩其手腕直至腋下。

4. 搓揉手掌，轻轻按揉准妈妈的每根手指，然后用手指从手腕部位将逐个手指拉向指尖，再搓揉每个手指，搓到指尾时稍稍加压。

【按摩功效】

对准妈妈实施手部按摩，可以缓解她的手部麻痹症状。

情绪胎教 | 唱唱小曲儿心情好

准妈妈的心情畅快了，胎儿的发育自然也就顺畅多了。准妈妈的心情是可以通过脐带和胎盘传输给胎儿的，准妈妈心情好，通过脐带和胎盘传输给胎儿的氧气和血液就会充足，胎儿就会更好地发育成长。那么，从现在起，准妈妈就着手让自己的心情轻快起来吧。

消除紧张郁闷的情绪，唱歌是个不错的方法。准妈妈在美妙音乐的陶冶之下可以忘掉各种烦恼，如果能唱出来，那就能把心中的所有紧张情绪全

都释放出去了。

其他胎教 | 教你一招呼吸胎教法

准妈妈心情杂乱不安是胎教的最大障碍。现在兴起一种呼吸胎教法，即通过对呼吸的调节来稳定准妈妈的情绪，然后配合其他方法的胎教，可对胎儿的生长发育和良好性格的形成起到积极作用。

呼吸法是在胎教前进行的，它可以帮助准妈妈稳定情绪、集中注意力。呼吸法可选择在床上、沙发上、地板上进行，这些地方可使腰背舒展、全身放松。开始练习时，微闭双目，手可以放在身体两侧，也可以放在腹部。尽可能穿着宽松点的衣服，然后用鼻子慢慢地吸气，坚持吸气5秒，吸气时要让自己感到气体被储存在腹中，然后再慢慢呼气，呼气时间大约是吸气时间的2倍，也就是10秒左右。这样反复进行呼、吸气1～3分钟，准妈妈就会感到心情平静、头脑清醒。在进行呼吸法的时候，要尽量摒除杂念，全神贯注地把注意力集中在吸气和呼气上。

这种方法可在每天早上起床时、中午休息前、晚上临睡前各进行一次，这可以有效改善妊娠期间准妈妈动辄焦躁的精神状态。掌握这种方法后有利于准妈妈在胎教前集中注意力，从而进一步提高胎教效果。

第3周

这周，受精卵已经深深地植入你的身体，无论你们是否已经做好准备，他（她）都已经在你的身体内完成胚前期到胚胎期的第一次质变了。

胎儿在成长 | 宝宝到底有多大啦

这周的后期，宝宝已经是个长约0.2厘米、体重不足1克的胚胎啦。一个胚胎在准妈妈的子宫内"安营扎寨"，它无法区分出头和身体，却长着鳃弓和尾巴。胎盘、胎膜此时也开始形成了。

准妈妈变化 | 宝宝让我"孕味"十足

此时，准妈妈的身体还没有什么明显的变化和反应。也难怪，这时的胎儿甚至还不能称其为胎儿，只是胚胎，准妈妈又能有什么明显变化呢？只是"着床"这一过程虽是无声无息，但偶尔也让少数准妈妈有了生理性"着床"的出血和轻微的痉挛现象。还有个别准妈妈身体有些发寒、发热、慵懒困倦及难以成眠的症状，这是极少数现象，很少有人能这么快就开始有怀孕的反应。由于准妈妈此时尚不知道自己已经怀孕了，所以并没有注意到这些症状，没有怀孕计划的准妈妈甚至会认为自己感冒了。

胎教课堂 | 衣着适当，慎穿紧身衣

本周胎教的原则和重点是：穿着舒服比好看更重要。

不管此时你是否已经知道自己怀孕了，有"造人计划"的准妈妈，应该及早为自己创造舒适的生活环境，并给自己换上宽松的衣服。衣着舒适、环境秀美，可以帮助准妈妈调节情绪，形成良好的心理状态，这有助于养胎、育胎，在胎教方面也会收到良好的效果。

准妈妈的衣着要以宽松为主，不穿紧身衣、紧身裤，不穿露腰、露脐装，更不要穿高跟鞋，底子或硬或滑、质地不舒服或不透气的鞋也不适宜穿着。准妈妈应尽量远离噪音，远离刺激性气味，室内环境不得脏、乱、差，如能放置些花卉、书画作为装饰会更佳。

饮食胎教 | 营养均衡，钙、铁、锌、硒、维生素一样都不能少

【营养重点】

平时准妈妈喜爱的那些饮品，如咖啡、茶水、碳酸饮料等，从现在起就不能再饮用了，白开水才是准妈妈最理想的饮料。叶酸当然要继续补充，其重要性是不言而喻的。同时，本周也要开始补充多种微量元素了，如钙、铁、锌、硒、维生素等。

【食补指导】

锌和铜是中枢神经系统发育的直接参与者，特别是锌，孕期缺少了锌元素，就会造成胎儿神经系统的发育障碍。所以，为了胎儿的健康发育，准妈妈不仅要注意营养均衡，更要多食用一些含锌量较高的食物，如坚果、香蕉、动物内脏等，以便较多地摄入一些锌元素。

【饮食推荐】

猪肉芦笋卷

芦笋的叶酸含量在蔬菜中可是首屈一指的，这对孕早期需要持续补充叶酸的准妈妈来说，是特别好的食物。

材料：猪肉200克，芦笋10根，料酒、姜末、蒜末、盐、咖喱粉、黑胡椒粉各适量。

做法：猪肉切片，用料酒、姜末、蒜末腌制10~15分钟；芦笋洗净，去根，去皮，切成长短适中的段。用腌好的猪肉片包裹住芦笋段，撒上咖喱粉、盐和黑胡椒粉，然后放入烤箱中烘烤7分钟左右即可。

蘑菇小肉丸

猪肉可以提供准妈妈身体所需的蛋白质与脂肪，还可为准妈妈提供钙、磷、铁、膳食纤维等营养物质。蘑菇中富含的蘑菇醇提取物等营养物质，不但有降血糖的作用，而且还有补益肠胃、化痰散寒的功效。

材料：猪肉末150克，鲜蘑菇50克，油菜心100克，鸡蛋液30克，葱汁、姜汁、绍酒、盐、胡椒粉、麻油、淀粉各适量。

做法：将油菜心洗净备用；鲜蘑菇洗净，切片；猪肉末中加入葱汁、姜汁、绍酒、盐、鸡蛋液、淀粉，搅拌上劲。锅置火上，加水烧沸，挤入肉丸子汆熟，放入油菜心、蘑菇片，待汤再次烧沸且食物熟后，加入盐、胡椒粉、麻油即可。

运动胎教 | 小动作排浊、排毒效果好

【运动说明】

身体内毒素、毒气与浊气堆积时间长了，不能及时排出的话，将会对身体健康产生很大的影响，更别说孕育宝宝了。试想，胎儿在这样"万恶"的环境下还能健康茁壮地成长吗？因此，我们需要用些小动作来帮助身体"排出毒素"，才能一身轻松。

【运动方法】

面南静坐，放松全身，双腿盘起来，右腿在

里，左腿在外。双手放在双膝上，掌心向下，双目微闭，舌抵上腭，自然、均匀地呼吸，摒除杂念，静坐10～30分钟。睁开双眼，伸开双腿，双手掌心朝上放在双膝上。双眼视双足足尖，舌放松下来，用意念想着体内的毒气、病气、浊气从双足的足心流出去，意守涌泉穴5～10分钟。最后用双手捂在脸上上下搓动，或以双手拍打全身各部位。

【运动功效】

此法可将身体内长期积累的毒素、浊气等排出、清空，以达到排浊留清、健康身心的目的。

按摩胎教 | 准妈妈治疗耳鸣有妙招

【按摩说明】

怀孕后，准妈妈的激素水平有所变化，有可能造成内耳水钠代谢紊乱，从而引起耳鸣。另外，孕期的贫血症使红细胞减少，血液运载氧气的能力减弱，准妈妈缺氧，所以会出现头晕、耳鸣等症状。当然，准妈妈体内血容量增加，导致血压波动大，也会造成耳鸣。准妈妈如果出现耳鸣的情况，除了及时调节身体外，按摩对缓解症状也有很大的帮助。

【按摩方法】

鼓膜按摩

双手手掌同时堵住同侧的耳朵，挤压后迅速离开，如此反复。

耳部按摩

洗脸时轻轻按摩、揉搓耳朵及耳垂，或用双手掌按住耳朵，将双手拇指置于脑后，其余四指敲打后脑勺。

张嘴和闭嘴

最大限度地张开嘴，先呼气，再用力吸气，然后闭起嘴来，如此张张合合，连续重复多次。

屏气法

放松，坐稳，咬紧牙关，用两指捏鼻孔，双目圆睁，使空气从耳道进入，直到感觉有轰轰声为止。

【按摩功效】

这套按摩方法可以促进准妈妈耳部的血液循环，还可刺激神经末梢、淋巴循环和组织代谢；对缓解耳鸣以及缓解脑部疲劳有好处。

情绪胎教 | 沉浸在"宝宝长什么样"的幸福中

你一定不知道，你的情绪想象可以塑造胎儿的长相。

父母都希望自己的宝宝长得漂亮可爱，也许准父母的长相都很平常，但也可以生出漂亮、可爱的宝宝。准父母不妨经常一起畅想、描绘一下未来宝宝的长相，想象他（她）漂亮的样子。这种美好的想象情绪自会随着准妈妈传递给腹中胎儿，胎儿在美好情绪产生的激素刺激下，有可能实现父母的美好想象和愿望，出生后一日比一日长得漂亮。而这，就是准父母的情绪胎教带来的有益结果。

| 小贴士 | 常吃可以让心情愉悦起来的食物

1. 香蕉：香蕉所含的快乐激素可以增强神经功能，使人拥有好心情。

2. 土豆：土豆能减轻心脏压力，减少心脏对身体输送刺激激素。

3. 葡萄干和其他干果：干果类食物中含有大量的微量元素和矿物质，能激活大脑中的快乐激素。

4. 谷物类食品：谷物类食品能够储存太阳的能量，并在被人体吸收后重新释放。

5. 海鱼和蘑菇：海鱼和蘑菇富含维生素D，能合成促进快乐的激素。

其他胎教 | 日记胎教法——记录胎儿的成长

日记胎教法很适合恬静、细心的准妈妈，记录下自己和胎儿每一天的变化，让胎儿也知道，你在陪他（她）一同成长。

每天找个适当的时间，在安静的环境中，内心平和地展开你的怀孕日记本，这样，你和胎儿的对话就从此时开始了。当然，记日记之前你要买个自己喜欢的本子，配上一支漂亮的笔，这些东西本身就够让你心情愉快，不是吗？

开始天马行空地写你想要表达的任何话语吧，就当你在和腹中的胎儿聊天一般，想说什么就说什么，但是，请把你的消极情绪都转化为积极情绪，这样才能带给胎儿积极的情感。准妈妈也可以不拘泥于形式，不一定非要以日记体的形式来记录自己想说的内容，写成书信也不错。

在漫长的孕期里，准妈妈，除了在日记里写一些你想表达给胎儿的东西，把你和胎儿每天的变化都记录下来也是件非常有意义的事情。这种胎教方式时下已经成为一种潮流正盛行起来，你又怎能让自己OUT（过时）呢？快来体验一下日记胎教法带给你和胎儿的快乐吧！

第4周

在你子宫内迅速发育的胎儿可能终于让你有些感觉了。这时你可能会采取一些自测的方法去判定自己是否怀孕了，当然，为了确定是否怀孕，你肯定还会去医院进行确认。怎么样？是不是开始觉得不可思议，开始觉得惊喜了？"天哪，我就要做妈妈啦！"接下来，就让这份喜悦带你走进丰富多彩的孕期生活吧。

胎儿在成长 | 宝宝到底有多大啦

从本周开始，胚胎就要展开它的快速发育历程，并形成三胚层。这是胎体发育的始基，共有三层，最终每一层都会发育成胎儿身体的不同器官。最里层将会发育成肝、肺、胰脏、甲状腺及泌尿系统；中间层将发育成骨骼肌肉、心脏、生殖器官、肾、脾、血管、血细胞及皮肤真皮层；最外层将形成皮肤表层、汗腺、乳房、毛发、指甲、晶状体、牙釉质等身体器官。

准妈妈变化 | 宝宝让我"孕味"十足

体内激素的增加使准妈妈感到身体疲倦，从外表来看，基本上察觉不到怀孕的状态。只是有一些类似月经前期的现象出现，没有经验的准妈妈多半会以为快来月经了，这个现象成为"怀孕初期症状"。

准妈妈们会感到奇怪，为什么最近自己总是昏昏欲睡、无精打采，无论怎么休息也会觉得浑身乏力、发热畏寒？难道是感冒了吗？当然不是。由于准妈妈此时尚没有妊娠的自觉症状，所以常常会错把怀孕当成感冒。

准妈妈这时的雌激素水平升高，可能会有些乳头疼痛的感觉及乳头变成褐色的现象出现，但子宫、乳房大小等还没什么变化。确定自己怀孕的准妈妈，偶然见到阴部有稍许血迹，也不必特别担心，轻微的出血现象可能是雌激素水平升高引起的，也有可能是宫颈糜烂、息肉等引起的，但为了保险起见，还是将这种情况告诉医生为好。

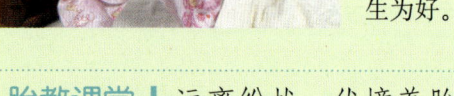

胎教课堂 | 远离纷扰，优境养胎

本周胎教的原则和重点是：优境养胎。

当确知自己怀孕后，从不知情的情况一下子转入即将为人父母的喜悦中，胎教也不该再稀里糊涂、没头没脑地进行了。给胎儿创造一个良好的生活环境，是我们做父母的义不容辞的责任。

胎儿的生活环境分为内、外两个环境。内环境是指母体自身的身体状况和营养状况、母体的精神状况和思想状况，以及准妈妈的情绪、修养和品格等状况。这些内环境因素直接作用于胎儿，对胎儿产生的影响是非常巨大的。只有母体的这些因素调节得好，胎儿才能得到好的供给，受到好的影响。

胎儿生存的外环境即准妈妈所处的自然环境和社会环境，它对胎儿起到了间接的影响作用。一个纷嚷嘈杂、凌乱无序的外环境，自然不会给胎儿带来什么好的影响，更不会对胎儿的生长发育起到任何好的作用。为了使胎儿受到良好的调养、调教，为其创造一个良好的外环境是特别必要的。优境才能养出好胎，环境对胎教的作用，是每一对准父母都不能忽视的问题。

饮食胎教 | 补充维生素 B_2、维生素 D

【营养重点】

补充叶酸已成为怀孕初期永恒不变的主题了，同时，多吃富含叶酸的水果也会产生很好的效果。此外，准妈妈还要注意营养均衡，如果此时营养不良，将会影响胎儿的脑细胞及神经系统发育。既然胎儿已经入住你的体内，你又怎能让他（她）得不到应有的供养呢？

如果怀孕时准妈妈缺少了维生素 B_2，就可能出现口角炎、舌炎、皮炎、角膜炎等病症，因此准妈妈每日需要摄入至少1.6毫克维生素 B_2。此外，维生素 A、维生素 D、维生素 C 和维生素 B_1 等元素在本周的饮食中也要大量增加，这些都是人体中不可缺少的元素成分，对准妈妈和胎儿来说都是十分重要的。由于母体和胎儿都对这些元素有所需要，因此摄入量就应该比平时多得多，所以要多加补充。

缺乏维生素D的儿童会患软骨病，成人会患骨软化病，它是任何年龄层的人都不可缺少的一种重要维生素。如果准妈妈身体缺乏维生素D，势必会在影响自己骨骼健康的情况下，也影响了胎儿的骨骼发育。

【食补指导】

维生素B_2的摄入多依靠动物性食物，动物内脏的维生素B_2含量最高，其次鱼、蛋、奶类食物中也有少许含量，一些蔬菜中也含有维生素B_2，如胡萝卜、柿子、红薯等。维生素D在鱼的肝脏中含量最为丰富。动物肝脏、鱼类、海产品、奶油和鸡蛋等动物性食物中含有丰富的维生素A，准妈妈也应多多食用。

【饮食推荐】

什锦豆腐汤

豆腐中含有丰富的蛋白质和大豆卵磷脂，这些营养物质都有益于胎儿神经、血管和大脑的生长发育。油菜、香菇、冬笋、火腿等食物中的维生素A、维生素C、铁、锌含量丰富，有利于胎儿的大脑发育。因此，准妈妈食用什锦豆腐汤这道菜可以更好地促进胎儿大脑、神经等重要器官和系统的发育。

材料：豆腐150克、油菜200克、鲜香菇25克、冬笋25克、火腿50克、盐2克、高汤500克、猪油15克。

做法：豆腐切片；鲜香菇、油菜、冬笋、火腿均切丝。锅内加入高汤和猪油煮沸，放入切好的各种配菜丝和盐，待煮熟后捞出盛入碗中，将汤再烧开后放入豆腐片，待豆腐片浮起时立即捞出，放入碗中即可。

莲子糯米粥

糯米与莲子的组合，补中益气、清心养神、健脾和胃，最适宜因怀孕而腰部酸痛的准妈妈食用，常食还可养胎，防止习惯性流产。

材料：糯米100克、莲子50克、白糖适量。

做法：用温水将莲子泡软，去心；糯米洗净，放入水中浸泡1小时，捞出沥干；糯米和莲子同时放入锅中加适量水熬煮成粥，出锅后加入白糖调味即可。

运动胎教 | 保持良好姿势，摆脱腰酸背痛

【运动说明】

腰酸背痛虽不算严重疾病，但却影响了准妈妈的生活质量。有调查数据显示，80%的准妈妈都被腰酸背痛困扰着。但准妈妈浑然不觉这是因为自己长久保持不正确的姿势造成的。多数人认为，自己觉着舒服的姿势就是最好、最放松的姿势，其实不然，不正确的姿势会加剧腰酸背痛的症状。因此，保持良好的姿势对准妈妈而言是十分重要的。

【运动方法】

收紧臀部、双臂，双肩微微向后，抬头、收下巴，保持良好的坐、站姿势。每日早晚各做一次，每次持续到身体感觉疲倦为止。

【运动功效】

持续保持这种正确姿势，可以使准妈妈避开腰酸背痛的困扰，减轻身体的不适症状。

按摩胎教 | 按摩消胃疼

【按摩说明】

准妈妈最容易出现胃疼的症状了。但为了胎

儿，又不能吃药治疗，怎么办呢？下面来学习一招无副作用的缓解胃痛的按摩方法吧。

【按摩方法】

1. 准妈妈采取半卧姿势，闭目静心，全身放松，先自然呼吸1分钟，再分别按摩阿是穴—至阳穴，内关穴—中脘穴，梁丘穴—梁门穴，中脘穴—气海穴，足三里穴—中脘穴，共五组穴位，每组按摩2～5分钟。

2. 准妈妈半卧，轻轻摩掌两肋3～5分钟，再轻轻摩掌上腹部3分钟，而后滑至下腹部摩掌2分钟，再微曲手指，将指尖轻轻贴在上腹部剑突处，以鸟啄般的节奏叩击，渐渐叩击至肚脐处，如此反复操作10分钟。

【按摩功效】

此按摩方法可和中益气、补脾健胃、清热和胃，有很好的缓解胃痉挛和止胃痛的效果。

情绪胎教 | 远离孤独症

准妈妈们注意了，你的情绪不仅此时会影响腹中胎儿的生长发育，还会对出生后宝宝的性格发育产生一定的影响。英国剑桥大学研究发现，准妈妈怀孕时的情绪可能会影响日后孩子的交际能力。

准妈妈怀孕时总是心情轻松，生出来的孩子可能更擅长交际；如果准妈妈在怀孕时经常感到郁闷、精神紧张，那么生出的孩子就会在社交、交流和语言等方面受到影响，严重的还可能患上孤独症。

从科学的角度分析，怀孕时的激素水平会因准妈妈情绪的变化而变化，从而分泌出不同程度的激素。而这种激素水平的不同，就可能导致日后孩子在性格和社交能力上表现出差异。准妈妈压力大，分泌出的雄性激素就会多，受到这种激素影响的胎儿在发育过程中就会形成呆板的性格，他们对动态的、栩栩如生的事物没有太多兴趣，却对死板的、机械性的事物兴趣浓厚，学习语言的能力也相对较差。反之，如果准妈妈怀孕时心情放松，将来生出的胎儿性格会较为外向，上学后较容易和小朋友玩到一块儿。

其他胎教 | 端正准爸爸的审美胎教

准爸爸在胎教中起着很微妙、很重要的作用。实践证明，准爸爸的审美效果对胎儿也会产生一定的影响。那么，什么是胎教的审美效果呢？胎教时优美的情景、温馨的氛围、亲切动人的语言行为即为胎教审美效果。

由于男性行为和女性行为有所差异，男性胎教的审美效果和女性胎教的审美效果不可能一样，比如，准爸爸胎教的审美效果会带上一种男子的阳刚之气，而准妈妈胎教的审美效果则会带上更多的女性的阴柔之美。这种差异实际上对胎儿的生长发育是很有好处的。因为孩子的教育，包括胎教，既要有阳刚之气的教育者，又要有阴柔之美的教育者，只有全面接受各种教育者施与的不同教育模式，孩子才能更全面、多样化地发展，否则，孩子身上就难免会出现"性格倾向一边倒"的现象，对孩子身心发育产生不好的影响。

第 2 章

5~8周 心脏已经开始跳动

一个生命的奇迹就这样诞生在你的面前。你感动、你喜悦,感谢造物主这完美的手笔,你惊叹、惊奇,一个小生命竟然是这样孕育出来的。生命真是个奇迹!在接下来的4周里,胚胎的发育相当迅速,绝大部分器官的分化和形成自此时期开始进行,故又称此时期为『胚胎器官形成期』。

第5周

一个小生命就这样在你的体内安家啦,知道你的体内孕育了新的生命,你的心是不是有了一种前所未有的安定感和满足感呢?不能再"坐以待毙"啦,快行动起来,为这个小生命忙碌吧。建议准妈妈选择一家相对固定的妇产科医院,以保证进行系统化的孕期检查。

胎儿在成长 | 宝宝到底有多大啦

从本周起就进入怀孕的第2个月了,怀胎十月,这才是万里长征的第一步啊!怀孕第5周,胚胎的形状像只海马,长度大约有0.6厘米。但此时,胚胎开始有了心跳,并且开始供血,细胞迅速分裂,肾脏和肝脏开始生长起来。

这周,胎儿的原始神经开始形成,头部开始发育,神经管的上段今后会发育成大脑。胚胎的原肠也正在发育着,视网膜也开始形成。

胎儿的供血系统已经在卖力地工作了,靠着这个系统,胎儿才能获得更多的生长动力和能量。但这些血管系统很脆弱、很敏感,连同刚刚有的心脏,都是尚未发育健全的最重要器官,很容易受到损伤。因此,准妈妈在检查身体时一定不能做射线类的透视检查,如X线检查,这会使胎儿受到极大的伤害,可能会引起脏器发育畸形、变异。

准妈妈变化 | 宝宝让我"孕味"十足

这周起,准妈妈们有了一些怀孕的生理反应。初次怀孕的准妈妈也许症状更为明显,乳房胀痛,乳晕颜色变深,乳头变得坚实而沉重。如果你一直坚持测量基础体温,你会发现自己的基础体温由排卵期开始就持续升温并保持在一个体温值范围内而不再下降。尿频的现象也频发不止,另外还总感觉身体乏力、昏昏欲睡。

较为敏感的准妈妈已经开始有了一些孕吐反应,如会经常感到胃部不舒服,有烧灼感;以前爱吃的东西也突然变得不爱吃了,想吃的东西拿来时又突然不想吃了;见到油腻的东西开始恶心、反胃,甚至呕吐;有些人还会想吃酸味的食物。这些反应已经可以充分证明胎儿真的在你的体内安家了,他(她)正在安静地生长着,迅速地发育着。虽然会给你的身体带来不适,可你的心里该是甜蜜的吧?

胎教课堂 | 别用重口味伤害了你的宝宝

本周胎教的原则和重点是:吃得对比吃得舒服更重要。

胎儿进入生长发育的初始阶段,也是高速发育的阶段,此时,饮食营养一定要跟上,这也是孕育出健康宝宝的关键。本周胎教的原则在于饮食调理,重点要把握住怀孕阶段的正确饮食方针。

古人认为,孕妇在怀孕后最好以饮食来供给身体和胎儿生长发育的所需。饮食方面,口味宜清淡,这样可以保持平和的气息,使胎气稳固,利于养胎,以后生下的宝宝也会避免先天性疾患。

如今很多准妈妈,自从怀孕那天起,就因为口味的变化,而在饮食方面变得无所忌惮了,这样是不科学、不合理的。准妈妈们总以为自己想吃什么就该吃什么,这样胎儿才不会缺营养,其实这是一个观念上的误区。准妈妈们常食用一些刺激性较大的食物，如过酸、过辣的食物，以为这样可以增强食欲、促进胃口大开，或者吃些油腻的食物，认为这样可以给胎儿提供更多的营养，但岂不知这样反倒会伤了胎儿，也伤了自己。如过咸伤肾，受到伤害的脏器致使内部气血运行不顺，反倒会影响机体无法将营养输送给胎儿，将来生出的宝宝就会天生体弱多病。另外，还有些准妈妈喜欢吃生冷食物，最后伤害了脾胃，影响了自身对食物中营养的吸收，这样的话，还拿什么营养提供给腹中的胎儿呢？

饮食胎教 | 油腻、生冷食品少吃为妙

【营养重点】

孕早期的准妈妈饮食要多样化，摄入的营养要全面。比如，准妈妈子宫和乳腺都需要大量的蛋白质，这也是胎儿发育必须的营养元素。准妈妈怀孕后，新陈代谢也加快了许多，体内要有足够的糖来供给能量，因为新陈代谢快，消耗的能量大，需要的糖分也相对增多。

对其他微量元素的摄入自不用说，从怀孕的那一刻起，准妈妈就不是一个人在吃东西了。营养和健康如何搭配，这是一门学问，准妈妈不妨多抽出时间来钻研钻研，让你和胎儿都能吃出应有的健康。

【食补指导】

本周从改善饮食口味开始做起吧！不要一味大鱼大肉、油油腻腻的进补，改吃些清淡的食品吧，可口又易消化。要知道，不是只有大鱼大肉的油腻食物才能提供营养，营养来自各种各样的食物，清淡美味的食物照样能为你的身体提供所需的能量。

准妈妈和胎儿对蛋白质需求量大，因此，就要大量摄入蛋白质以满足自己和胎儿的双重需要，鸡蛋、豆制品、瘦肉等，都可以满足身体对蛋白质的需求。多吃主食则可满足身体对糖的需求。另外，多吃蔬菜、水果来补充各种维生素，不仅可以防止准妈妈肥胖、脂肪囤积过量，还能防止准妈妈便秘，要知道，把毒素堆积在身体内对胎儿是有百害而无一利的。

【饮食推荐】

黑豆排骨汤

黑豆和排骨中含有大量孕妇所需的铁、胡萝卜素、维生素A、叶酸和蛋白质，适合孕早期的准妈妈食用。

材料：黑豆75克、排骨150克、姜2片、盐1小匙。

做法：将排骨洗净，余烫去血水，然后再冲洗干净；用冷水将黑豆泡约30分钟，直至黑豆变软，然后捞出沥干，切成两半。锅内放入10杯清水烧开，先放入排骨及姜片炖20分钟，再放入切好的黑豆同煮，最后加盐调味即可。

酸甜胡萝卜

胡萝卜中含有丰富的胡萝卜素、B族维生素，

可以为准妈妈和腹中的胎儿提供所需的微量元素。酸甜胡萝卜这道菜酸甜可口，十分清淡，不仅能帮准妈妈增进食欲，还能有效缓解孕吐症状。

材料：胡萝卜250克，白糖25克，米醋、盐、香油各适量。

做法：将胡萝卜洗净，去皮、根、叶，切丝，放入小盆内撒盐拌匀，待腌渍好后，取出萝卜丝用清水洗净，沥干水分。碗内放入白糖、米醋、盐、香油，放入胡萝卜丝拌匀即可。

运动胎教 | 吸气、吐气，解除疲劳、预防腰酸背痛

【运动说明】

在怀孕早期，准妈妈腹中的胎儿情况尚不稳定，因此，应尽量避免做剧烈运动，但避免剧烈运动不代表不要运动，如缓慢的有氧运动无论是对胎儿的发育，还是对准妈妈的健康，都有极大好处。鉴于今后随着怀孕日程的一步步推进，准妈妈身体表现出的不适感也将越来越严重，如疲劳感会逐渐加重、腰酸背痛的情况会时有发生等。针对这种情况，我们向准妈妈介绍一套可以缓解腰酸背痛症状的小动作，帮助准妈妈解除疲劳。

【运动方法】

平躺，放松全身，弯曲膝盖，双脚脚底平贴地面，同时收缩下腹肌肉使臀部抬离地板，然后放下，用鼻子吸气，然后用嘴慢慢吐气，边吐气边将背部压向地面至收缩腹部，然后边放松背部、腹部边吸气，吐气后会觉得背部比以前平坦了。

【运动功效】

这套动作可以减轻准妈妈的疲劳感，预防准妈妈腰酸背痛症状的发生。

按摩胎教 | 按摩头部，改善偏头痛

【按摩说明】

孕期准妈妈有可能会患上偏头痛的毛病，这时又不能用药，该怎样缓解偏头痛的症状呢？试试下面的按摩治疗法吧，它一定能有效改善准妈妈孕期偏头痛的症状。

【按摩方法】

按摩开始前，准妈妈要先放松自己的身心，按摩者用双手食指指腹轻轻按揉准妈妈的太阳穴2分钟，随即再轻掐率谷穴2分钟，接下来，准妈妈头部先向左侧微微倾斜，按摩者此时用拇指对右侧的天柱穴进行按摩20次，再换左侧按摩20次，最后用双手拇指从天柱穴下方5厘米处开始向天柱穴方向轻轻揉擦。

【按摩功效】

这套按摩方法可以有效缓解准妈妈的偏头痛症状，但要注意按摩时力度要适中，不要对太阳穴施

太大的力,以免适得其反,造成人身伤害。

情绪胎教 | 食补增加黄体酮,缓解压力

怀孕时无法放松情绪的女性,所生的孩子有可能会出现很多问题。

一直处于紧张状态的准妈妈,体内会产生一种导致自发性流产的激素,这种激素可以抑制黄体酮的分泌。如果怀孕过程中缺少了黄体酮,准妈妈流产的可能性就大大增加了。

即便胎儿幸运地在你子宫中常驻下去了,可你的不良情绪又会导致胎儿产生发育不良的恶果,最终生出具有先天缺陷的宝宝。怀孕时情绪压力大的准妈妈,生下患有腭裂、唇裂、先天性听力缺陷和先天性心脏病宝宝的概率会很高。压力不能释放出来,就会阻碍胎儿的生长,胎儿不能很好地在腹中生长发育,出生后患胰岛素依赖型糖尿病的风险就大大增加了,并有可能在未来长大成人后患上心脏病。

小贴士 | 食补增加黄体酮

黄体酮被称为调经食物,是卵巢分泌的天然孕激素。黄体酮缺乏可以通过食物来补充,下面介绍三种必吃的增加黄体酮的食物。

1. 柠檬。柠檬富含的生物类黄酮素,能够有效帮助准妈妈增加体内黄体酮的分泌量,同时具有改善皮肤粗糙的功效,适合黄体酮指数低的女性食用。

2. 鸡肉。行经期间或预备怀孕及怀孕期间食用鸡肉,可益气补血,增加黄体酮。

3. 姜。姜最好不要单独食用,配上相应的菜品,可以温热身体、增进食欲、促进新陈代谢、补充黄体酮。

[食补食谱]

柠檬鸡肉串

材料:无皮鸡胸肉500克,橄榄油2汤匙,蒜2瓣,姜若干片,柠檬汁适量,干辣椒面1~2汤匙,香菜末、盐、黑胡椒粉各适量,竹签12支。

做法:将无皮鸡胸肉切成2毫米厚的条,用姜片、柠檬汁、蒜、干辣椒面、黑胡椒粉及盐腌渍一晚。把腌好的鸡肉条串在竹签上,抹上橄榄油,放入烤箱烘烤3~4分钟,直到把每一面都烤得焦嫩后,取出,稍凉后撒上香菜末即可。

其他胎教 | 胎谈胎教,与宝宝聊聊天

胎谈胎教,顾名思义就是对着腹中的胎儿说话、与腹中胎儿交谈的行为。虽然得不到胎儿的回应,但可以想象胎儿跟你有互动,回应你的样子和场景。准妈妈可以打破拘谨和尴尬,先从对胎儿的简单问候开始吧。

早晨醒来先向胎儿问早安,问他(她)睡得好不好、心情怎么样之类的问题。晚上入睡前可以向胎儿道晚安,哄他(她)乖乖入睡。平时生活中遇到的小事情,也可以说出来跟胎儿分享分享。说这些话时,一定要饱含你做妈妈的真情实感,以爱他(她)、疼他(她)的语气将它讲出来,虽然胎儿此时没什么反应,但这可以刺激胎儿的发育,在3个月后听觉器官形成以后,他(她)便可以很快听懂你说的话,并做出相应的反应。

胎谈胎教是孕期胎教最常见、最普遍的一种胎教形式,也是孕期胎教最重要的组成部分。

第 6 周

怀孕的过程虽然艰难、辛苦，但怀孕的喜悦之情依旧围绕在心头。你可能早已迫不及待地跑去婴幼儿用品商店买了好多婴儿用品，并且也给自己进行了全副武装，平底鞋、孕妇装、孕妇内衣裤……这些都是你内心幸福和喜悦的表现，不久的几个月后，你就真正做妈妈啦！

胎儿在成长 | 宝宝到底有多大啦

此时，胎儿在子宫里蜷缩成一个 C 字形。胎儿的心脏已经形成了，并且开始分化心室啦，其跳动也有了规律，而且开始供血。细胞在继续分裂着，鼻孔已经清晰可见，眼睛的雏形也已经具备了。胎儿已经有了血管，血液在其中涌动。神经管发育到这周已与大脑和脊髓连接了，并且已经闭合。消化道这周开始形成，口、胃、胸部正在形成、发育。面部器官也初具雏形了。

准妈妈变化 | 宝宝让我"孕味"十足

由于雌激素与孕激素的刺激作用，准妈妈乳房出现胀痛感且增大变软、乳晕有小结节突出，疲劳、困倦、尿频之感依旧，头晕、恶心也一并袭来，情绪起伏波动大，并且变得烦躁不安。

本周，准妈妈从外观来看，虽然没有隆起的肚子，但如果通过检查，则可观察到子宫已经长大了些，伴随着子宫的增长，你可能会感到下腹部有疼痛感，这都是正常现象。

孕吐反应会一天天加重，并将困扰你长达 3 个月之久。这时，你不妨随时在手边准备一杯白开水、一小块水果或酸梅等食物，在恶心感袭来的时候，它们可以有效地帮你遏制或缓解这种难受的感觉。

胎教课堂 | 美丽"孕味"从穿衣开始

本周胎教原则与重点是：孕妇要自信，怀孕的女人是世界上最美丽的女人。

准妈妈的自信是给未来的宝宝带来自信性格的最好基础。很多女人怀孕后就会觉得自己形象很差，没法见人了，因此，羞怯之心随之产生。准妈妈的这种消极心态使自己失去了生活乐趣，每天只会闷闷不乐，更无心顾忌自己的形象，表现出一副不修边幅的样子。

其实你不知道，怀孕的女人才是世界上最美丽的女人，准妈妈身上的那种独特"孕味"是其他人所无法比拟的。虽然怀孕前的那些漂亮衣服你没法再穿了，但是，精心准备一些孕妇装，把自己打扮得干净整齐些，依然会让你散发出无法抵挡的女性魅力。

如今市面上的孕妇装都设计得雅致大方，且做工精致、简单实用、面料舒适，穿上这样的衣服，准妈妈在孕期也能靓丽依旧。

准妈妈可以根据自己的喜好自由地选择衣服的颜色和款式，但是一切都要以你和胎儿的健康为出发点和前提。准妈妈选择孕妇装需注意以下几点：

1. 要选择穿脱方便、样式宽松、易于活动的衣服。

2. 衣服应具有保温性和吸湿性，并且容易洗涤。

3. 色彩明艳的衣服穿起来会让人精神振奋，有利于母体和胎儿的身心健康。

4. 款式的选择不要太束缚胸部，因为现在你的胸部应该受到格外的保护，不能受一点点"委屈"。

5. 裤子要偏肥些，尤其是腰部，质地不宜太厚重。

6. 面料宜选用纯棉或丝绸织品，内衣必须选用纯棉针织品，以防引起皮肤过敏的症状，或者致使产后乳汁分泌不足。

饮食胎教 | 全面补充维生素

【营养重点】

胎儿对营养的需求越来越全面了。也许准妈妈还在购买单一的维生素来补充身体所需，可此时这样补充维生素已经没有效果了，而且还会加重身体负担。多吃深绿色和根茎类蔬菜，便可补充一些自己身体和胎儿发育必需的维生素，尤其能补充怀孕初期容易缺乏的叶酸。叶酸是细胞分裂、遗传基因制造的最重要物质，无论如何，一定不能缺乏。

【食补指导】

核桃中含有丰富的油脂、蛋白质、粗纤维、胡萝卜素、维生素、尼克酸、铁、维生素E等，多吃可健脑益智。海鱼中含有丰富的蛋白质、碘、钙、铁、磷等矿物质，多吃不仅可以健脑，还有助于胎儿神经系统的生长和发育。

花椰菜中含有丰富的B族维生素，还有丰富的维生素C、维生素K、维生素P，被誉为"抗癌之王"，多吃花椰菜可以补充多种维生素，对自己和胎儿都是大有好处的。

多吃植物性的食物有利于胎儿的脑部发育以及智力发展，如糙米、玉米、小米、坚果类食物、黑芝麻、大枣、花粉、昆布粉等。

【饮食推荐】

姜丝煎蛋

怀孕第6周的时候，有些准妈妈已经开始有了早孕反应，出现孕吐症状。孕妇如果由胃寒引起呕吐，最适合吃生姜，生姜性温，可以祛胃寒；同时多吃鸡蛋，以补充蛋白质和卵磷脂。这道菜是准妈妈孕早期饮食上的不错选择。

材料：鸡蛋2个、姜丝适量、盐少许、油适量。

做法：锅置火上，加油烧热，放入姜丝煸炒。另起锅，加油烧热，打入一个鸡蛋慢火煎至半凝固状态时，放入半份炒好的姜丝，撒入盐，对折鸡蛋饼呈半月形，煎至两面呈金黄色时盛出。另一只鸡蛋做法相同。

草莓绿豆粥

草莓绿豆粥可以为准妈妈提供丰富的蛋白质、碳水化合物、钙、磷、铁、锌、维生素C、维生素E等多种营养素。绿豆味甘酸，具有润肺生津、清热、健脾和胃的功效，可治疗消化不良、暑热烦渴、大便秘结等症状。准妈妈食用绿豆粥，可增加食欲，减轻早孕反应。

材料：糯米250克、绿豆100克、草莓250克、白糖适量。

做法：挑选好绿豆并淘洗干净，用清水浸泡4

小时；草莓择洗干净；糯米淘洗干净。将洗净的糯米与泡好的绿豆一同放入锅中，加入适量清水，大火烧沸后转小火熬煮至米粒开花、绿豆酥烂，然后加入草莓、白糖搅拌均匀，再稍煮一会儿即可。

运动胎教 | 改善情绪，伸伸胳膊、动动脚

【运动说明】

第6周仍属于怀孕的早期阶段，过分运动或激烈运动都可能导致流产。当然，这并非不让你运动，适当的运动还是非常必要的，可以缓解孕吐反应，帮助准妈妈调节心情、强健身体，并促进胎儿健康发育。

【运动方法】

随意散步

随意散步就是我们通常所说的到处走，这种运动方式随意性、自由性强，是怀孕初期的最佳运动方式。在行走过程中，准妈妈既能欣赏沿途美景，又能呼吸新鲜空气，并且可以随意支配自己的行程。

足尖运动

准妈妈在椅子上坐稳，双脚平踏地面，双脚脚尖尽力上翘，坚持数秒后放下，如此反复，但脚掌始终不要离开地面。

踝关节运动

准妈妈稳坐在椅子上，先将左腿放在右腿上面，右脚平踩在地上，左踝关节缓慢活动数次，然后将足背向下伸直，使膝关节、踝关节和足背连成一条直线。这是一组动作，做完后换腿，改为右腿放于左腿上，同前方法练习。

【运动功效】

随意散步活动有助于放松准妈妈的紧张情绪，并帮助其改善睡眠，减轻怀孕初期的不良生理反应。足尖运动可以促进准妈妈体内的血液循环，增强足部肌肉力量。踝关节运动可以使准妈妈的踝关节变得灵活，并促进血液循环，增强脚部肌肉力量。

按摩胎教 | 按摩缓解不良生理反应

【按摩说明】

按摩胎教是一种很神奇、很有效果的胎教方法，这种胎教不但对胎儿的生长发育有很大的帮助，而且也能使准妈妈获益无穷，比如，准妈妈在怀孕期间的一些不良生理反应都可以通过按摩得到缓解。那么，按摩对于准妈妈怀孕期间的一些反应究竟都有哪些帮助呢？

【按摩方法】

针对孕吐

按摩可以减轻准妈妈孕早期的孕吐反应症状。用大拇指在涌泉穴上轻按3次，每次持续4秒；在输尿管反射区用大拇指滑动搓摩9次以上；用大拇指在膀胱反射区上按下4～5次，每次持续4秒以上；在淋巴系统反射区用大拇指和食指向外抽拔，每个部位重复1～2次。

或者，在胃肠的反射区用大拇指进行挤压，一共3次，每次4秒；在胰脏和十二直肠的反射区内用大拇指按照逆时针方向进行漩涡式旋转。结束之后在这三个区域之间从上到下缓慢地搓摩，以达到最佳的按摩效果。

或者，用双手握住整个脚背，模仿掰开一个苹果的动作来进行按摩，重复4～5次。

针对疲劳

孕期中的准妈妈很容易产生疲倦的感觉，无

论怎么休息都很难恢复过来。按摩可以使准妈妈的疲劳症状得以缓解。具体方法是：先用热水泡脚15分钟左右，从脚腕开始朝膝盖方向按摩，争取做到让脚上的血液向上循环的效果；用大拇指在每一个脚趾靠近顶端的凹陷处按摩2～3次，每次持续4秒。

预防流产

孕早期发生流产的概率很高，准妈妈除了要静养保胎之外，按摩也可以帮助准妈妈保住胎儿，预防流产的发生。在涌泉穴上用大拇指从里到外以逆时针方向画圆，每次持续4秒，重复4～5次；在位于大脚趾中央的脑垂体反射区，用大拇指画圆，重复4～5次；在脚后跟底部的生殖腺反射区，用大拇指画圆，按摩4～5次；在脚踝的内外两侧，用大拇指按逆时针方向画圆，按摩4～5次。

【按摩功效】

对不同穴位、以不同手法进行按摩，可以起到不同的功效。针对孕吐的按摩方法可以使准妈妈减轻孕吐反应，并促进其肠胃的消化吸收功能。针对准妈妈的疲劳状况进行按摩，可以有效帮助准妈妈，缓解疲劳带来的精神委靡、腰酸背痛等症状。另外，还有一些按摩手法可以帮助准妈妈预防流产，顺利度过孕早期这个"多事之秋"。

情绪胎教 | 静心瑜伽呼吸法，改善不良情绪

胎儿早产和胎死腹中的情况，很多人说不清形成原因。但是在最近的研究中发现，这两种情况与准妈妈的不良情绪有着很大的关系。人的情绪与大脑皮质、边缘系统和自主神经关系密切，不良的情绪必然会引起生理上的不良反应，这种不良反应又会对胎儿产生不良影响。准妈妈的情绪中带有悲伤或恐惧，血液中就会增加有害的化学物质，造成肾上腺激素分泌过多，有可能导致胎儿颌发育不全而形成腭裂，严重者将会导致胎儿早产，或者胎死腹中。

小贴士 | 静心瑜伽呼吸法

准妈妈找一个让自己感觉舒服的地方，以自己最舒适和放松的姿势坐好，闭上双眼，缓慢地、自然地呼吸，让身体和心情随着自然呼吸放松下来。这是最简单、最初级的静心瑜伽呼吸法，经常练习可以使准妈妈养成良好的呼吸习惯。

其他胎教 | 国粹艺术胎教法

我国的艺术文化博大精深，用这些艺术知识来给胎儿进行胎教，陶冶其情操，是个不错的选择。

近年来，我国首创出适合本国国情的、非常优秀的胎教法——国粹艺术胎教法，用国学精粹——书法、国画、古典音乐谱写胎教新篇章。准妈妈们一边听着古典音乐，一边画着美丽的图画或写着优雅的书法，那是何等惬意的画面，那时的思想又该是怎样的舒畅奔放啊！我国的书法、国画、古典音乐三大国粹均是修身养性的艺术表达方式，每天生活在这样的艺术氛围中，对准妈妈来说是再好不过的生活方式了。

准妈妈通过自己题诗作画，为胎儿上了人生的第一堂艺术修养课，做了孩子第一个优秀的艺术启蒙老师。无论准妈妈书写、作画的水平如何，关键是享受音乐伴随下进行书画带给自己的愉悦

心情和意境,这种情绪和艺术修养将会毫无保留地传给腹内的胎儿,为胎儿的艺术天分增加砝码。

进行国粹艺术胎教法可以帮助准妈妈减轻孕期不适感,提高孕期生活质量。如果能去参加一些专业的国粹艺术胎教培训班,还能加强准妈妈与外界的沟通,使她的烦闷心情得到更好的疏解,对孕育出高素质的宝宝更有帮助。

第7周

正在你体内生长的小生命依旧悄无声息地生长着,你看不到、摸不着,却能实实在在感受到他(她)的存在。因为,正是他(她)的存在,让你不想吃、不想喝、睡不踏实、浑身乏力,让你的孕期变得如此辛苦。小宝贝儿,妈妈十月怀胎生下你真是不容易,你可一定要健康成长,不要辜负妈妈对你的期望。

胎儿在成长 | 宝宝到底有多大啦

此时,胚胎形状似豆子般,又有些形似数字9,头部明显弯曲向胸部。胚胎继续发育着,很快就可以称其为"胎儿"了。

此时虽然能看到好似眼睛的两个黑点分布在头两侧,可它却是闭着的。这一周,胎儿皮肤的表层开始形成,淋巴组织也开始发育了,他(她)还有了血液循环,神经系统轮廓的发育也已经基本完成。肺、肠、肝、肾和内生殖器官已有要发育的苗头。胎儿此时的心脏已经划分出心室和心房,虽然在有规律地跳动着,可我们暂时听不到胎心音。大脑已经分别形成了人脑所具备的前脑、中脑、后脑三个部分。胚胎上伸出的幼芽将发育成胳膊和腿,手和脚也变得分明起来,随即会出现手指、脚趾。胚胎上长长的尾巴也逐渐缩短了。

准妈妈变化 | 宝宝让我"孕味"十足

怀孕早期从体态上来讲,准妈妈的变化是无从察觉的。但是孕吐反应越来越严重了,早晨醒来嘴里会有种莫名难闻的味道,这更加重了孕吐的症状,另外,准妈妈伴有尿频和便秘的状况。不管反应有多大,请尽量不要使用药物来缓解症状。因为,胎儿已经进入了发育的关键时期,生命器官正在生长着,此时滥用药物会导致胎儿发育畸形,造成终生的遗憾。

有些准妈妈受孕吐反应的影响,难受得死去活来,甚至无法进食;有一些准妈妈却是突然胃口大开,饥饿感长存。对于后者而言,随时随地袭来的饥饿感会使准妈妈饥不择食,恨不得把所有食物都吞咽下肚,饱饱地、美美地吃上一顿。当然,准妈妈这样不停地吃东西,很快就会在体重上有所体现了,不过,无需担心体重问题,适当的体重增加对孕育胎儿是很有好处的。而且,现在,体形已经不在你的考虑范围之内了,对你来说唯一重要的就是什么对胎儿的发育有益。在最初这几周——胎儿发育的关键期里,胎儿需要的营养真是太多太多了,为了他(她),你就努力补充吧,何必在乎其他的呢?

再来看看准妈妈身体内部的变化吧!此时,准妈妈的子宫壁越来越柔软,以便于胚胎着床和发育；子宫颈的黏液更加黏稠，以形成黏液栓，封闭子宫，切断其与外界的联系，直到分娩扩张后才会排出体外。

胎教课堂 | 激发宝宝的运动积极性

本周胎教的原则和重点是：提早激发胎儿的运动积极性。

这一胎教法，我们也可称其为"体育胎教"。胎儿发育到第7周时，从B超里观察，会发现其在蠕动了，虽然该活动的幅度极其微小，但毕竟说明胎儿会动了。我们的训练也就从此处开始吧。

每天傍晚之后、晚上10点以前，准妈妈找个自己状态较好的时间，放松全身，轻轻抚摸腹部，然后用一根手指轻轻按压腹部后随即松开，如此重复，就像是在逗小宝宝玩耍一般。开始的时候，可能这只是你的"自娱自乐"，但等到胎儿发育到4～5个月，甚至6～7个月时，他（她）就能跟你互动了。你这样逗他（她）玩耍，他（她）就会以胎动的形式回应你。

如果准妈妈能这样细心地激发胎儿的运动积极性，将来宝宝开始翻身、爬行、坐立、行走及跳跃等动作的时间明显早于其他孩子。

饮食胎教 | 叶酸降低宝宝患脊柱裂的危险

【营养重点】

补充叶酸还是持续不变的重点。单纯从食物中摄取的叶酸量早已不能满足胎儿生长发育的需要了，每天至少要服用400微克的叶酸片才能有效降低胎儿患上脊柱裂和其他神经管缺陷的危险。

【食补指导】

这周在饮食营养摄取上，除了要记得你不是为自己吃之外，还要知道，从现在起，你要为产后给宝宝提供营养丰富的乳汁做准备了。

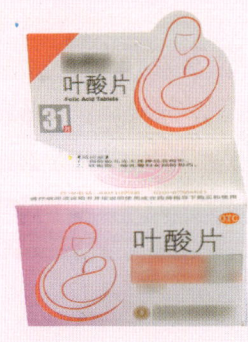

营养平衡是该时期的关键词，它与胎儿的健康发育有着极为密切的关系。如果准妈妈有便秘、食欲不振等症状，则每天应适量摄入蜂蜜，以解决这些烦恼。蜂蜜中含有多种人体所需的维生素和微量元素，而且极易被人体吸收，母体和胎儿所需的营养能够通过蜂蜜得到一些补充。

【饮食推荐】

香菜萝卜

孕早期，准妈妈孕吐反应很大，恶心、呕吐、便秘、尿频等不适症状一直伴随着准妈妈。白萝卜下气止呕，香菜温中理气，准妈妈多吃白萝卜和香菜对孕吐症状有辅助治疗的作用。

材料： 香菜100克，白萝卜200克，植物油、盐各适量。

做法： 白萝卜洗净，去皮，切片；香菜择好，洗净，切成小段。锅中热油，放入白萝卜片煸至熟透后加盐，再用小火炒至熟烂，放入香菜，稍翻炒后出锅即可。

芝麻山药粥

山药具有滋阴润肠的功效，用它煮粥给孕早期的准妈妈食用，具有安胎的作用。

材料： 大米60克、山药15克、黑芝麻120克、鲜牛奶200克、玫瑰糖6克、冰糖120克。

做法： 将大米淘洗干净，放在水中浸泡1

小时后捞出沥干；山药切成碎丁；炒香黑芝麻。将大米、山药、黑芝麻一起倒入盆中搅拌，加水和鲜牛奶搅碎，去渣留汁。锅置火上，倒入水和冰糖，烧沸，待冰糖溶化后倒入搅拌好的浆汁，边加热边慢慢搅拌，最后加入玫瑰糖继续搅拌至熟即可。

运动胎教 ┃ 防止痉挛与抽筋的腿部练习

【运动说明】

怀孕初期可以多做做腿部运动，但幅度要小，动作要轻。下面就给准妈妈介绍一些简单的腿部运动。

【运动方法】

单腿旋转

双手扶稳椅背，以左脚为支点站立，右腿做顺时针360°转动，当微微感觉疲倦时换腿。这套动作可于每天早晚各做5～6次。

盘脚静坐

放松情绪，端坐在垫子上，背靠墙面，双脚盘起。最初坚持到微感疲倦即可，以后可慢慢逐次增加静坐时间。

【运动功效】

这套动作是为了加强骨盆附近肌肉和会阴部的弹性，可以锻炼骨盆底肌肉的韧性，防止怀孕后期发生痉挛和抽筋。

按摩胎教 ┃ 脸部按摩，改善皮肤

【按摩说明】

怀孕后，体内激素水平的改变，可能导致准妈妈皮肤变差。要想有效改善这种状况，建议准妈妈常做这套面部按摩操。

【按摩方法】

额部按摩

用双手的中指和无名指自额心起，向左右做小圆圈状按摩，连续画6个圈圈后，到达太阳穴处时轻轻按压一下。

眼周围按摩

用手指沿眼部周围画圈按摩，画6圈后在太阳穴处轻轻按压一下。

鼻部按摩

用手指自太阳穴沿额头、鼻梁滑下，最后停在鼻头两侧做8次小圈按摩。

嘴唇周围按摩

用双手的中指和无名指从下巴处沿着嘴角向上按摩至唇上，按原路径逆向按摩回到下巴处。

脸颊部按摩

用双手的中指和无名指分别沿脸颊四周做大圈按摩，最后至太阳穴上轻轻按压一下。

拍脸按摩

将四指并拢，左右交替在脸上轻轻拍击。

【按摩功效】

对准妈妈面部的六个部位进行细致的按摩，可以促进准妈妈面部的血液循环，改善皮肤状况。

情绪胎教 | 数数呼吸法，改善坏情绪

准妈妈情绪的好坏，不仅有自身心理方面的原因，还有可能是生理原因造成的。

身体不舒适会使准妈妈情绪变差、心情沉重、精神委靡不振，尤其是在怀孕初期的早孕反应时期里，准妈妈们很难获得好心情。这时，准妈妈最好放松身体和思想，因为精神越是紧张，身体的不适感就越强烈。不如在这种情况下尽量放松自己，不去想自己有不舒适的感觉，做一些积极的措施让身体尽量感到舒服。这样可以促使情绪变得积极起来，从而带动身体向好的、健康的方向发展。

情绪胎教里非常反对准妈妈有懒散、消化不良、贪吃多睡、精神不振的情绪和作风。怀孕初期，准妈妈的情绪波动大，很容易紧张、激动、情绪失控，这时最好可以提高自己的修养和自我约束力，想想你很快就要为人母的责任感，也许情绪就会变得积极起来。

准妈妈可以通过数数呼吸法使情绪得到放松，具体方法：一呼一吸为一个单位，心里默默数数，呼气5下、吸气5下，起初每天坚持练习，但时间不用太长。时间长了，可放慢呼吸节奏，每组练习呼气10下、吸气10下，之后再进行呼气时间稍长于吸气时间的练习。长期进行这种呼吸练习，可以使准妈妈放松心情，产生愉悦、美妙之感。

其他胎教 | 形体优雅的芭蕾胎教

芭蕾胎教，是时下相当流行的一种胎教方式。此法跟瑜伽胎教有类似之处，都是通过腹式呼吸和伸展动作进行练习。芭蕾舞的基本动作可以舒展准妈妈的肩部、腰部，放松脚踝、骨盆，同时还能矫正准妈妈的形体。

准妈妈通过练习芭蕾舞，可以锻炼肌肉的力量和自身的体力，为分娩打下良好的身体基础，还可以帮助准妈妈于产后迅速恢复身材和体力。芭蕾舞的腹式呼吸法可以增加准妈妈的氧气吸入量，让胎儿变得更聪明。另外，进行芭蕾练习时播放的优美音乐可以使准妈妈与腹中胎儿都得到最大限度的愉悦和放松，因为音乐本身也是一种胎教方式。

第8周

怀孕已经8周了，这可能是你生理反应最大的一周了。身体带给你的不适感让你无法专心做事情，不能专心工作，休息不好，不愿吃饭，不想娱乐……"啊，上帝啊，帮我度过这要命的阶段吧！"但想想一切都是为了腹中的胎儿，他（她）是你生命的延续，再苦再难的日子，你也是会坚持下去的，对吧？

胎儿在成长 | 宝宝到底有多大啦

发育到第8周的胎儿，骨髓还没有成形，各器官依旧在忙碌地发育着。这时肝脏充当着造出

大量红细胞的角色，直到骨髓形成时，它才能移交它的职责；复杂的器官开始成长了，耳朵、牙、腭也发育得有声有色；皮肤薄得像纸一样，血管清晰可见；手指、脚趾间有蹼状物。现在，胎儿已经可以在充满羊水的子宫内"游泳"了。

这一周，胎儿的面部特征已经非常明显了，甚至发育出了眼睑，但双眼所长的位置还不是我们发育好的眼睛所在的位置，它们相距更远些，靠近头的两侧。小鼻尖可以被辨认出来了，小舌头也长了出来，平衡听力的内耳正在形成，长长的肠道长在腹腔外连接着脐带。胎儿此时可真是"麻雀虽小，五脏俱全"。

准妈妈变化 | 宝宝让我"孕味"十足

这一周，早孕反应还是让你恶心不停、呕吐不止、食欲不振。

子宫在迅速地扩张，使准妈妈偶有腹痛之感，同时，它开始渐渐地压迫你的膀胱了，因此，尿频的症状也越来越明显，要不时地去卫生间小便。

正常情况下，准妈妈的腰围已经有些变粗了，体重也上升了一些，其实这些变化是要仔细观察才能发现的，外人看来，准妈妈还是没什么体态上的变化，毕竟怀孕才刚刚两个月嘛！

由于内分泌的变化，准妈妈比较容易出汗，头发和指甲也长得比较快，牙龈也比较容易肿胀和充血。别担心，这都是怀孕到此阶段时的正常表现。

胎教课堂 | 宁静致远，怡情养性

本周胎教的原则和重点是：怡情养性。

《叶氏竹林女科》记载："宁静即是胎教。"这里的"宁静"既指行动上的收敛，也指心理上的冷静。

怀孕了，再不能像以前那样疯疯癫癫、动作夸张又张狂了。尤其是在这怀孕的前3个月，胎儿的各项指标尚不稳定，你的某个夸张动作，很可能就会动了胎气，导致流产。收敛你的毛毛躁躁之举动，把做事的韵律和节奏都缓下来吧，这是对胎儿最好的保护。

从心理角度来讲，准妈妈情绪最好不要大起大落，遇事要沉着冷静，做到"无悲哀、惊动"，不为七情所伤。这样，准妈妈的气血运行就会顺畅，胎气就容易稳住，这对胎儿的发育生长是非常有利的。

饮食胎教 | 维生素A+镁＝宝宝骨骼健壮

【营养重点】

镁和维生素A的补充是本周的营养重点，尤其是镁元素的摄入，更是重中之重。镁对胎儿肌肉的健康发育有着不可替代的作用，同时对胎儿骨骼的正常发育也至关重要。准妈妈在孕早期摄入足够的镁，将对出生后的宝宝的身高、体重和头围大小有着良好的影响。不仅如此，镁对准妈妈子宫肌肉的恢复也有很好的作用。

【食补指导】

第8周很危险，一不小心就可能导致流产。据统计，25%的流产发生在怀孕第8周。准妈妈除了要注意自己的言行、情绪外，在饮食上也要格外注意。

寒凉性的食物很容易导致流产，如水产品，它们都有活血化淤的功效和作用，故有堕胎之功效。因此，此时不宜吃水产品，尤其是甲鱼、螃蟹等寒凉性的食品。

滑利性的食物最好不要食用，如山楂、黑木耳等，因为这些食物能够促进子宫收缩，增强子宫兴奋度，有引发流产的可能。

另外，怀孕期间忌食生冷、辛辣、含酒精和咖啡因的食物，准妈妈们要多加注意。

【饮食推荐】

烤全麦三明治

三明治中的葡萄干、核桃、杏仁等配料和烤过的吐司都有止吐作用。另外，三明治中的芝士粉中含有丰富的B族维生素，不仅可以缓解准妈妈的孕吐反应，还可以舒缓准妈妈的烦躁情绪。

材料：全麦面包1个，芝士粉、葡萄干、杏仁片、核桃、樱桃、葡萄酱各适量。

做法：用烤面包机将全麦面包烘烤一下，取出沿对角线切成4小块。先在上面抹上一层葡萄酱，然后放上葡萄干、杏仁片、核桃、樱桃，再撒上芝士粉即可。

牡蛎粥

牡蛎中含有丰富的DHA、维生素及硒、锌等微量元素。牡蛎中富含的优质蛋白质，其氨基酸组成完善，含量超过牛乳和人乳。牡蛎中还含有天然牛磺酸，可以消炎解毒，并且具有保肝利胆、降血脂、安神健脑、促进胎儿大脑发育的功效。

材料：牡蛎200克，鸡腿菇丝100克，笋丝100克，葱花、姜丝、蒜末、料酒、盐各适量，清粥1碗。

做法：将牡蛎、葱花、姜丝、蒜末、料酒一起放入滚水中沸煮30秒，捞起牡蛎后泡入冰水里，捞出沥干。油锅烧热，放入姜丝、蒜末炒香，加入鸡腿菇丝、笋丝煸炒片刻，放入牡蛎拌均，加盐调味，盛出，拌入煮好的清粥里，搅拌均匀即可。

运动胎教 | 妊娠初期的"床上体操"

【运动说明】

孕妇体操能够帮助准妈妈缓解身体和心理上的紧张，而且对胎儿的身心发育也很有好处。准妈妈首先要根据自己的环境条件与身体状况选择适合自己的体操动作。现在是妊娠初期，那就先来学一套"床上体操"吧。

【运动方法】

1. 坐稳，两腿伸展成V字形，双手放在膝盖上，上身先左转，同时继续保持两腿伸直，目视右脚，坚持10秒后回位，换另一侧做动作，同样坚持10秒后，恢复至原始姿势。

2. 仰卧，膝部放松，双脚平放，两手放在身体两侧。先将右膝抱起，拉向胸部，坚持数秒后放下，再换左腿做同样动作。

3. 跪在床上，双手、双膝需平均承担身体重量，并伸直脊背，使头与脊柱成一条直线，慢慢将右膝抬起靠近胸部，抬头伸直右腿，坚持数秒后换方向。

做这套动作前，最好先排空膀胱，餐后则应休息片刻后再进行，做时尽量使身体放松，动作温和，幅度不宜过大。如果有头晕恶心等不适症状，应立刻停止锻炼；如果有见红现象，应立即去医院就医。

【运动功效】

孕妇体操不仅可以使准妈妈紧张的心情有所放松,还能锻炼准妈妈的腰腹部和背部肌肉,缓解因身体变化和体重变化带来的肌肉紧张感。

按摩胎教 | 傍晚按摩,缓解准妈妈胃胀、胃痛

【按摩说明】

胎儿生长在准妈妈的肚子里,所以准妈妈的腹部很容易出现各种不适症状。因此,对准妈妈的腹部进行按摩,可以缓解这些不适症状。当然,按摩准妈妈的腹部也是有讲究的。按摩时间最好选择白天或傍晚,因为晚上按摩容易导致腹中胎儿"兴奋",影响准妈妈夜间的睡眠质量。对准妈妈腹部进行按摩时,力度要适中,以准妈妈的承受度为准,另外,不要用冰冷的手给准妈妈按摩,手的温度要合适。

【按摩方法】

1. 仰卧,轻轻按摩整个腹部,可以缓解腹部紧张感。

2. 坐在椅子或地板上,两手放在腰间,用大拇指按压后背两侧肌肉紧张的部位,腹部的紧张感就会逐步得以缓解。

3. 仰卧,两手重叠放在肚脐旁边,按顺时针方向画圈按摩腹部,可以促进胃肠蠕动。

4. 仰卧,两手放在大腿根,涂上按摩油,轻轻按摩。

【按摩功效】

以上介绍的4种准妈妈腹部不适症状的按摩方法,可以有效缓解准妈妈腹胀、腹痛等状况。

情绪胎教 | 准爸爸的小笑话助她"好孕"

准爸爸的情绪也能对胎儿产生影响,起到胎教作用吗?答案是肯定的。别以为作为丈夫,只要在妻子怀孕的时候做好后勤工作就足够了,准爸爸也要全面参与对胎儿的胎教工作,这样才能养育出聪明又健康的宝宝。

在准妈妈怀孕期间,将会产生多次大的情绪波动,不良情绪随时都有可能来袭击准妈妈及腹中胎儿。有的是生理上造成的原因,有的是准妈妈性格方面的原因。准妈妈在孕期时,情绪极度敏感,很容易陷入低落状态。每当准妈妈情绪跌落谷底的时候,准爸爸又怎能袖手旁观?准爸爸那风趣幽默的语言是宽慰和开导妻子、稳定妻子情绪的良方。

平日里陪妻子到空气清新的地方去散步、做

操、晒太阳、感受大自然的美好，让她感受到丈夫的温柔和体贴，她的心情自然会舒畅、惬意许多，这样也会给胎儿带来良好的影响。孕期里，妻子的不良情绪特别需要向丈夫倾诉，这时作为准妈妈的另一半的，准爸爸最好认真倾听，尽力开解、宽慰她，使她的情绪渐渐稳定下来，要知道，妻子的不良情绪将会传导给胎儿，影响胎儿的健康成长。

另外，准爸爸也该为胎教贡献出自己的力量，协助准妈妈施行胎教课程，比如，准爸爸可以用低沉浑厚的嗓音与胎儿"交谈"一番吧，准爸爸富有磁性的声音可是任何人都无法代替。

| 小贴士 | **准爸爸的小笑话**

医院彩超室外面的椅子上，4个妻子做了试管婴儿手术的男人相遇了。4个妻子的手术都很成功，现在均在彩超室里进行彩超检查，以确保胎儿安然无恙。

一会儿，第一个女人走出来，激动地上前告诉自己的丈夫："恭喜你，老公！你现在是一对双胞胎的爸爸！"

"真巧啊！"这个男人亲吻了妻子一下，转身对另外三个人说："我的工作单位，就是双星！"

这时，第二个女人走出来，对自己的老公说："祝贺你，老公！我们有了三胞胎。"

"哇，太叫人难以置信了！我的工作单位恰巧是三联！"准三胞胎爸爸也向其他三个男人夸耀道。

不久后，第三个女人走出来，告诉自己的丈夫他们拥有了四胞胎。她的丈夫惊呆了，说："天哪！太不可思议了！我的工作单位，是江西四特酒厂！"

听了前面三个男人的话，第四个男人晕倒了。大家急忙扶起他，询问情况。第四个男人慢慢恢复了意识，惊恐、呆滞、神情恍惚地说道："我错了，我真的错了！我真不该从'五粮液'跳槽到'七匹狼'啊……"

其他胎教 | 有喜有忧的看电视胎教法

看电视胎教法是一种综合的胎教法，因为电视综合了声音和图像，算是一种变相的胎教方法。但实施电视胎教要慎之又慎。准妈妈选择电视节目的时候，要以那些内容高雅、思想高尚、可以陶冶情操的为主。

但准妈妈如果长时间看电视，则会对自己和胎儿都产生不良的影响了。电视机的显像管持续不断地发射出的电子流能产生对人体有影响的高压静电，同时还会释放出大量的正离子。其中，正离子对空气的尘埃和微生物的吸附力相当强，吸附来的尘埃和微生物会附着在人体的皮肤上，有可能导致准妈妈患上皮肤炎症。另外，荧光屏上产生的紫外线会产生臭氧，引发准妈妈咽喉干燥、咳嗽、胸闷、脉搏加快等症状，影响准妈妈和胎儿的健康。

电视胎教只是一个辅助性的胎教方式，不宜经常使用。准妈妈在看电视时，也不宜长时间近距离观看，一般在荧幕2米以外观看电视节目较为合适，并应开启门窗，同时要记住看完电视后洗脸。

怎么办，
我第一次做胎教

第3章

9~12周 小家伙"人模人样"了

胎儿发育的第一个关键时期悄然而至了。可能目前正是你身体最不舒服的时候，妊娠反应折磨得你寝食难安，你哪还有心思去注意怀孕到了哪个阶段，可是小家伙就这样"人模人样"地在你腹中成形了。这是宝宝大脑发育的关键时期，无论怎样，准妈妈们可千万不能大意啊。为了你的宝宝，你可要坚强，这些不良反应只是妊娠过程中的一件小事情，再坚持一个月，这些不良反应就会减轻甚至消失的。

第9周

从这时起,胎儿已经有了人形,各器官系统也开始发育起来。他(她)再也不是以前的"小蝌蚪"了,尾巴渐渐退去并长出了胳膊、腿。虽然妊娠反应依旧在折磨着你,但看到胎儿在健康成长,你是不是开始喜欢上做妈妈的感觉了呢?

胎儿在成长 | 宝宝到底有多大啦

小家伙初具人形,终于从"胚胎"成长为真正意义上的"胎儿"了。胎儿那蝌蚪般的小尾巴渐渐消失了,器官系统发育形成了。小手腕开始弯曲了些,脚趾退去了蹼状物,不再像鸭掌一般了。腿在逐渐长长,胳膊和腿都可以动来动去,并变化出各种姿势,可是这时准妈妈们还感觉不到这种动静,毕竟胎儿动的幅度还是非常小的。

胎儿的眼睑开始遮盖住眼睛,耳朵内部结构已经基本发育成形,小嘴唇也成形了。胎儿在这个月里,各主要关节都开始活动了,肌肉、神经也都开始工作了。胎儿的心脏瓣膜开始发育,心脏区域呈交叉状,心室、心房也已经分化完全。虽然只在妈妈肚子里住了9周时间,可他(她)的外生殖器官已经出现,只是暂时还不能分辨出性别,还需要准父母再耐心等待几周。

准妈妈变化 | 宝宝让我"孕味"十足

准妈妈就要从难过的日子里熬出头了,过了这段时间,你的孕吐反应就会结束了。但是别大意,这周可能是你妊娠反应最严重的一个阶段了。

虽然本周你的腹部还没有什么变化,体重也没有明显增加,但其实你的子宫比孕前增大了2倍。乳房越来越胀痛,乳头、乳晕的色素沉淀也越来越明显。一个鲜活的生命正在你的体内孕育着,当然需要更多提供营养的血液,为了满足胎儿的需要,准妈妈体内的血液也比怀孕前增加了不少。

细心的准妈妈们可能已经发现了,自己的头发和皮肤发生了一些变化。头发增厚了,具有光泽,甚至可能变得油腻、柔软;激素的变化导致肌肤出现问题,色斑、肌肤干燥、过敏的现象时有发生,油脂分泌旺盛也是很困扰准妈妈的难题。但是千万不要为了改善自己的皮肤或头发的状况,而去用一些化学成分高的护理用品,烫发、染发更不可取。为了宝宝的健康,这段时间准妈妈们要牺牲一下自己的形象。

胎教课堂 | 无规律的作息要摒除

本周胎教的原则和重点是:准妈妈要养成良好的生活习惯和作息规律。

经过前两个月的适应,胎儿已经基本习惯了母体内的环境以及母体的一切。胎儿在接下来和准妈妈的相处时间里,就会在某些方面逐渐形成和母亲相同的规律,这时,母亲的习惯将会成为胎儿的习惯。

如果准妈妈们不注意自己的生活习惯,经常作息无规律,生活习惯不好,那胎儿在母体内也会接受这种不规律的信息,形成不良习惯,并在出生后依然保持，今后将难以改掉。相反，如果准妈妈们生活习惯不好，作息时间规律，那么胎儿也会受到好的影响，形成良好的生活习惯和作息规律。

所以，准妈妈从此刻起，就要从自我做起，给自己一个约束，让自己养成良好的生活习惯和作息规律。这从另一方面来说，不也是一种很好的胎教形式么？

饮食胎教 ▎清淡、低盐才能远离水肿

【营养重点】

整个孕期，准妈妈的饮食都要以清淡、低盐为主。因为，在孕期里，准妈妈的肾脏功能会有所减退，这样身体的排钠量就会相应减少，继而导致水肿。另外，钠会导致血压升高、心力衰竭等疾病，盐中又含有大量钠元素，因此过量使用盐会给准妈妈的身体带来很大的危害。

【食补指导】

本周应以补充健脑的食品为主，多食用些核桃、果仁等食物。另外，继续补充叶酸也是本周饮食和营养摄入的关键，继续多吃叶酸含量丰富的食品对准妈妈和胎儿都是有好处的。建议准妈妈备些可以转移你注意力的、可口又有营养的小零食，既能减轻你的早孕反应，又能补充身体所需的各种营养元素。

【饮食推荐】

姜汁牛奶

牛奶富含蛋白质、维生素及钙、钾、镁等矿物质，可以防止皮肤干燥、暗沉，使皮肤白皙、有光泽。牛奶性平味甘，具有补虚损、益肺胃、生津润肠等功效。

材料：牛奶200克、姜汁10克、白砂糖20克。

做法：将牛奶、姜汁、白砂糖放在一起搅拌均匀，煮沸即可。

草莓红豆酸奶

草莓中含有相当丰富的维生素C，但要趁新鲜食用，维生素C才易被身体吸收。酸奶比牛奶拥有更多的营养，常吃可以排宿便、清肠毒，保持消化道顺畅。红豆富含蛋白质、脂肪、B族维生素、钾、铁、磷等营养物质，有活化心脏血管、健胃生津、补血、利尿等功效。

材料：草莓6颗、酸奶1盒、红豆100克。

做法：将红豆放入锅中，加水煮1小时左右，待红豆熟透、汤汁呈浓稠状即可关火，放凉后放入冰箱备用。将草莓去蒂后洗净、切半，摆入盘中，浇上酸奶和冰镇过的红豆汤即可。

▎小贴士▎**缓解妊娠反应的方法**

1. 早晨起床前先吃些饼干或点心。

2. 无论呕吐轻重，都不要不吃东西。

3. 饮食宜清淡，多吃蔬菜、水果，少吃油腻食品或甜食。注意少食多餐。

4. 呕吐情况严重时，可以做做深呼吸以起到缓解作用。

5. 不要过多吃巧克力、甜食、肉和鱼。

运动胎教 ▎伸腿蹬脚，练习柔韧性

【运动说明】

准妈妈们是不适宜做剧烈运动的，否则容易

导致流产，这点我们都知道。但准妈妈们可千万不能以此为借口而一点不动啊，适当的运动其实对准妈妈和胎儿都是有很多好处的。

准妈妈在孕期体重会逐渐增加，肚子也会一天天大起来，行走将越来越不方便。为了能承受得住准妈妈那一天天重起来的身体，脚和脚腕就要变得更加柔韧才行。下面我们给准妈妈们介绍一点增强脚部和脚腕柔韧性的小动作，现在就开始练习起来，在怀孕中后期总会派上用场的。

【运动方法】

脚部运动

1. 将一条腿搭在另一条腿上，放下，再换腿做动作，如此重复10次，每抬一次腿高度就要增加一点。

2. 左腿搭在右腿上，使两条腿呈交叉状向内夹紧，紧闭肛门，抬高阴道，然后放松，重复做10次。换右腿搭在左腿上呈交叉状，再重复以上动作10次。

脚腕运动

1. 仰卧在床上，左右摇摆脚腕10次，左右转动脚腕10次。

2. 前后活动脚腕，充分伸展，收缩跟腱10次。

【运动功效】

这套动作练习起来十分轻松，又不用花费太多时间，准妈妈经常练习可以增加脚和脚腕的柔韧性。

按摩胎教 | 简单按摩帮助钙质吸收

【按摩说明】

胎儿在准妈妈腹中发育生长，需要大量的钙质来完成生长过程。这样，胎儿就会从母体中提取很多的钙质，用以满足自己的发育需要。准妈妈将大量的钙质给了胎儿，身体很可能就会因缺钙导致骨质疏松，下面介绍一些简单的按摩方法，来帮助准妈妈更好地吸收钙质、减少钙质的损失量。

【按摩方法】

1. 准妈妈采取左侧卧的姿势，准爸爸或其他按摩者从准妈妈右腿的后跟腱开始，一路向上按捏至委中穴，按捏10次；再一手扶腿，一手握拳从下向上滚揉下肢后侧的肌肉10次；最后用双手握住脚踝，像挤牛奶一样做一松一紧的按摩，反复挤按4次。然后，准妈妈改右侧卧的姿势，准爸爸或其他按摩者用同样方法为其按摩左腿和左脚。

2. 准妈妈仰卧，准爸爸或其他按摩者双手抱住准妈妈大腿，在其膝盖与大腿根之间来回做一松一紧的按摩；再用一手扶大腿，另一手拇指贴在膝盖处，其余四指扶住膝盖窝处，五指合力以画圈的方式按摩膝盖及膝盖四周的肌肉；最后将手指微微张开，扶住膝盖上方，用手掌揉按大腿前侧肌肉，直到此处发红、发热为止。换另一条腿用同样方法进行按摩。

【按摩功效】

这套按摩方法可以刺激准妈妈的骨骼、关节和肌肉的运动，帮助其吸收钙质，减少钙质的流失。

情绪胎教 | 起居保健，缓解妊娠焦躁

在怀孕的最初3个月里，由于严重的妊娠反应，准妈妈的心情特别容易烦躁不安，情绪极其恶劣。但这最初的3个月，又是胎儿生长发育的最关键时期，准妈妈的这些不良情绪会对胎儿的生长发育造成极大的不良影响，导致胎儿发育畸形，更有甚者会导致流产、早产。

所以，为了准妈妈和胎儿的健康、平安，准

妈妈应保持镇定而良好的心情。听音乐是一种不错的舒缓心情的方法，用一些柔和安神的音乐，使自己心情舒畅、情绪稳定，心情不再烦躁，并保持心理平衡。这样的状态才能孕育出健康、平安的宝宝。

其他胎教 | 为宝宝创造温馨、舒适的环境

怀孕的前4个月，正是胎儿神经系统和感觉器官成长发育的时期，也是胎儿手脚发育的重要时期。在这段时间里，如果没能给胎儿营造出一个良好的环境，很容易使胎儿发育畸形。胎儿身心、智力健康发育的重要外部因素就是要有良好的环境，因此，准妈妈们一定要努力给腹中的胎儿营造一个良好的生长环境。

良好的环境可以使准妈妈心情舒畅、精神放松，并且可以促进胎儿健康地生长发育。鉴于此，准父母应该在受孕之前就学习一些环境卫生知识，给他（她）一个良好的环境胎教。

进行环境胎教具体有两种方法。

美化居室环境

居室是准妈妈们最长待着的地方，如能保持这个空间的整洁雅致，将会对准妈妈和胎儿都产生良好的影响。准妈妈可以按照自己的喜好布置房间：首先要整洁明亮，尽量用一些温暖柔和色系的家居用品；居室外的阳台上可以养些花草，但要注意，最好以绿色植物为主，一定要避免有影响准妈妈和胎儿身体健康的气味；居室的墙上可以悬挂一些活泼可爱的宝宝的图片，准妈妈经常看这些图片也会对自己的宝宝产生美好的遐想，从而使心情好起来，使胎儿在腹中更好地发育。另外，在布置房间时还可以在墙上张贴一些艺术作品，准妈妈们经常欣赏，可以陶冶情操，对胎儿也是一种很好的艺术胎教形式。

感受室外美好环境

为了调节心情，准妈妈当然不宜长时间待在同一个环境里，适当变换环境会使心情放松起来。欣赏完了你的居室美景，再来感受一下风景宜人的室外环境也不错。室外的美丽风光沁人心脾，空气清新的环境、美丽的花花草草，都会让准妈妈心情舒畅起来。准妈妈的心情好了，身体各方面的机能自然就会进入最佳状态，这会给胎儿的生长发育提供最好的体内环境。

第 10 周

孕期雌激素会使准妈妈的情绪和脾气波动很大，很多时候会感到很难用理智去控制自己的情绪。也许准妈妈翻脸比翻书都快，变化莫测的情绪让人难以忍受。但是，请别担心，这一切不会持续太久，等准妈妈适应了怀孕的情况，便会进行自我调整，使情绪稳定下来。马上就要进入一个良性发展的阶段了，再坚持几日，保持愉快的心情，让腹中的胎儿快乐成长吧！

胎儿在成长 | 宝宝到底有多大啦

胎儿住在准妈妈的子宫里已经10周了，体重呢，大约也长到10克了。胎儿的手腕和脚踝已经发育完成了，通过B超显示屏可以清晰地看到小家伙的手指和脚趾。胎儿身体的长度已经达到4厘米左右，手臂比上周长得更长些了，肘关节也更

弯曲了些。胎儿的双腿发育得也更加灵活了，可以做出一些交叉弯曲的姿势，或轻微的伸腿、踢腿动作。

这周，胎儿身体的各器官细胞结构已经基本形成，正处于飞速发育阶段。但是，此时通过B超依旧无法分辨出小家伙的性别，他（她）的生殖器官尚在继续发育中。胎儿的眼皮现在还是黏合在一起的，等到第27周的时候才会睁开，耳朵的结构发育已经完成了。

本周，胎儿的身体器官虽然还没充分发育成熟，但是胎盘已经发育得很成熟了，完全可以承担产生激素的大部分重要功能。胎儿从此以后步入了飞速发育的阶段，他（她）会带给你越来越多的惊喜。

准妈妈变化 | 宝宝让我"孕味"十足

怀孕第10周时，从身体外形上来看，还是看不出准妈妈有多大变化，毕竟现在还处于孕初期。孕期雌激素的分泌会让准妈妈很难控制自己的情绪，但这并不是永久性的症状，这些不良情绪很快就会消失。但准妈妈最好尽自己的最大努力控制住那些喜怒无常的情绪。因为，腹中的胎儿和准妈妈是气息相通的，准妈妈的不良情绪会引起体内多种化学成分的变化，并通过血液和内分泌系统影响到胎儿，妨碍胎儿的正常发育。

不管从外观上来看有没有明显的怀孕表现，毕竟胎儿在你的腹中已经成长到第10周了，你的子宫经过10周的发育，也在随着胎儿的发育不断壮大，会给你带来很明显的下腹压迫感。这种情况下，准妈妈要多喝水，不要使自己处于空腹状态。有一些准妈妈会发现自己白带增多了，请不要随意自行处理，必要时要去医院就医。要准备一套专用的清洗外阴的用具，保证这些用具干净、卫生，在没有得到医生准许的情况下，切不可擅自清洗阴道。如果患有宫颈糜烂或滴虫病、真菌阴道炎等妇科疾病，请准妈妈及时去医院接受治疗，以防止病菌通过胎盘传给胎儿，致使胎儿发育畸形或导致流产、早产。

高龄产妇（年龄超过35岁的产妇）或有家族基因缺陷史的准妈妈应在本周去医院进行羊膜腔穿刺检查，以筛除怀畸形胎儿的可能性，还可及早对胎儿先天性疾病和遗传性疾病做出判断。

胎教课堂 | 你的体质就是宝宝的健康

本周胎教的原则和重点是：母体通过自身的体质影响胎儿的生长发育。

胎儿在腹中，秉承阴阳五行之气而生长，脏腑骨骼、气血筋脉等虽然都开始发育了，但他（她）的肌体还没有长结实，骨骼、脏器还没有发育成熟，因此他（她）的阳气已定，但阴气尚不完全，所以，如果这时胎儿成长的腹中环境太温暖，就会削弱胎儿生长发育的阴气，这是一个很大的忌讳。胎儿在准妈妈腹中，是靠母体的血气供养生长的，所以，母体体热则胎儿体热，母体体寒则胎儿体寒，母体受到惊吓也会使胎儿感受到受惊吓的体征变化，母体体弱多病则胎儿也会因为不能得到很好的营养供给而发育不良、体弱多病。

由此可知，母体的体质决定着胎儿的生长发育。怎样才能使胎儿生长得更结实呢？这还要靠准妈妈们的悉心调养，把自己的身体调整到最佳状态，给他（她）一个天生的健康体魄。

饮食胎教 | 补碘预防甲状腺疾病

【营养重点】

本周准妈妈要格外注重补充铁、维生素A和碘三种微量元素。

铁

缺铁很明显的一个症状，就是在白天会经常感到很疲惫，这可能是由贫血引起的。

维生素A

如果准妈妈缺少维生素A，那么胎儿的皮肤和胃肠消化道以及肺部健康就受到了威胁。在整个怀孕期间，维生素A在胎儿的发育过程中都起着举足轻重的作用。本周，胎儿发育尚处在初级阶段，怀孕前三个月里，胎儿自己是不会储存维生素A的，这就需要准妈妈能及时、足量地提供胎儿发育所需的维生素A。

碘

本周就该开始补充碘元素了。母体内充足的甲状腺素是促进胎儿骨骼和大脑发育的重要元素。出生后的宝宝智力低下、个子矮小或患克汀病，都是在母体内发育时没有获得充足的甲状腺素所致，可见胎儿的脑发育是特别依赖母体内充足的甲状腺素的。因此，准妈妈每天都需要补充一点碘元素。

【食补指导】

贫血的准妈妈一定要保证自己可以定时进餐，必要时还可补充一些零食以增加营养。当然，零食不能乱吃，不健康的食物要摒弃，要多吃些碳水化合物为自己提供能量，多吃些水果也会让你获取多种维生素。另外，注意每天进食一些补铁、补血的食物，以尽快使自己摆脱缺铁、贫血症状的困扰。准妈妈不妨多吃些南瓜、菠菜、芒果及甘薯等食

物，这可以很好地帮助准妈妈及胎儿补充所需的维生素A。食用加碘盐、海带等食物都能很好地获取碘元素，准妈妈每天碘元素的摄入量以不低于0.115毫克为宜。

【饮食推荐】

茄泥肉丸

猪肉含有丰富的优质蛋白质和必需的脂肪酸，能改善缺铁性贫血，茄子是为数不多的紫色蔬菜，准妈妈吃了这两者搭配制作出来的菜品，将会获得更丰富的营养。

材料： 猪肉（肥瘦参半）250克、茄子500克、酱油30克、白酒10克、盐3克、胡椒粉3克、淀粉10克、葱10克、姜5克、植物油50克、鸡蛋液120克。

做法： 将葱、姜洗净，葱切末，姜泡在水中制成姜水；猪肉剁成肉泥，加入酱油、白酒、盐、胡椒粉及淀粉拌匀；茄子洗净切条，隔水蒸20分钟左右至熟软，取出，加入少许葱末、姜水，捣成泥状。将茄泥拌入调好味的肉泥中，顺着同一方向搅拌至呈糊状，挤成小丸，蘸上鸡蛋液和淀粉，放入油锅中，先用中火炸，后改小火炸至丸子熟，起锅前，再用大火炸至酥脆，捞出即可。

草菇猪心肉片饭

草菇含有丰富的维生素C，能促进人体新陈代谢，提高机体免疫力，增强抗病能力，并且具有解毒功效。草菇中的蛋白质含量也很丰富，并且含有多种人体必需的氨基酸。草菇最独特的作用是其含有的异种蛋白物质可以消灭人体的癌细胞，它超过香菇的粗蛋白含量，也能有效抑制癌

细胞的生长。草菇益处多多，准妈妈吃了自然会受益多多。

材料： 草菇50克、猪心100克、猪里脊肉100克、香米300克、姜丝10克、葱丝5克、花生油15克、盐3克。

做法： 草菇洗净，切片；猪心、猪里脊肉均切片，用盐腌制备用；香米淘净备用。将沙锅放在炉子上，加入适量清水、香米及花生油，用中火煮饭，待饭中水煮干后，放入草菇片、猪心片、猪里脊肉片，继续用微火煮4分钟，撒上姜丝、葱丝即可。

运动胎教 ｜ 伴随音乐的舒缓散步法

【运动说明】

现在还处于怀孕初期的不稳定阶段，因此准妈妈最好不要进行过分剧烈的运动。但是，静待着又不利于胎儿和孕妇双方的健康，因此，这时最适合准妈妈的运动莫过于散步了。散步的运动胎教法在前面怀孕周期的介绍中也有所涉及，本周我们将要为准妈妈介绍几个最新的散步方法。

准妈妈的散步时间最好选在饭后，可采用舒缓散步法、交替散步法和综合散步法进行正确的散步锻炼。

【运动方法】

舒缓散步法

听着轻松的音乐，按着音乐的节奏散步的方法被称为"舒缓散步法"。这种散步方法最终要取得的效果是：让准妈妈自我感觉舒适、放松。散步时，准妈妈步伐不宜过大，双臂在身体两侧自然下垂、摆动，幅度不要过大。

交替散步法

所谓"交替散步法"，是指快慢相结合的散步

方法。先慢走热身10分钟，继而稍微加快步伐走1～2分钟，然后快步走2分钟，一次为一个运动周期。如此反复四五次，再由快速走变为慢速走。结束时慢走5分钟，边走边使自己身心放松。

综合散步法

在交替散步法的基础上添加一些简单的肢体动作的散步方法称为"综合散步法"。添加些肢体动作是为了达到活动全身的目的。

【运动功效】

散步可以锻炼准妈妈腿部的肌肉力量，有助于自然生产。加上一些肢体动作可以使腿部肌肉放松，帮助腿部血液循环。如能配合深呼吸，还可以扩张肺部功能。

按摩胎教 ｜ 背部按摩"温暖"准妈妈的心

【按摩说明】

准妈妈在怀孕过程中，由于胎儿的快速生长发育，准妈妈的肚子也越来越大，这就会给身体的很多部位造成极大的压力。为了承受胎儿的重量，准妈妈经常会感觉背部酸痛。如果这时准爸爸可以用他那温暖宽大的手给准妈妈按摩一下背部，不仅能缓解准妈妈身体的不适感，还会间接给腹中胎儿带来舒适感。

【按摩方法】

建议准妈妈在接受按摩前应先泡个热水澡，之后在安静的环境中坐稳，放松自己的身体和心情，准爸爸沿着脊柱两侧，利用拇指或者肘部按压的方法由上到下按摩背部。

按摩过后，准妈妈也可辅以一些简单、安全的小动作来缓解背部疼痛。首先用手和膝盖趴在地上，使背部保持水平，先吸气，再呼气，呼气的同时收紧骨盆底肌肉，并尽量向上收起肚脐，但不要憋气，保持背部不动，坚持5～10秒。记得每组动作做完后都要放松肌肉。

【按摩功效】

对准妈妈的背部进行按摩，可以缓解准妈妈背部肌肉的压力，使准妈妈感觉轻松。

情绪胎教 | "怀孕日记"发泄担心情绪

第一次怀孕的准妈妈很容易产生各种各样的担心，如担心腹中胎儿是否健康，担心胎儿是否有缺陷，担心自己曾经的各种习惯会不会影响到胎儿发育。有些高血压、心脏病患者的准妈妈还会担心怀孕是否会加重自己的病情，自己的疾病是否会影响胎儿的健康成长。这种心理状态会使准妈妈肾上腺激素分泌增加，长期具有这样的心理，准妈妈的肾上腺激素就会因大量分泌而堆积过多，从而直接影响胎儿的生长发育。

担心的心理状态虽然难免会出现，但是如果能及时加以疏导和调节，是不会造成不良后果的。准妈妈一定要把自己的担心说出来，依靠科学的手段来确定你的担心是否成立，要冷静地分析症结，并及时解决问题。准妈妈应该收起盲目的担心，因为这是不必要的，是一种庸人自扰、杞人忧天的心态。只要按时进行产检，就会及时发现和解决怀孕中所遇到的问题，使问题尽快地得到解决和处理，所以，准妈妈，你还有什么好担心的呢？

准妈妈还可以用写日记的方式释放担心的情绪。另外，写怀孕日记还可以把孕育胎儿过程中的点点滴滴记录下来，是留给自己和未来宝宝的一份美好的回忆！不要让自己胡思乱想，利用空闲时间做些有益于胎儿的事情，那才是最有意义的。

| 小贴士 | **准妈妈的怀孕日记模板**

××年××月××日 星期× 天气晴

怀孕已经三个多月了，我按耐不住将要做妈妈的激动心情。

我的妊娠反应减轻了许多，再也不像之前那样食欲不振、吃什么吐什么、闻到的任何一种味道都有可能刺激到我的反胃神经了。总是呕吐很难让腹中的胎儿获得发育所需的营养，我自己也不能从食物中获取养分。

现在，我多么希望能感受到胎儿在我腹中的动静啊，可是距离胎动还有些日子呢，我的小宝贝，妈妈一直跟你在一起，你能感受得到吗？

我依旧定期去做产检，医生说胎儿发育得很正常，这让我很放心，检查的各项指标不仅医生会细心地替我记录下来，我自己也有所记录呢。这不，今天又去产检了，医生又给我吃了一颗定心丸，说胎儿发育得很好，让我继续努力。

自从腹中住进了你——我的宝贝，妈妈的生活作息也越来越规律了，万事都比较小心，生怕一不留神会伤害到你。为了你，妈妈学会了调节心情，调节身体。

我的宝贝，妈妈期待和你见面的日子！

情绪胎教 | 胎儿与妈妈"心心相映"

人类的"大脑边缘系统"控制和支配着人类生存的动物性感觉，即我们所说的五感——视觉、听觉、触觉、味觉、嗅觉。它们将在怀孕的第14周形成，胎儿就可以感受到舒适与不快。"大脑边缘系统"如果健康，胎儿的智能发育就会健全。胎儿与准妈妈之间是有非常奇妙的心灵感应，胎儿感到愉快，准妈妈一定可以感受得到，同样，准妈妈的不良情绪也能被胎儿直接感受。因此，准妈妈的生活方式和心情变化对胎儿来说十分关键。

胎儿虽然有了"心灵"，却会因为母亲平常的生活方式，而区分为"好心灵"或"坏心灵"。准妈妈如果能以平静的心情过日子，就可以培养出胎儿的"好心灵"，因为当准妈妈对生活产生满足感和幸福感的时候，胎儿的心情与情绪是最稳定的。胎儿在腹中感受到这种情绪之后，也能产生舒服和愉悦的感觉，因此，其心灵就获得了好的发展。

鉴于此，准父母从现在起就要保持和谐、欢乐的家庭氛围，夫妻之间要多交流、多理解，要用平和的心态去面对和解决生活中发生的大大小小的矛盾。尤其是准妈妈，即使遇到不快乐的事，也要学着自我安慰、自我调节，只有拥有积极的生活方式，才能保持健康的情绪，这对自己和胎儿都有好处，能够塑造出未来宝宝的美好心灵和积极向上的品性。

第11周

借助仪器，你第一次听到了胎儿的心跳声。好神奇啊！这就是生命的声音。你有没有因此喜极而泣？有没有真正感觉到肩头那为人母的担子？这时的你应该对生命有了新的感悟，对孕育生命有了新的了解，也一定对"为人父母"这个词有了新的认识。

胎儿在成长 | 宝宝到底有多大啦

这周的胎儿完全是个大头娃娃，头在整个身体中所占的比重很大，体重和身长都比上周有所增加。如果借助多普勒仪器，就可以听到他（她）快速的心跳声了。

从前蝌蚪样的小尾巴已经完全不见了，胎儿的面颊、眼睑、下颌已经发育成形，确切地说，现在的胎儿终于颜面更像人脸了。胎儿开始发育一些细微之处了，如他（她）长出了手指甲和绒毛状的头发。

此时胎儿的皮肤还是透明的，所以人们可以通过B超清晰地看到肝脏、肋骨和皮下血管正在形成。胎儿的各脏器和胃肠的发育更为发达了，输尿管也开始形成，各个维持生命活动的器官包括大脑在内都已经开始工作。胎儿在准妈妈腹中有了一些可爱的动作，如吮吸、吞咽、踢腿等，小家伙还能把拇指放进嘴里"尝尝味道如何"呢。胎儿的脊柱轮廓可以很清晰地展现在我们眼前，脊髓等中枢神经也已发达起来。

准妈妈变化 | 宝宝让我"孕味"十足

在孕早期的最后阶段里，轻轻触摸耻骨上缘是可以感受到子宫的存在的。子宫的增大压迫了准妈妈的直肠和膀胱，因此准妈妈开始出现了尿频、尿不净的感觉，而且加之精神焦虑，还会出现便秘或腹泻的症状。准妈妈的阴道分泌物有些增多，呈无色、淡黄色或浅褐色，属正常情况，但如果量过多且有异味，就应该及时就医。

本周流产的发生概率减小了很多，所以准妈妈们从现在开始就可以不必过分担心了。由于从现在起，胎儿已经可以在准妈妈的肚子里伸手、伸脚，所以，准妈妈的肚子从表面上看常常像是一个凹凸不平的球。仔细的你也许会发现，在腹部有一条深色的竖线，这就是妊娠纹。这周开始，有些准妈妈的早孕反应开始消褪了，情绪起伏也没有之前那么大了，食欲也开始有所恢复，常有饥饿的感觉。准妈妈的身体已经适应了怀孕的状况，很快就要结束之前那些孕吐反应了。这周要记得去做个产前遗传病检查，这都是为了未来的宝宝能够健康成长！

胎教课堂 | 禁忌多多，实施胎教悠着点

实施胎教的注意事项：

1. 心情开朗，夫妻和睦，心平气顺，睡眠充足，饮食合理，并且定期进行产前检查。

2. 避免刺激。尽量不看惊险影视剧与书画，不参加紧张或有噪声的活动，多欣赏优美的抒情音乐与艺术品，多去风景秀丽的地方散步。

3. 控制情绪。准妈妈要保持心情愉快、情绪稳定，善于自我克制和调节情绪。情绪不稳定时，要想办法让自己的情绪有所好转，不要肆无忌惮地爆发出来。

饮食胎教 | 蛋白质满足宝宝的飞速发育

【营养重点】

这周是胎儿第一个生长发育关键阶段中的重要时期。从这周开始的3周时间里，胎儿的身长将会增加两倍，如此快的成长速度，势必要求母体能够提供更多的营养以满足其生长发育的需要。因此，准妈妈从这周开始要均衡膳食营养，保证蛋白质、维生素、钙、铁等营养素的供给。

这一时期，胎儿的骨骼正处在迅速生长的时期，这就要求母体可以提供大量的钙元素，以满足胎儿骨骼发育的需要。所以，从本周开始，准妈妈要加强钙元素的摄入和补充，同时也要补充维生素D。多喝牛奶可以补充胎儿生长发育所需的钙，同时还能增强准妈妈尿液中钠的排泄量，从而降低血容量以消除水肿，且防治妊娠期高血压症。

【食补指导】

准妈妈依旧要实行少食多餐制，忌食太过

辛辣、油腻的食物，多喝水。准妈妈不妨在床边放一些小零食，睡前或起床前吃一点，以避免空腹而发晕。低脂肉类、海鲜、坚果、鸡蛋、豆类等富含丰富蛋白质的食物，准妈妈可以多吃一些。

【饮食推荐】

陈皮卤牛肉

牛肉属于瘦肉类食物。瘦肉含有丰富的B族维生素，可以有效减轻精神疲劳等不适症状，还可以缓解孕吐症状。姜和陈皮也有助于减轻准妈妈的恶心、反胃感。

材料：瘦牛肉100克、酱油50克、陈皮10克、葱10克、姜片10克、白糖5克、油2大匙。

做法：瘦牛肉洗净，切片，用酱油拌匀腌渍10分钟左右；陈皮用水泡至微软；葱洗净，切段备用。锅置火上，热油，将腌好的牛肉片一片一片煎至稍干，捞出；锅中留底油，放入陈皮、葱段、姜片爆香，然后加入酱油、白糖、水和煎好的牛肉片稍微炒翻一下，烧至卤汁收干即可。

猪肝炒芹菜

猪肝中蛋白质、铁和维生素A的含量很丰富，猪肝养血补虚，对预防准妈妈贫血有非常好的功效。

材料：猪肝500克，芹菜100克，生姜、植物油、料酒、盐、白糖、淀粉、胡椒粉各适量。

做法：生姜洗净，切片，用冷水浸泡；猪肝切片，焯水，用料酒、淀粉、白糖腌渍；芹菜洗净，切段，焯水。锅置火上，热油，用大火炒猪肝，再加入芹菜快炒，最后加盐、胡椒粉调味，翻炒均匀即可。

运动胎教 | 活跃肌肉的孕妇操

【运动说明】

这周继续介绍一些简单的孕妇操。孕妇操对孕期的准妈妈可谓益处多多，但要注意，动作一定要轻且柔和，运动量不宜过大，要以不感到疲劳为度。孕妇操最好可以每天坚持做，做之前应排尽大小便。

【运动方法】

盘腿运动

笔直坐好，双脚合十拉向身体，双膝上下活动呈蝴蝶振翅状，做10次。笔直坐好，吸气，伸直脊背，呼气，身体稍微前倾，做10次。这些动作可以放松耻骨和髋关节，伸展骨盆底肌肉群，有利于分娩时胎儿顺利通过产道。

吹蜡烛式运动

仰卧在平缓的地方，双膝屈起，将手视为蜡烛立于距嘴30厘米处，用吹蜡烛的气息用力呼气。该动作可以锻炼腹部肌肉，帮助产后恢复松弛肌肉。

腹肌运动

单腿屈起、伸展，再屈起、伸展，左右腿各做10次。双膝屈起，单腿上抬、放下，再上抬、放下，左右腿各做10次。这组动作可以锻炼支撑子宫的腹部肌肉。

骨盆底肌肉运动

仰卧，两膝弯曲，双脚放平，吸气，像要中止排尿那样用力收紧阴道肌肉，维持5秒，呼气，并逐渐放开，重复10次。

【运动功效】

孕妇操可以增强准妈妈的肌肉力量，减轻了孕期体型变化带来的背部、腰部、腿部的不适感，为顺产积蓄力量，还能为产后迅速恢复体型打下良好基础，真是一举多得。

按摩胎教 | 对宝宝形成良好的触觉刺激

【按摩说明】

此时，可以对腹中胎儿进行抚摩胎教了。记住，在对胎儿进行抚摩胎教时要待在室内环境舒适、空气新鲜、温度适宜的环境中，做之前准妈妈要先排空小便、稳定情绪、保持平和的心态。

【按摩方法】

准妈妈仰卧在床上（也可将上半身垫高，采取半仰卧姿势），头不要垫得太高，以能匀称呼吸为宜，然后双手遵循从上至下、从左至右的顺序，轻柔缓慢地抚摩胎儿，反复抚摸10次后，用食指或中指轻轻按压胎儿，然后放松。在抚摸时，准妈妈还可以"一心二用"，如边抚摸边和准爸爸谈心，你和准爸爸说话的声音，胎儿会通过皮肤的震动感受器"听到"，从而得到良好的刺激。

【按摩功效】

胎儿天生就很喜欢父母的爱抚。父母对他（她）的爱抚会引起他（她）一定的条件反射，从而激发他（她）的活动积极性，并促进其感觉器官及大脑的发育。在腹壁上轻轻地抚摩胎儿，还可以帮助胎儿与准妈妈沟通信息、交流感情，并能训练胎儿的反应。

情绪胎教 | 懒懒散散，影响胎儿的生长发育

怀孕后也许是因为对新身份和新的身体情况的不适应，也许是因为体内激素水平的变化，很多准妈妈都会产生低落的情绪，总感到做事打不起精神来，烦闷沮丧，缺乏活力，神情懒懒散散。

准妈妈这种忧郁的情绪持续久了就会引起身体上的病理反应，如失眠、厌食、性机能减退、植物神经紊乱。长期的忧郁情绪会使准妈妈心情压抑，这样体内调节情绪和大脑功能的激素含量就会偏低，这些信息通过血液和胎盘传给胎儿，胎儿就会受到影响，导致其在腹中发育不良，出生后也总爱哭哭啼啼，甚至长大后还会表现得闷闷不乐、郁郁寡欢、缺乏自信心。

| 小贴士 | 静心瑜伽之战斗三式

双腿分开的同时吸气，呼气时右脚与上体向右旋转90°，左脚向同侧微微转动，右膝屈到大腿与地板平行为止，小腿与大腿和地板垂直。伸出左腿，挺直膝盖，将头上仰，双掌合十，双眼目视手掌，尽量伸展脊柱。呼气时上体前倾，使胸部与右大腿靠近，双臂保持伸直，双掌合十。再呼气时，上身微微向前倾斜，一边伸直右腿，一边使左腿离开地面，右腿完全伸直后，将左腿高举至与地面平行，保持20秒。

其他胎教 | 共同感受，母子最好的交流方式

胎儿虽然在准妈妈的肚子里发育成长着，但

是思维意识已经有了初步的萌动。胎教就是要抓住这种最初的萌动对其进行心智发展的抽象培养。任何美的事物都能带给人美的感受和对生命的热爱之情，准妈妈把美的信息传递给胎儿，让胎儿跟母体共同感受这美好的感觉，这也是与胎儿进行交流的一种方式。这就是美育胎教，主要分为三个部分。

音乐美学培养

音乐美学培养可以通过心理和生理两种途径来实现。通过音乐，准妈妈可以安定心情、稳定情绪，使心情得到极大放松，又能浮想联翩、心旷神怡，并把这些美好的情绪信息传递给腹中的胎儿，使胎儿也受到好情绪的感染，将生命的节奏调整到和妈妈一样的频率。在胎儿躁动时，准妈妈可以听些舒缓安静的音乐，给胎儿创造一个平静的环境，使腹中胎儿感受到安详平静的信息，进而逐渐平静下来。这些都是音乐美学培养的心理作用。在生理作用方面，悦耳的音乐可以刺激母体植物神经系统活动，进而控制内分泌腺分泌出多种激素，并随血液循环进入胎盘，影响胎盘血液成分发生变化，有利于胎儿健康成长。

形体美学培养

形体美学培养是指准妈妈自己的气质对腹中胎儿潜移默化的影响。准妈妈首先要让自己具备良好的道德修养和高雅的情趣爱好，因为准妈妈的内在美是影响胎儿气质的最关键因素。再从外在形体条件来看，准妈妈应多穿色彩明快、样式得体的衣服，要使自己看起来精神面貌良好、干净利索，这种外在的形体美也会对腹中胎儿形成教育作用，让胎儿以最初的朦胧意识获得对审美的初步认识。

大自然美学培养

大自然美学培养是指准妈妈要多到大自然中，去贴近和感受自然中的美丽景色，这种自然美对腹中胎儿大脑细胞发育和神经发育会产生非常好的影响。

第 12 周

过了本周，孕早期就算是圆满结束了。虽然只过了短短三个月，可是胎儿在准妈妈体内的变化可是非常巨大的。他（她）从一个微小的受精卵已经逐渐长成人形，有了各种各样准妈妈可以感受到的生命迹象，不能不说这是一个奇迹啊。

胎儿在成长 | 宝宝到底有多大啦

本周胎儿的身长达到了6.5厘米左右。这时候，胎儿全身最明显的在成长的器官就是大脑了。大脑的体积越来越大，甚至占到整个身体的一半。胎儿的骨骼变得越来越坚硬，膝盖和脚后跟已经初步发育成形了。小家伙手脚上的蹼状物已经完全消失，他（她）可以开始忙于练习活动自己的手脚关节了。

在这周的生长过程中，胎儿的输尿管和肾脏已经形成，小家伙的排泄系统终于可以开始运作了。在本周结束之前，他（她）的各个关键器官的发育也会逐渐完成。肠子的生长格外快，有一部分进入脐带里，正在慢慢向腹腔转移。母体胎盘基本形成，准妈妈和胎儿的联系将更加紧密稳定，流产的概率也已经大大降低。

胎儿还长出了牙胚和指甲。以前生长时那相隔很远的眼睛现在正在从头部两侧逐渐拉近距离，慢慢长到了脸部。耳朵的位置也已经固定下来。神经细胞增殖的速度迅猛，神经突触（大脑中的神经线路）正在形成，这让胎儿有了更多的反射动作，如果你用手戳戳肚子，他（她）甚至会动一动，虽然这时他（她）的活动你还无法感觉到。

准妈妈变化 | 宝宝让我"孕味"十足

接近孕早期的尾声了，准妈妈们的孕吐反应已基本消失了，也不会再像之前那么嗜睡了，疲劳感也减轻了许多，精力慢慢恢复了过来。但是，准妈妈会发现自己腹部的皮肤上出现了妊娠纹，脖子和脸上长出了不同程度的黄褐斑。这都是孕期出现的正常特征，等到胎儿降生后，这些斑纹就会逐渐消失。

因为胎儿在长大，所以准妈妈的子宫也在随之增大，胃肠蠕动变慢，致使大便干燥秘结，体内气体也多了起来。子宫的变大使它不能适应之前在骨盆中的正常位置，所以它开始向腹部生长、推进，所以，准妈妈开始发现自己的腰变得越来越粗，臀部也变得越来越宽。从这一时期开始，长时间的久坐会使准妈妈的尾骨感到疼痛。血液量的增多也使准妈妈心跳加快，呼吸急促且吸入的空气更多。许多准妈妈发现自己怀孕后胸罩的尺码比未怀孕时大了一两号，这是因为，准妈妈的肋骨架在扩展，以腾出更多的空间供胎儿生长发育。

胎教课堂 | 实施胎教的前提条件

胎教的必要条件与准备：

1. 胎教是一个循序渐进的过程，不能操之过急，应根据胎儿生理发育特点逐步进行。怀孕前可作好胎教准备，准父母一起制定教育目标和胎教计划，购买胎教所需物品。从怀孕开始，就可以正式进行胎教了。

2. 最好记胎教日记，内容包括日期、孕周、孕妇身体状况与情绪、气候、胎教进行的具体时间、本次胎教内容、胎儿反应等。

3. 胎教最好由准父母共同参与。

饮食胎教 | 营养全面，当数红糖

【营养重点】

营养均衡当然是怀孕时期的最佳饮食方式，这样，准妈妈就可以吸收到各种营养素，对胎儿各方面的成长发育都有极为重要的作用。

胎儿骨骼的发育和血液的生长需要大量的蛋白质、钙、铁等成分，因此对这些元素的补充就要格外重视。另外，促进骨骼生长光靠钙元素是不够的，要配合维生素才能更好地起到促进作用，尤其是维生素D，它和钙的配合可以健全骨骼，给胎儿一个硬朗的身体，所以现在母体对维生素D的需求量要比之前多出4倍以上，热量需求也比之前高出50%。

【食补指导】

既能补充热量、铁元素，又能补充钙质的食物是红糖。红糖除了含有大量的铁质和钙元素外，还具有人体所需的多种营养物质，它可以补中益气、化食暖胃，与同等分量的白糖相比，红糖的含铁量是白糖的两倍，是理想的进补食品。

当然，准妈妈平日里在饮食方面不必太刻意，最好随着自己的胃口来进食。饮食要遵循少食多餐的原则，不必介意自己饮食嗜好的改变，只要在保证营养的前提下尽量避免体重的过分增加，就是最好的孕期饮食方针了。

准妈妈在整个孕期要控制好自己的体重，避免增加不必要的体重，如果整个孕期的体重增加超过12千克，那么就可能因为营养过剩而造成胎儿过大，给分娩带来困难和危险。此外，孕期肥胖还可能导致准妈妈患妊娠高血压或妊娠糖尿病等高危险的疾病，并引发并发症，危害母婴健康。因此，准妈妈要对自己的体重有所控制。

【饮食推荐】

淮山药瘦肉煲乳鸽

这道菜的主要食材——淮山药、瘦肉、乳鸽中含有大量的蛋白质和准妈妈孕育胎儿所需的各种矿物质、维生素、碳水化合物、脂肪等营养素。淮山药、瘦肉、乳鸽除了能供应丰富的蛋白质外，还能为准妈妈提供铁质、B族维生素，这有助于形成红细胞。准妈妈在孕早期食用，可预防妊娠中、晚期贫血症的发生。

材料：淮山药100克、猪瘦肉150克、乳鸽1只、姜片2片、盐适量、葱段10克。

做法：将淮山药冲洗干净，切块；乳鸽去皮及内脏，洗净。锅内放入姜片、葱段、乳鸽，加水烧开后继续煮3分钟，捞出乳鸽，冲洗干净；将猪瘦肉洗净，切块。锅内放清水煮开，加入乳鸽、猪瘦肉块、淮山药块炖30分钟，再改用小火炖2小时，加盐调味即可。

木耳青菜豆腐虾丸汤

虾仁肉质松软，易消化，含有丰富的营养物质；豆腐中的蛋白质完全蛋白，比例接近人体所需，营养价值很高。准妈妈常吃这些食物，腹中胎儿将会获得更好的营养，因而可以发育得更茁壮健康。

材料：虾500克、豆腐100克、肥猪肉100克、青梗菜（空心菜）100克、木耳100克、盐5克、料酒10克。

做法：虾剥壳，挑去虾线，洗净，剁成丁；豆腐搅碎；肥猪肉煮熟，切碎。将虾仁丁、豆腐末和猪肉碎一起放入碗中，加入盐、料酒，顺着同一方向搅拌，然后挤捏成丸子，放入沸水中煮熟，放入青梗菜（空心菜）和木耳，再煮片刻，加盐调味即可。

运动胎教 | 训练宝宝反应的宫内运动训练

【运动说明】

宫内运动训练是一种适合怀孕超过12周的准妈妈给胎儿进行的胎教方式。这种胎教的方法很简单，只要准妈妈仰卧，使身心全面放松，即可开始对胎儿进行宫内运动训练。

【运动方法】

准备姿势做好后，准妈妈可先用手在腹部来回抚摸，用手指轻轻按腹部的不同位置，这时胎儿就会有所反应。准妈妈可以仔细观察胎儿的反应，观察自己按不同位置是胎儿的反应是否也是不同的，有没有什么规律可循，如果你愿意，还可以把你观察到的反应记录下来。开始抚摸按压的时候，动作宜轻，时间也不要太长，每次5分钟即可。

【运动功效】

这种训练可以促进胎儿大脑及肌肉的健康发育，训练胎儿的反应能力。

按摩胎教 ▎小腹按摩，促进消化吸收

【按摩说明】

准妈妈在怀孕期间，可能经常会有腹胀感，这既影响了准妈妈的食欲，也会连累准妈妈出现腰背部的疼痛、不适感。如果能对小腹进行按摩，则可以缓解准妈妈腹胀的症状。小腹部分布有肝、脾、肾、胃经和冲脉等经脉，对其按摩能刺激这些经脉，具有通和上下、分理阴阳、去旧生新的功效。

【按摩方法】

仰卧，右手掌紧贴小腹部，左手掌叠于右手上，以大鱼际、掌跟贴紧腹部，用力以顺时针方向绕脐按摩50～100下。

【按摩功效】

按摩小腹部可以使准妈妈的胃肠及腹壁肌肉更强健，促进消化液分泌，促进胃肠蠕动，促进血液循环，更有利于身体对食物的消化和吸收。

情绪胎教 ▎集中注意力让身心静下来

用科学来解释，孕早期，胎盘会分泌一种人类绒毛膜促性腺激素，这种激素水平升高会使准妈妈产生疲倦感和孕吐等症状。另外，怀孕后的准妈妈极易产生担心心理。这种心理状态会使准妈妈分散精力，到处忙东忙西，最终使自己在心理上产生极大的疲倦感。

如果你是职场准妈妈的话，建议你在工作的时候要尽量集中精力、专心对待工作任务；在家休息的时候，就要摒弃工作中的杂念，专注于自己和胎儿。如果你担心自己在忙乱的情况下容易忘记自己要做的事情，那么就把要做的事情先一一记录下来，这对你集中精力、高效办事也是十分有帮助的，同时能够防止健忘。

> **┃小贴士┃用静心瑜伽呼吸法观察你的呼吸**
>
> 用心观察你身体的哪些部位能感觉到你的呼吸，是鼻子还是眼睛、喉咙？抑或是腹部、胸部？静静地感觉气体是如何进入你的身体的，气体在你的身体里是如何行走的。它能到达身体的哪些位置？仔细看你呼吸时腹部的一起一伏状态。

其他胎教 ▎开阔眼界的旅行胎教

本周我们来介绍一种新的胎教方式——旅行胎教。

准妈妈已经顺利度过了最危险、最不稳定、最容易流产的时期了，自己的身体通过自我调节也已经适应了这种怀孕的身体情况，所以，准妈妈可以自由外出了。基于此，我们可以对胎儿进行一次美好的旅行胎教。

我们应该打破怀孕只能在家静养的传统观念，使准妈妈走出家门，走进大自然，通过旅行来接触大自然，寻找博大宽广、豁然开朗的感觉。旅行最好选在风和日丽、气温适宜的日子里，准妈妈到离家不远的大自然中感受天地的灵气，欣赏自然之美。可以置身于清幽的山谷之中，站在伟岸的山峰之下……飞流直下的瀑布、叮咚作响的

泉水、惊涛拍岸的大海、僻静深幽的峡谷等，都会让准妈妈把诗一般的美妙意境尽收眼底，使自己获得赏心悦目的感受。而这种感受是可以变成一种信息经过血液、胎盘等传递给腹中的胎儿的。要记住，在你欣赏美景的同时，胎儿也在与你一起欣赏自然之美呢。

孕期的旅行给胎儿做了一次非常好的胎教，让胎儿受到大自然美景的陶冶。孕期旅行最好避开人多嘈杂的地方，尽量回归自然，感受自然的力量。但不宜远离市区，这样如若遇上紧急情况，也好就近去医院就医。

第 4 章

13~16周——大脑迅速发育期

有『事』的日子总是很快,不知不觉,准妈妈已经和胎儿一起度过了三个月快乐的时光了。终于安全进入孕中期,难熬的日子算是过去了三分之一,不过接下来还有漫长而艰辛的怀孕路途等着你走完呢。提醒准妈妈一下,现在发生流产的概率虽然微乎其微,但你仍要细心呵护他(她),孕中期也会产生不必要的麻烦的。从现在开始进入母体和胎儿增长和变化最快、最大的时期了。

第 13 周

终于稳稳妥妥地进入了孕中期，准妈妈可以多少放心些了，流产的概率变得非常小，现在你只要安安心心孕育小生命，专心补充自己的体力和需要供给胎儿的营养，这才是正事。

胎儿在成长 | 宝宝到底有多大啦

本周开始，胎儿正式进入第二发育阶段。他（她）的身长已经有7.5～9厘米了，脖子已经完全形成，并能支持头部的活动。两眼之间的距离继续在缩小，眼睑仍然紧紧地闭合着，嘴唇可以随意张合了。胎儿进入了第13周，肝脏开始工作了，制造出了胆汁。肾脏也开始工作了，开始向膀胱分泌尿液。胎儿的神经元也迅速增多，神经突触形成，条件反射能力加强。手指开始能与手掌握紧。脚趾与脚底也可以弯曲。

经过了3个月的成长，胎儿开始有了听觉、视觉和触觉，虽然耳朵还没有发育完全，但是他（她）可以通过皮肤的振动器来"听"声音。所以如果这时在准妈妈的腹部轻触，腹中的胎儿就会有反应地蠕动起来的，但是这种蠕动的幅度很小很小，小到我们仍旧感觉不到。胎儿此时形成的视觉按理来说是可以使胎儿看到东西的，但他（她）却不看这个"世界"，但对光是很敏感的，如果你用一些手电筒类的光源在腹壁照射的话，腹中胎儿也是会有所反应的。

准妈妈变化 | 宝宝让我"孕味"十足

让准妈妈高兴的是，终于结束了痛苦的、折磨人的孕早期了。准妈妈的孕吐反应逐渐消失了，开始觉得胃口大开，见什么食物都觉得很有食欲，经常会有饥饿感伴随。胎儿从这时开始进入一个高速发育的时期，需要很多的营养来支持生长发育的能量所需，而准妈妈补充的各种营养都会源源不断地输送给腹中的胎儿。这样来看，准妈妈完全不要对进食有所节制，尽可能多地补充营养吧，为了腹中那个小家伙，你想吃什么就吃什么，别委屈了自己和胎儿的嘴。

进入孕中期的准妈妈开始适应了怀孕的变化，肚子一天天大了起来，原来的衣服不能再穿了，尤其是那些会影响血液循环的紧身衣裤，如牛仔裤等，否则会造成静脉曲张和腿部肿胀，准妈妈一定要穿着那些宽松、舒服的衣服。到了孕中期，准妈妈的乳房也在迅速增大，这会导致皮下弹力纤维断裂，出现暗红色的妊娠纹，这种妊娠纹同样会出现在日渐增大的腹部，样子好似线条弯弯曲曲的地图一样。

本周，准妈妈的下腹部已经微微有些隆起了，用手是可以摸到增大的子宫的，乳头也可以挤出一些乳汁来。

另外，准妈妈千万不能认为过了前3个月就完全没有了流产的危险。12周前发生的流产被称为早期流产，12周以后发生的流产称为晚期流产。有过流产史的准妈妈此时还是应该格外注意，防止发生晚期流产。

胎教课堂 | 皮肤，宝宝的"第二大脑"

本周的胎教原则和重点是：帮助胎儿更好地完成触觉发育。

胎儿的触觉发育在第13周时就已经发育得比较完备了。为了更好地促进胎儿触觉发育成熟、完善，准妈妈可以做些动作，帮助胎儿更好地完成触觉发育。

准妈妈在平常的闲暇时光里可以进行一些轻柔的舞蹈动作和运动，使羊水轻轻晃动，可以达到刺激胎儿触觉的目的。当羊水在胎儿皮肤上轻轻掠过，就好似妈妈的手轻柔地抚摸胎儿的皮肤一般。因为皮肤是人的"第二大脑"，所以，这种对胎儿皮肤的刺激除了能增进胎儿的触觉发育，还能促进大脑功能的发育。

饮食胎教 | 营养补充不能"厚此薄彼"

【营养重点】

经过了早孕反应的考验，准妈妈的胃口开始变得好起来了。由于胎儿的发育速度迅猛起来，其对营养的需求也逐渐加大。因此，准妈妈就要加速补充各种营养，不要节制自己的食欲，想吃什么就吃什么，也不用担心自己会发胖，这一切都是为了给胎儿提供营养。

准妈妈补充营养一定要全面，要知道胎儿正在腹中全方位地生长发育着，对各种营养元素都有需求了，千万不能"厚此薄彼"地只补充某一样或某几样营养元素，弃其他营养而不顾。准妈妈在进入孕中期后，主要需要补充的营养包括蛋白质、碳水化合物、适量的脂肪、多种维生素、多种微量元素（如钙、铁、锌）等。另外，这期间需要补充的营养中最为重要的就是维生素D、脂肪酸、DHA等对胎儿眼睛和大脑发育非常重要的营养元素了。

【食补指导】

准妈妈可以多吃些海鲜，海鲜类食品是维生素D、脂肪酸、DHA等营养物质的最好来源。平日里还可以多吃些肉、禽、蛋、奶、五谷杂粮、水果、蔬菜等食物，这不仅可以均衡饮食，还可以全面获得所需营养，真是一举两得。在饮食过程中没必要刻意去吃什么药物来补充营养元素，只要按照你的饮食规律去吃，不要因为怕长胖而节制进食，如果营养不足，胎儿就会从你的体内得到需要的营养成分。准妈妈要注意，饮食种类不可太单调，不可连续几天一直只吃某种食物，以避免其他营养摄入不足。另外，准妈妈也不能以食欲太好和胎儿发育需要为借口暴饮暴食，因为，如果在孕期体重增加得过多，将会对以后的分娩造成很大障碍。

【饮食推荐】

牛肉炒菠菜

常吃牛肉可补脾胃、益气血、强筋骨；菠菜

中的铁含量非常丰富，常吃可以预防孕中期的缺铁问题。

材料： 牛里脊 50 克，菠菜 200 克，淀粉 5 克，酱油、料酒各 5 克，葱末、姜末各 2.5 克、盐少许。

做法： 牛里脊切薄片，撒上淀粉、酱油、料酒、姜末腌制；菠菜洗净，用开水焯一下，捞出，沥干水分，切段。热锅热油，放入姜末、葱末煸炒出香味，再放入牛肉片快速翻炒后盛出，再将剩余的油烧热，放入菠菜和炒熟的牛里脊片，用大火快速翻炒几下，出锅前撒入盐拌匀即可。

肉丁豌豆饭

豌豆与肉丁搭配，可以提供蛋白质、脂肪、碳水化合物、钙、磷、铁、锌和维生素 B_1、维生素 B_2 等多种营养素，并有滋阴润燥、和中生津、通乳消胀的作用，准妈妈常吃不仅对自己身体健康有好处，豌豆中的磷质还会对胎儿发育产生诸多益处。

材料： 粳米 250 克、豌豆 150 克、咸肉 50 克、熟猪油 25 克、盐 3 克。

做法： 粳米淘净，沥水 3 小时左右；豌豆洗净；咸肉切丁。锅内放入熟猪油烧至冒烟，放入咸肉丁翻炒几下，再放入豌豆煸炒 1 分钟左右，加盐和水，加盖煮沸后，倒入沥干水分的稻米，并轻轻搅动。随着粳米把锅内水分吸收得越来越少，搅动的速度也要随之加快，并减小火力，待米与水融合时将饭摊平，用粗竹筷在饭上扎几个孔，便于蒸汽散出，以防米饭夹生。再次盖上锅盖，待锅中蒸汽急速向外冒时，用微火继续焖煮 15 分钟即可。

运动胎教 | 腿部练习是你最坚强的"后盾"

【运动说明】

终于度过了怀孕前 3 个月这最危险的时期了，这时候的准妈妈可以开始尝试做更多运动了。孕妇腿部体操就是一种适合怀孕 3 个月以上的准妈妈做的运动，这种体操运动量小，动作轻缓，加上锻炼时会配合一些优美的音乐，还可达到调节情绪的目的。因此，准妈妈们可以每天坚持练习，这对后期的分娩是有很大好处的。

准妈妈做腿部运动前一定要先排便、排尿，不要再进食，并且使身体和精神都完全放松下来；在做动作的过程中如果有腹胀的感觉，请准妈妈马上停止运动。知道了这些原则，接下来就可以开始进行腿部锻炼了。

【运动方法】

1. 靠墙站稳，全身与墙壁贴紧，尽量减少腰部和墙壁之间的空隙。双脚张开与肩同宽，利用膝盖和脚尖掌握好姿势，保持平衡，下蹲至膝盖半屈，然后缓慢恢复至原来的站姿，如此反复练习若干次。

2. 双腿呈前后分开的姿势，前腿弯曲，后腿伸直，成弓形，后腿脚跟要着地，后腿脚尖往前，身体不要弯曲，臀部不要翘起，这样可以练习小腿伸展。

3. 仰卧，双膝收起，一条腿伸直并向上高举，坚持这个姿势不动，脚尖先绷紧再放松，再绷紧，再放松，如此反复数次。弯曲膝盖，缓慢收腿呈原始姿势，换腿练习。

4. 仰卧双膝并拢，左右翻倒。两腿交替进行，每日早、晚各做 5～10 次。

【运动功效】

第一个练习动作可以预防准妈妈在怀孕过程

中发生腰痛的状况。第二个练习动作可以有效地缓解准妈妈腿部的沉重感。第三个练习动作有利于准妈妈腿部血液循环，预防腿部肿胀、双腿发沉以及静脉瘤等。第四个练习动作可加强骨盆关节和腰部力量。

按摩胎教 | 你和宝宝的信任从此开始建立

【按摩说明】

对胎儿进行抚触或轻拍的目的是为了通过准妈妈的腹壁对胎儿施以触觉上的刺激，以促进胎儿的大脑发育。抚触胎教的效果已被专家证实有效。法国心理学家贝尔纳·蒂斯认为，准父母通过触摸动作和声音与腹中胎儿进行沟通的活动，可以使胎儿产生安全感，感到舒服和愉快。

【按摩方法】

准妈妈仰卧平躺，尽量放松，双手捧住腹部轻轻抚摸，轻轻按压，等待胎儿的反应，与胎儿进行互动，建立起与胎儿的亲密关系。只是抚触拍打时要注意胎儿的情绪，在胎儿不反感的情况下进行抚触，才能获得良好的胎教效果，相反，若发现胎儿有抵触情绪，请立刻停止抚触。

【按摩功效】

这种抚触按摩方法可以促进胎儿大脑的发育，还能建立胎儿和准妈妈间的亲密和信任关系。

情绪胎教 | 准妈妈怀孕别"娇气"

很多准妈妈从得知自己怀孕的那一刻起，就把自己看得娇气、弱小，好似时时刻刻需要人照顾和保护。准妈妈感情变得脆弱的情况下，就会使其在心理上离不开丈夫、依赖丈夫，希望丈夫可以时时刻刻陪着自己，同时分享自己的喜怒哀乐。可是丈夫平时还有很多生活和事业上的事情需要忙碌，必定不能时常陪在妻子身边，这时妻子就会有心理上的失落感和不平衡感。这种情绪一旦出现，就会使准妈妈心情越来越差，把这种坏情绪的信息传递给腹中胎儿，就会影响其正常发育。

准妈妈当然希望自己的丈夫在孕期可以时刻关心、照顾自己，同时也会担心自己形体的改变会让丈夫不再喜欢自己，这些复杂的感情交织在一起，就会产生更大的依赖心理。作为丈夫，这时应该怜惜妻子，多去关心和照顾她，给她温暖、体贴的感觉，这会使她不再焦躁不安，只有准妈妈情绪稳定了，胎儿才能健康成长。平日里准爸爸可以多说些贴心的话给妻子听，也可与腹中的胎儿交流一下，让胎儿感受到你对他（她）的爱。准爸爸要多站在妻子的立场上考虑问题，对准妈妈无微不至的贴心照顾可使妻子得到很大的鼓励。

准妈妈也不要太娇气，要体谅丈夫平时也有很多琐碎的事情需要处理，如果不管不顾地任不良情绪蔓延，只会给胎儿带来不好的影响。准妈妈要克服自己过分依赖丈夫的心情，学会自立自强，学会自我调节和平衡自我心理。准妈妈形成的坚毅品格对胎儿也是种很好的胎教形式，从现在起就让孩子感受到准妈妈自尊自强的气度，为胎儿出生后形成良好的性格打下坚实的基础。

| 小贴士 | 准爸爸的小笑话

某天，老李接到一个电话，电话告知说他××银行的信用卡欠费。老李说："你肯定是骗子，银行都是语音系统。"那边听后就把电话挂了。

又过了几天，老李又接到一个电话，这次是语音接线，说："您好，您现在听到的是语音留言，你的××银行信用卡账户欠费……详情请按9。"老李："我电话上没有9。"那边说："怎么可能？"老李听了，说"你不是语音吗？"那边又把电话挂了。

其他胎教 | 妈妈的心跳让我格外依赖

研究发现，胎儿对母亲的心跳声特别敏感，母亲的心跳声会让他们产生莫名的安全感。胎儿在母亲体内与母亲是最近距离的接触，母体内的各种器官工作的声音他（她）都听得很清楚，如母亲的血流声、肠鸣声、胃蠕动声……但在这所有的声音里，胎儿好像格外喜欢心跳声。每当听到母亲心脏搏动的声音时，胎儿就会情绪稳定，包括出生后的宝宝，在很躁动、很烦闹的情况下，只要听到母亲的心跳声都会立刻安静下来。

母亲那有节奏的心跳声就像镇定剂，使胎儿产生了安全感。因此，我们发现，多数情况下母亲怀抱婴儿的画面，都是母亲将孩子托在左臂上，孩子的头部正好紧贴母亲的左胸，不论古今中外，都是如此，古画里也是这样诠释母亲抱孩子的姿势的，这间接地证实了胎儿对母亲的心跳声有格外的依赖之情。

第14周

胎儿长指纹啦，从此以后，他（她）有了在世界上所具有的独一无二的特征。胎儿在腹中的性别特征越来越明显，作为准妈妈的你，看到胎儿如此快速地成长，是不是也会不自觉地流露出会心的微笑啊？

胎儿在成长 | 宝宝到底有多大啦

胎儿的体重现在有28克左右了，身长也有7.6～10厘米了。这周可以见证很神奇的发育过程——胎儿长出了他（她）在这个世界上独一无二的指纹。他（她）的皮肤上覆盖着细细的绒毛，不过出生后就会消失，头发的生长速度也很快。胎儿的下颚骨、面颊骨、鼻梁骨等已经开始形成，耳郭伸出，脊柱、肝脏、肾脏都已"进入角色"并开始工作。这周的胎儿在准妈妈腹中越发活跃了，他（她）可以做的事情又多了几件，皱眉头、做鬼脸、斜眼睛、吮手指等，别小瞧这些小动作，科学证明，它们可以促进胎儿大脑的成长发育。

之前已经可以判别胎儿的性别了，如果腹中的胎儿是女孩儿，本周她的卵巢里大约会有200万个卵细胞存在，只是成长到出生的时候仅剩一半了，再等到她长大到十七八岁时，则只有这时的十分之一左右。

本周准妈妈基于对腹中胎儿负责的态度，还是去进行一次产检比较好，这次产检可以帮你判断出胎儿是否有先天性和遗传性疾病。有过流产史和胎死腹中史的准妈妈更不可忽略这次产检。

准妈妈变化 | 宝宝让我"孕味"十足

准妈妈的早孕症状几乎消失了，不过子宫已经长大了很多，虽然体态上还是不太能看出你像个孕妇，但是怀孕的各种症状你可是一样都不会少。这周，阴道分泌的白带继续增多，不要担心，这不是什么疾病，这是由于你体内的雌激素水平升高，盆腔和阴道充血导致的。只要保持外阴部清洁，每天清洗，不要用刺激性强的皂液，同时选择穿着舒适的内裤，就会顺利度过这个时期。

准妈妈的腹部继续隆起、增大，体重也在不断增加，身体一天比一天丰腴，乳房也逐渐增大，乳晕的面积更大且颜色更深了，乳头周围会凸显出一些小点点，乳头挤出的一点乳汁看着像分娩后的初乳一般。早孕反应的消失让你消除了疲劳感，恶心、呕吐的症状也全都不见了，尿频的状况也有所改善。

进入了怀孕的中期阶段，大多数准妈妈都发现自己的头发和皮肤有些变化了吧？准妈妈的头发越来越乌黑发亮了，头上的污垢和头屑也很少出现了，这天然好的发质让你觉得特别难得。细心的你还会发现，你的皮肤较怀孕之前变得平滑柔软了，肤色也有了些许变化，偶尔还会有瘙痒症状出现。另外，加之你的体态也有所变化，想必准妈妈现在觉得自己不仅变得外表难看，精神状态也很差吧？那么，你更应注意

自己的妆容了，不良的精神面貌一定会影响你的情绪，在这怀孕的日子里，什么都没有保持一个良好的心情重要。稍稍打扮一下自己，独特的"孕味"就能体现在你身上了。

胎教课堂 | 替宝宝"开眼看世界"

本周胎教的原则和重点是：加强对胎儿的视觉刺激。

胎儿在准妈妈的肚子里，那是一个几乎密闭的空间，胎儿在里面完全无法感知外面的世界。成长发育到第14周时，胎儿已经有了自己的视觉，只是他（她）没有"开眼看世界"，只是对光比较敏感，并且只能通过准妈妈对外界事物的观看、感受而间接感受外部世界。

因此，准妈妈可以亲自去欣赏一些美妙的风光或高雅的展览、画展，这样便可以通过自己的"眼见为实"来把视觉信息传递给腹中胎儿，以便加强对胎儿的视觉刺激。

饮食胎教 | 营养师告诉你这样吃更优生

【营养重点】

准妈妈要控制高糖类食物的摄入量，因为高糖类食物会让你体重超标，从而导致你患上妊娠糖尿病。这周开始，胎儿的甲状腺起作用了，可以自己制造激素，但甲状腺的工作需要碘来辅助完成，所以从现在起，准妈妈还要开始多多食用含碘的食物。如果准妈妈碘的摄入量不足，胎儿就会甲状腺功能低下，这就影响了胎儿的中枢神经系统发育，甚至影响大脑发育。另外，补锌也是饮食关键。接着还要继续适量地补充蛋白质、维生素、铁和叶酸

等物质，这也是十分必要的。及时补充这些营养物质可以保证血红蛋白合成的需要。

【食补指导】

鱼、贝类、海藻等海鲜类食物的含碘量最高，是我们摄入碘元素的重要途径。含锌量丰富的食物有牡蛎、肝脏、口蘑、芝麻等，常吃这些食物，可以有效补充准妈妈体内的锌元素，使准妈妈的味觉、嗅觉功能可以正常发挥作用，增进食欲，帮助消化和吸收，提高免疫力。动物肝脏、鸡蛋等食物，可以补充体内胎儿对有机铁的需要，准妈妈也应该增加这些食物的摄入量。

【饮食推荐】

西红柿鸡蛋面

鸡蛋是健脑益智食品，它的营养含量均衡，西红柿中维生素C和番茄红素的含量丰富，对于胎儿的生长发育很有益处。西红柿鸡蛋面的口味可以刺激准妈妈的食欲，帮助准妈妈弥补、调整和补充营养。

材料：鸡蛋1个，西红柿100克，龙须面100克，盐、香油、酱油、葱花各适量。

做法：西红柿洗净，去皮，切片。热锅热油，先放入葱花炝锅，放入西红柿翻炒，将西红柿炒出红汤后，加水和酱油，待水开后放入龙须面煮面，在面快熟时打入鸡蛋，再稍煮一会儿，撒入盐、香油调味后出锅。

紫菜鸡蛋卷

紫菜的EPA（二十碳五烯酸）和DHA（二十二碳六烯酸）含量颇为丰富，可以延缓人体衰老。紫菜还含有丰富的维生素A、B族维生素、维生素C和碘、钙、铁等微量元素，这些营养元素可以提高人体的免疫力。紫菜还含有大量的牛磺酸，这种物质不仅可以降低胆固醇，还有利于保护肝脏。

另外，紫菜的胆碱含量也相当丰富，胆碱又是神经细胞传递信息的重要化学物质，对增强宝宝的记忆力有很好的作用。

材料：鸡蛋2个，紫菜1大张，盐、油各适量。

做法：将鸡蛋打到碗中，加盐，打散。在平底锅内热油，倒入蛋液，小火煎成一张蛋皮，出锅后晾凉，将1大张紫菜放在晾凉的蛋皮上，然后一起卷起来，在封口处抹点碗底残留的蛋液，将卷好的紫菜蛋卷放入平底锅中，利用油锅的余温使封口黏合好，最后切成小段。如果再卷入一些自己爱吃的东西，如黄瓜、金枪鱼等，味道会更加鲜美。

运动胎教 ｜ 家务活也是一种运动

【运动说明】

大龄准妈妈孕中期该如何做运动呢？

孕中期是胎儿发育最关键的阶段，也是准妈妈身体状况相对稳定的一个阶段。这一时期维持一定的运动量，如跳舞、散步等，对胎儿和准妈妈都是非常有益处的。大龄准妈妈在孕中期可选择的运动项目种类非常少，所以可以做一些力所能及的家务活，作为一种舒筋活血的运动以达到锻炼身体的目的。

大龄准妈妈的身体状况肯定不及年龄稍小些的准妈妈，所面临的孕期危险也相对多些。因此，大龄准妈妈在怀孕期间应只做一些安全、动作幅度较小的运动。

【运动方法】

大扫除可以算是一种运动方式，大龄准妈妈借做家务活之机，既活动了身体，也给自己创造出舒适的生活环境,这是一举两得的事情。大龄准妈妈在大扫除中干些力所能及的活儿就可以了,如擦桌子、叠衣服等。大扫除时要记住,干不了的活一定要留给准爸爸干。如爬高走低、搬重物、清洁地毯等家务活或者需长时间弯腰或下蹲做的家务活,准妈妈一定不能做,否则有可能引起骨盆充血,从而导致流产。不要长时间使用冷水,以免导致流产。

【运动功效】

这些看似简单的活动,对大龄准妈妈来说都是不错的运动方式。这些小活动既能保证大龄准妈妈和胎儿的安全,又能活动活动大龄准妈妈的筋骨,达到促进血液循环的目的,减轻腰腹、膝盖、脚踝等身体部位的不适感,为顺利分娩打下基础。

摩要保证环境舒适,每个部位按摩15分钟就可以了。准爸爸的按摩力度要均匀、稳定,不可忽重忽轻。

【按摩方法】

准爸爸将双手放在准妈妈头部两侧轻压一会儿,以帮助准妈妈松弛神经,然后用手指轻揉整个头部,再用双手轻按前额中央位置,然后向两侧轻扫至太阳穴,最后将食指及中指沿着准妈妈的下耳部四周前后轻按。这套动作中的每个小动作都需要7~10次。等按摩结束后,准妈妈闭眼静躺,休息几分钟,随后就会感觉精神放松,浑身舒适。

【按摩功效】

头部按摩可以改善准妈妈的大脑供血量和血液循环,使其紧张的脑神经得到放松。

按摩胎教 | 头部按摩改善准妈妈的睡眠

【按摩说明】

准妈妈的情绪波动对胎儿的影响是非常大的,极易出现紧张、焦躁不安的心情,对腹中胎儿也会有不良影响。其实通过按摩的方法,可以促进准妈妈血液循环、减少不适感觉、舒缓压力以及增强抵抗力,更重要的是,一般实施按摩的人都会是准爸爸,这能让准妈妈直接享受到丈夫的关爱,也会让准妈妈的心情放松下来,使不良情绪得到缓解。

准妈妈最好在睡前接受按摩,这有助于准妈妈松弛神经,以改善睡眠状况。按

情绪胎教 | 止乱呼吸法,让心情平和

怀孕后的准妈妈可能是因为体内激素水平的变化,还可能是因为其他身体情况的变化,有时会有暴躁的情绪出现,变得脾气坏、易动怒、性格怪异,喜欢和周围的人找茬儿吵架。从科学的角度来讲,这种情绪对腹中胎儿的不良影响是非常大的。准妈妈发怒时,血液中的激素和有害化学物质就会增多,通过羊膜进入胎儿生长的环境中,就会对胎儿造成很大危害。发怒时,准妈妈血液中的白细胞数量还会减少,这就降低了母体自身的免疫力,从而影响到胎儿,使胎儿的抗病能力减弱。准妈妈总是抱有暴躁易怒的情绪,尤其是在孕前期经常持有这种情绪,就可能会造成胎儿出现唇腭裂的症状。

由于这种情绪无论对准妈妈还是对胎儿都是贻害无穷的,那么,如何避免这种情绪呢?从准妈妈自身的角度来说，首先要认识到发怒带给你和胎儿的严重后果，知道了后果的严重性后，就要有意识地克服自己这种容易暴躁发怒的情绪了。准妈妈在漫长的孕育过程中，难免会遇到一些让自己生气的事情，每当遇到这种事情时，准妈妈不妨先冷静一下，不要急躁，给自己一个情绪缓冲的时间。然后可以转移一下自己的注意力，做些自己感兴趣的事情以缓解不良情绪，这都是克制发怒的好方法。另外，准妈妈要多注意、加强自身的修养，从内在方面杜绝自己爱发脾气的毛病，这对以后胎儿形成良好的性格和心理素质也是有很多好处的。

| 小贴士 | 静心瑜伽呼吸法之停止纷乱思绪的呼吸法

静坐，放松，自然呼吸，感觉一呼一吸间身体放松的感觉，让自己沉浸在缓慢深长的呼吸中。对呼吸的感受，可以停止准妈妈胡思乱想，遏制其纷乱的思绪，达到静心的效果。

其他胎教 | 聪明宝宝的"斯赛迪克胎教法"

美国俄亥俄州的斯赛迪克夫妇养育了4名智商奇高的女儿，由于他们格外重视胎教，把养育出这样孩子的功劳都归功于胎教，于是他们总结了自己的胎教方法，并辑录成书，这种胎教法被称为"斯赛迪克胎教法"。

"斯赛迪克胎教法"主要有7个要点：

1. 准父母经常唱悦耳快乐的歌给胎儿听。
2. 旋律优美、节奏明快的音乐可以把幸福与爱的感觉传递给胎儿，应多播放这类音乐给胎儿听。
3. 随时与胎儿交谈。随时把你正在做的、所想、所见、所闻的事情讲给胎儿听。
4. 讲故事给胎儿听。发挥你丰富的想象力，把故事精彩、有声有色地讲给胎儿听。
5. 多出外散步，散步路上，无论是看到什么，都可以把它们细致地、绘声绘色地描述给胎儿听，让胎儿的见识广阔起来。
6. 与胎儿交流时，语言一定要形象生动，还可以在白色的图书纸上，利用各种色彩来描绘文字或数字，以加强视觉效果。
7. 等宝宝出生后，不能放弃对他（她）的继续教育，最好把胎教延续下去，把之前所用过的东西放在宝宝的面前，让宝宝慢慢回忆起以前学过的东西。

第15周

母婴血型不合是非常危险的，别大意，快去检查一下吧。孕期已过三分之一，你适应了自己的新身份了吗？别傻傻等在那里，是时候为胎儿的生长发育做些什么了。迎接你的"爱情结晶"，你准备好了吗？

胎儿在成长 | 宝宝到底有多大啦

胎儿差不多重60克了，一周之内，的确又长了不少。胎儿发育到现在，腿已经比胳膊长了，四肢和各个关节的活动都很灵活。手指甲已经完全形成，汗腺正在形成，味蕾开始形成，眉毛也长了出来，头发的生长速度也很快，其纹理密度和颜色在胎儿出生后都会有所改变。

本周若去产检，最好能检查一下母婴血型是否相容，以防出现ABO溶血症和Rh血型不合。ABO溶血病第一胎发病率占40%～50%，在准妈妈血型是O型、准爸爸血型是A型的情况下可能出现。Rh血型不合是出现在准妈妈血型为Rh阴性、准爸爸的血型为Rh阳性的情况下，这种血型不合在分娩时可使准妈妈对胎儿的血液产生抗体，它与ABO溶血症发病的情况相反，分娩的次数越多，发病概率就越高。这种病常会引发流产、死产、严重的新生儿溶血性黄疸等。

准妈妈变化 | 宝宝让我"孕味"十足

这时应该能看出些怀孕的特征了，因为准妈妈的肚子开始显现出来了。由于内分泌变化的缘故，有些准妈妈的皮肤出现了色斑、痤疮、皮炎等症状，面部皮肤也失去了光泽，甚至出现浮肿。

随着胎儿的不断成长增大，准妈妈的心率也在逐渐增快，呼吸也越来越快、深，心肺功能负荷加重，这些生理上的指标变化可能会引起准妈妈情绪的改变，使其比以前更脆弱敏感了，也更容易焦虑易怒了。

这周很容易出现"妊娠性鼻炎"的症状，你会感觉到鼻子不通气，有些准妈妈还会流鼻血，这是由于鼻腔中血容量的增加和血管的扩张导致的。这种现象在孕期中很常见。

另外，能感觉到胎动也是怀孕到现在很大的一个惊喜。细心的你完全可以把这一切都记录下来，这都是以后最甜美的回忆。

胎教课堂 | 胎教培养宝宝的"三自"性格

本周的胎教原则和重点是：关注胎儿的心灵形成。

到了孕15周的时候，腹中胎儿开始能够感受到舒适或不快了。在胎儿身体发育越来越呈人形的时期，他（她）的心灵也开始逐步形成。胎儿一旦有了心灵的感受能力，那么准妈妈的情绪对胎儿的影响也就更大、更明显了。

准妈妈的情绪对培养宝宝的心灵来说是特别重要的，因此，准妈妈从此以后要特别注意自己的言行、脾气和内在修养。准妈妈做事应该本着不要过分计较的原则，少多疑，学会自我安慰、自尊、自立、自强，以柔和的个性去面对生活中的事情，这些良好的品格会对出生后宝宝性格的培养和养成起到极为关键的作用。

饮食胎教 | 人体无法合成维生素A

【营养重点】

本周饮食上多注重补充一些维生素A，缺乏维生素A会导致胎儿成长发育有缺陷，而人体内又无法合成这种营养成分，全靠体外补充。准妈妈每天摄入定量的肉类、鸡蛋和新鲜蔬菜，就可以满足自身和胎儿对维生素A的需要。另外，多吃一些粗纤维的蔬菜、水果可以清洁口腔，每次吃时还要充分咀嚼，这可以按摩牙龈，并有利于锻炼牙齿。

【食补指导】

本周开始,准妈妈一定要记牢饮食上的禁忌。

1. 远离含咖啡因的饮料和食物。这些食物会影响胎儿的大脑、心脏、肝脏等器官的发育。

2. 少吃辛辣和高糖的食物。辛辣食物会引起准妈妈便秘,高糖食物会令准妈妈体重超标,诱发妊娠糖尿病。

3. 不吃含有添加剂和防腐剂的食物。这些食物可能会导致畸胎和流产。

4. 不摄入明矾。明矾是含铝的无机物,铝会影响胎儿的智力发育,影响准妈妈对铁质的吸收,加重准妈妈妊娠期贫血。含有明矾的食物主要有油条等。

5. 所吃食物尽量不含味精。味精的成分是谷氨酸钠,吃得过多会影响锌的吸收,不利于胎儿神经系统的发育。

【饮食推荐】

山药红枣排骨汤

山药中淀粉、维生素C的含量丰富,可清虚热、固肠胃,还有改善孕妇脾胃虚弱、食欲不振等症状的功效。红枣味甘性平,蛋白质、糖类、维生素、有机酸等成分的含量丰富,可健脾胃。

材料:山药250克、红枣6颗、排骨250克、姜2片。

做法:山药去皮后洗净,切小块;排骨洗净,汆烫去血水。先煮一锅清水,水沸腾后放入排骨块、山药块煮5～10分钟,待快煮好时,放入红枣、姜片,再稍煮一下即可。

意式金枪鱼乌龙面

金枪鱼含有丰富的EPA、DHA、牛磺酸等成分,可以有效减少血液中的脂肪含量,促进肝细胞再生,提高肝脏的排泄功能。尤其是其富含的DHA,是胎儿大脑发育所必需的物质,准妈妈经常食用金枪鱼,对胎儿脑细胞的生成和记忆力的提高大有好处。

材料:鸡肉丁50克,鲜香菇2朵,秀珍菇2朵,金针菇少许,鲜奶油100毫升,乌龙面1人份,金枪鱼、盐、白胡椒粉各少许,油适量。

做法:将乌龙面煮熟备用。平底锅热油,放入金枪鱼、鸡肉丁、鲜香菇、秀珍菇、金针菇用大火炒熟,加盐和白胡椒粉,再倒入鲜奶油,改用小火煮约1分钟,加入乌龙面,续煮约30秒,最后拌匀即可。

运动胎教 | 深呼吸,提高供氧能力的运动

【运动说明】

呼吸与动作配合的运动可能会给准妈妈带来更好的效果。腿脚在整个孕期里承担的任务最重,所以对它们的保护要格外重视。常做些小运动锻炼这些部位,会增强其灵活性,提升其"负荷"能力,这对准妈妈是有百利而无一害的。

【运动方法】

平躺,双手自然放在身体两侧,先进行一次深呼吸。第一步,慢慢抬起左腿,脚尖向前伸直,边伸直边自鼻孔慢慢吸气,伸直双腿膝盖。第二步,左脚脚掌向上屈曲,左腿同时慢慢收回,同时用嘴巴慢慢吐气。换右腿按同样方法运动。双腿各做5次。

【运动功效】

这组动作可以为胎儿大脑提供充足的氧气和营养,促使大脑释放脑啡肽等有益的物质,通过胎盘进入胎儿体内后,有利于胎儿大脑的发育,胎儿出生后会更聪明。准妈妈还可通过这组运动增强腹肌、腰背肌和盆底肌的力量和弹性,使踝关节变得柔

软、松弛，为顺利分娩打下良好的基础。

按摩胎教 | 按摩肩部，预防颈肩劳损症

【按摩明说】 准妈妈由于身体体质和子宫向下的重力等原因，经常会感觉到颈肩部肌肉紧张、酸痛，这很容易诱发颈肩部劳损症。通过按摩肩部可以帮助准妈妈缓解肩部不适症状。在对准妈妈的颈肩部实施按摩时，按摩者最好先活动一下指关节，以便在按摩时不至于产生疼痛感。另外，在对每个穴位进行按摩时，应根据准妈妈自身的耐受力施力。

【按摩方法】

1. 准妈妈保持坐姿，按摩者在按摩前搓热双手，将手置于准妈妈后颈部，沿着脑后发际向颈根部进行拿捏，双手交替进行，反复6次。然后，双手拇指交替按压风府穴和大椎穴，各按压1分钟。

2. 准妈妈保持坐姿，按摩者一手握住准妈妈的手腕，另一手拇指按压内关穴，中指按压外关穴，两指对合施力按压2分钟，换另一只手重复相同动作。在按摩的同时，配合做肘部屈曲、肩关节旋转的动作。

【按摩功效】

缓解准妈妈颈肩部位的不适感，放松颈肩部位的肌肉，促进颈肩部位的血液循环。

情绪胎教 | 冥想法，梳理准妈妈思绪

生长发育到第4个月的胎儿，开始在准妈妈腹中不停地活动了。一个活生生的小生命在你的腹中不时地向你传递出他（她）存在的信息，你又怎能不时时刻刻惦记他（她）呢？

初为人母的喜悦之情依然存在你的心中，你每日每时都在想着你腹中的胎儿，于是，身为准妈妈的你就开始对腹中的小家伙有各种猜测了。长得什么样啊？像爸爸还是像妈妈啊？这些疑问会一直伴随着你到孩子出生。

建议准妈妈以积极的态度对待这些猜想，想着未来的宝宝发育得健康良好，想着他（她）长得可爱动人，这些积极的想法会对准妈妈自身和腹中胎儿产生积极的鼓励作用，也能减轻准妈妈的心理负担，给胎儿创造了一个良好的心理生长环境。

| 小贴士 | 静心瑜伽之冥想法

准妈妈挑一首自己喜欢的舒缓音乐播放，盘腿坐下，上身坐正，挺胸，双肩展开，双手掌心向上搭在同侧的膝盖上，全身放松，闭上双眼，自然地进行深呼吸。静坐5分钟，睁开双眼，此时你身体的每一个细胞都会有全新的、放松的感觉。

其他胎教 | 灵活多变的肚皮舞胎教

"孕妇能跳肚皮舞吗？"这大概是大部分准妈妈都会产生的疑问吧。没错，孕妇可以跳肚皮舞，不仅可以跳，还能对自身和胎儿产生良好的影响呢。只是要避开怀孕前3个月的不稳定时期。

肚皮舞主要是利用腹部、骨盆和手腕来完成动作的。这一系列动作可以自然而然地活动括约肌，促进肠道蠕动，以缓解便秘的症状。肚皮舞的腿部动作，可以达到锻炼肢体肌肉的目的，并能增强准妈妈的体力，帮助准妈妈在不久的将来很好地完成分娩任务。

通过腿部运动带动腹部活动，可以锻炼上下肢的肌肉，同时能增强体力。通过运动增强体力对分娩和产后育儿都会产生很大的帮助。另外，肚皮舞的腰部动作，灵活了骨盆，分娩时的腰痛和腹痛就会得以减轻。

第 16 周

就要顺利、安全地度过这个月了，孕中期的时间也即将流逝掉三分之一。你和胎儿都有哪些新收获呢？准妈妈能清晰地感觉到胎动，大概是这时胎儿带给你的最大惊喜吧？你孕育的小生命在不断地超越自我，创造着生命的奇迹，这真不得不让你感慨生命的奇妙！

胎儿在成长 | 宝宝到底有多大啦

到第4个月的月底了，这时的小家伙已经差不多有你的手掌大小了，大约超过了12厘米，体重也在150克左右。本周的胎儿在准妈妈的肚子里更加活跃了，他们的头部更加挺直了些，还会在你的子宫中玩脐带，不断地吸入、呼出羊水，手脚的一些小动作能让准妈妈感觉到胎动，而且由于胎儿动作的力度大了些，这时的胎动偶尔能让准妈妈感到一阵触痛。

准妈妈变化 | 宝宝让我"孕味"十足

本周准妈妈在生理上的感觉是精力旺盛、乳房肿胀、食欲增加。但由于消化系统功能减弱，这时极容易发生消化不良及便秘的症状。情绪上来讲，准妈妈情绪波动有所减少，她已经习惯了怀孕的变化，只是可能出现暂时性的记忆力减退。

准妈妈的小腹开始隆起了，并且开始感觉到胎动了，小家伙在你的子宫里蠕动着，你的胃里有时会发出像是饿了一般的咕噜声。

准妈妈的皮肤变得有点黑，雀斑、胎记等颜色较深部位肤色改变更明显，这就是"妊娠斑"，日光照射后会更加严重，不必担心，这些分娩后会自行消退。

准妈妈的乳房比以前大了，并且变得柔软了许多，深色的乳晕很清晰。由于身体渐渐适应了怀孕，你的心情也舒畅了起来，但白带多、腹部沉重感及尿频现象依然持续存在着。

胎教课堂 | 准妈妈巧妙"节制饮食"

本周的胎教原则与重点是：妊娠4个月要注意节制饮食。

怀孕4个月的准妈妈要有自己的养胎之道才行。古语说："当静形体，和心态，节饮食。"这就是建议准妈妈在怀孕进入第4个月时，首先要保持心情的宁静恬适，让自己心态平和，并且节制自己的饮食。看到这里，有的准妈妈一定会纳闷，之前的章节里，不是建议怀孕后不要节制饮食吗？这里为什么又建议饮食有所节制呢？

其实这两个"节制"并不冲突。前面章节里是建议准妈妈不要因为担心身材等问题而让自己"忍饥挨饿、不吃不喝"，这样会使胎儿无法从你身体里获取营养，从而使胎儿不能健康成长。而这里所说的"节制饮食"是提醒准妈妈，怀孕4个月时，早孕反应刚刚消失，准妈妈开始胃口大开、食欲大振起来，这时你可以较怀孕前更无顾忌地吃东西，但是切忌不要乱吃乱喝、暴饮暴食。不正确和不健康的饮食除了给胎儿带来负担，是没有一点好处可言的。

此外，妊娠4个月的准妈妈一定要多注意休息。由于此时胎儿的大脑发育加快，因此，准妈妈最好开始对胎儿进行一些有益于胎儿成长发育的胎教，如唱歌、朗诵诗歌等，这些对于准妈妈和胎儿都是非常有好处的。

饮食胎教 ｜ 增加了4倍的铁元素需求量

【营养重点】

胎儿正处于骨骼快速生长的时期，这段时间准妈妈需要多补充一些维生素D和钙来促进胎儿的骨骼生长。在如此快的生长发育过程中，胎儿从母体中吸取铁元素的数量也就增多了。胎儿在这样的高速生长时期，对铁元素的需求也比之前增加了4倍，母体由于被胎儿吸收走了大量的铁元素，就很容易发生缺铁性贫血。缺铁性贫血的发生会导致准妈妈血细胞携氧能力降低，继而引发胎儿的宫内缺氧，造成胎死宫内或早产。另外，准妈妈贫血还会影响胎儿脑细胞的发育，导致其将来智力低下。

【食补指导】

在日常的饮食里，准妈妈要多吃些鱼、鸡蛋等维生素D含量高的食物。另外，每天多出去晒晒太阳，晒太阳也是可以制造出维生素D，还能促进维生素D和钙的融合。准妈妈还应多吃些带骨鱼类、牛奶、豆奶、芝麻酱、豆腐和菠菜等食物，这些食物可以充分补充母亲和胎儿体内所需的钙质，钙质可以促进胎儿骨骼和牙齿的生长，也可对胎儿神经传输和肌肉收缩起关键的作用。

同时，准妈妈还要多吃些瘦肉、蘑菇、鸡蛋黄等铁含量较高的食物，满足妈妈身体和胎儿生育的需求。

【饮食推荐】

咖喱土豆牛肉

牛肉具有补脾胃、益气血、强筋骨等作用，咖喱和土豆中含有丰富的铁、维生素B_2、烟酸等成分，很适合准妈妈食用。

材料： 牛肉500克，土豆150克，咖喱粉5克，食油 10 克，酱油 15 克，盐 5 克，葱花、姜末各 1 克，淀粉、油、料酒各适量。

做法：将牛肉洗净，切薄片，用淀粉、酱油、料酒腌制；土豆洗净，削皮，切块。热锅热油，先爆香葱花、姜末，再放入牛肉片爆炒，放入土豆块一起翻炒片刻，再加入酱油、盐及咖喱粉，用大火翻炒几下即成。

生滚鲜鱼粥

鲑鱼含有丰富的维生素 D、维生素 E，既有助于人体对钙质的吸收，又能促进血液循环、消除身体酸痛症状、防止手脚冰冷。螃蟹中的 B 族维生素以及钙、磷、铁等矿物质的含量丰富，用其熬制高汤，可以保养肠胃，补充元气，滋润肌肤。

材料：大米 100 克，鲑鱼片 100 克，葱花 10 克，螃蟹高汤 100 克，盐、黑胡椒粉各适量。

做法：大米洗净，沥干，加入螃蟹高汤中，煮沸时稍稍搅拌，改中小火熬煮 40 分钟，加盐调味。鲑鱼片放入碗中，倒入滚烫的粥，撒上葱花、黑胡椒粉拌匀即可。

运动胎教 | 准妈妈的健身球锻炼

【运动说明】

怀孕 3 个月后，早孕反应逐渐缓解甚至消失，4 个月时开始逐渐进入妊娠稳定期。此时胎盘已经形成，胎盘和羊水的屏障作用可起到缓冲外界刺激的作用，使胎儿得到有效的保护。这时，准妈妈就可以开始适当增加一些运动量了。加快运动频率、延长运动时间在孕中期都是可以参考的运动原则。

健身球运动可以帮助准妈妈锻炼平衡能力，并锻炼腰、背、颈、髋、膝等部位，非常适合容易身体疲倦的准妈妈。这项运动还能减轻准妈妈下肢压力，锻炼其盆骨底肌肉，帮助日后顺利分娩。这项运动不仅动作简单、易于练习，而且充满了娱乐性，同时对胎儿的生长发育也有好处。

【运动方法】

基础练习

将健身球固定在墙边，准妈妈试着在球上坐稳。为了防止摔倒，准妈妈会被迫挺直腰背，使肩部后扩，保持正确的坐姿。刚开始练习的时候由于不会掌握平衡，准妈妈很容易摔倒，为了防止发生意外，建议在健身球下放一块厚垫子，并由准爸爸全程保护。

背部运动

1. 准妈妈双腿跪在地上，将胸部轻放于健身球上。
2. 准妈妈双手放在头上，背部尽量将健身球向上拱，拱到一定位置时静止 1 秒，然后再慢慢恢复。
3. 准妈妈努力将身体伸直，拉伸背部。

腿部运动

准妈妈平稳地仰卧在健身球上，先慢慢抬起左腿，放下，再慢慢抬起右腿，放下。如此反复练习。

【运动功效】

准妈妈玩健身球能大大减轻对下肢的压力，锻炼骨盆底肌肉的韧带，有助于分娩，对胎儿的身体生长也有帮助。可选择大、软、有弹性的健身球，准妈妈坐在球上，前后左右运动。但运动时一定要小心，不要从球上掉下来，以免受伤或流产。

按摩胎教 | 防治妊娠性鼻炎有妙招

【按摩说明】

准妈妈变化的激素水平使鼻黏膜变得很敏感，遇到冷、热及各种气味的刺激时，就会出现打喷嚏、流鼻涕、鼻塞、鼻酸等症状。由于腹中已经有了小宝宝，准妈妈最好不要吃药缓解症状，试着用按摩的方法改善一下这种情况吧。

【按摩方法】

1. 准妈妈坐稳，放松全身，舌抵上腭，用鼻子自然地深呼吸数次。再将左手食指与右手食指叠放，抵在印堂穴，用手腕带动手指按揉1～2分钟，再由印堂穴开始，经睛明穴按揉至鼻翼两旁的迎香穴，再返回印堂穴，如此按摩直到所按之处发红、发热。

2. 准妈妈用右手拇指、食指捏住鼻翼两侧做一松一紧的按摩，同时用左手食指按揉一侧的四白穴，按摩2分钟后，换另一侧重复按摩。再用掌心对准鼻头最高点分别以顺时针和逆时针的方向按揉2～3分钟。

3. 准妈妈采取趴着的姿势，头部微抬起，准爸爸或其他按摩者将双手搓热，用手掌从准妈妈肩背部以画圆的手法向下按摩至腰部肌肉。再用双手拇指按压风池穴，双手的其余四指附在头部两侧，同时按揉1分钟。最后，在足部鼻子的反射区做滑动式按摩，搓热涌泉穴。

【按摩功效】

这套按摩方法可增强准妈妈的呼吸道免疫力，抵御病毒的侵袭，同时可以缓解妊娠性鼻炎的症状。

情绪胎教 | 腹式呼吸调节羞怯情绪

随着怀孕天数的增加，到怀孕第4个月时，准妈妈腹部已经有了明显的隆起，大家此时已经可以从体态上看出你怀孕了。另外，怀孕的妇女体态会变胖，腰会变粗、变宽，脸上还会长一些色斑与痤疮，这些变化都会使准妈妈觉得难为情，并因此产生羞怯心理，不愿意见人，尤其是不愿意见熟人，特别是好朋友和亲近的人。

其实这种羞怯情绪是完全没有必要的，怀孕不是丢人的事，反倒是一件值得高兴和庆贺的事。怀孕的女人有了成熟的味道，身材是一种孕体美，这是一种未怀孕的女性所不具备的美丽。至于你担心的那些肌肤问题等，其实都会在分娩结束后逐渐消失的。知道了这些情况，你还有什么可担心的呢？

怀孕后，准妈妈完全不应封闭自己，而要多去参加一些自己感兴趣的活动，多跟大家接触、沟通，把你怀孕的好消息告诉大家，让朋友们一起分享你怀孕的喜悦。朋友们知道了你怀孕的情况，反倒会对你更加关心、照顾，这更能让你体会到怀孕的美妙滋味。此外，如果是遇到了孕妇不方便参加的活动，大家也不会为难你，更不会非让你参加不可。只要大方得体，相信你会从众人那里得到了一份额外的关爱。

准爸爸呢，要尽力帮助准妈妈克服这种羞怯心理。如果你的妻子不愿意走出去与大家接触，你可以在跟妻子沟通并经妻子同意后，邀请三五个好友到家里小聚。聚会期间的热闹气氛会带给妻子好的情绪感染，有利于准妈妈调节心理状态，这对胎儿的生长发育也非常有好处。

| 小贴士 | **静心瑜伽之腹式呼吸**

准妈妈静坐，放松全身，先自然呼吸一段时间。之后，将右手放在腹部肚脐上，左手放在胸部。吸气时，最大限度地向外扩张腹部，胸部保持不动；呼气时，最大限度地向内收缩腹部，胸部保持不动。用心体会呼吸的节奏和过程。

其他胎教 | 新奇的"胎儿大学"

你听说过"胎儿大学"吗？这可不是什么新奇的胎教方式，早在20世纪70年代初，法国里昂卫生研究所和美国精神生理研究所、休斯顿保健中心等优生、优育技术咨询机构就创办了最早的"胎儿大学"，距今已有近40年的历史了。如今，世界上有包括英国、德国、俄罗斯、加拿大、日本等国家在内的许多国家都创办了类似"胎儿大学"的针对孕妇与胎儿的训练场所。

研究证明，接受过胎教的孩子比未接受过胎教的孩子智商更高。胎教的学问之高深，让对胎儿进行培训的机构被称为"胎儿大学"当之无愧。在很多国家和地区的"胎儿大学"里，担任老师的都是医学界和教育学界的专家学者，他们有的是产科医生，有的是心理学家，还有的是教育学家。一般这些"大学"里招收的都是妊娠5个月及以上的胎儿，主要对他们进行语言和音乐的教学。

妈妈、胎儿一起学习，这种学习模式很棒，也给腹中的胎儿一个很不错的感受。语言课上，妈妈用特殊的语言设备向腹中的胎儿不断重复一些语言或同胎儿讲话，也会和胎儿做些刺激触觉的小游戏。音乐课上，妈妈会把各种玩具乐器放在肚子上演奏音乐，愉悦胎儿的同时，也愉悦了自己。此外，妈妈还会唱歌给腹中的胎儿听。

这些"胎儿大学"的作息时间与我们普通意义上的学校一样，也分上课时间和课间休息时间，最后当课程上满后还会颁发毕业证书和学位证书等，这种新鲜有趣的胎教方式得到越来越多准父母的喜爱和认可。目前在我国也有许多类似的机构出现。

第5章

17~20周——生殖器官基本发育完成

你的肚子已经凸出来了,这时的你才有了孕妇的样子和体态。虽然你的身材和样貌在旁人眼里是在"天天变'丑'"的,可在别人眼里,这种带着"孕味"的美才是女性光彩夺目的魅力。在这不长不短、惬意的日子里,还是享受生活、享受美好的一切吧,何必去在意那些外在的、没有意义的事情呢?

第17周

强有力的胎心音让你心头为之一震,同时也产生了很多疑虑:他(她)健不健康?在子宫内过得怎么样?到底里面的环境是什么样的?这一连串的疑问在你脑海中来回旋转,带着喜悦的心情,同时藏着很多的不安和疑问。

胎儿在成长 | 宝宝到底有多大啦

胎儿已经有13厘米长了,体重也达到了170克。本周胎儿的听力已经完全形成,大脑也在继续发育,循环系统和尿道完全进入正常的工作状态,肺也开始工作。

连接胎盘的生命纽带——脐带也长得更粗壮了些。小家伙可以做些类似于指尖并拢的动作,现在的他(她)调皮捣蛋、"玩"心很重。他(她)在准妈妈的子宫内开始动手动脚,连脐带也成了他(她)的好玩具,这就使准妈妈能感觉到很强烈的胎动。别看小家伙玩得这么疯狂,但他(她)可不是没深没浅的。你可能会担心他(她)对脐带又拉又拽、又抓又扯的,影响了脐带给他(她)输送的营养量和氧气量。这可不必担心,小家伙是有分寸的,他(她)虽然还是个胎儿,可是他(她)的自我保护能力很强,很有分寸,不会让自己受到伤害。

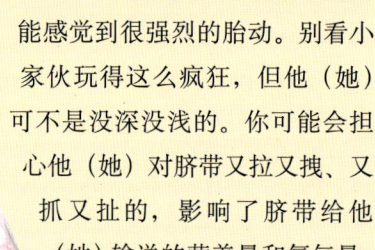

准妈妈变化 | 宝宝让我"孕味"十足

准妈妈本周的体重至少比孕前增长了2千克之多,身体重心也随着子宫的增大而变化着。由于腹部韧带拉伸,准妈妈可能会感到阵阵腹部疼痛,更有甚者会感到后背酸痛。准妈妈的乳房变得柔软了许多,乳晕颜色加深、面积加大,还有一些凸起的小点点。体态的变化让准妈妈觉得并不太适应,开始觉得行动不便了。选择自己喜欢的孕妇装和平底鞋吧,这样会让你觉得更舒服些。

子宫在迅速地增大,子宫两边的韧带和骨盆也在生长变化以适应胎儿的成长。胎儿的胎动让准妈妈感觉到腹部阵阵微痛。虽然这让准妈妈的身体感到有些不适,可是准妈妈的心情是喜悦的,因为准妈妈能真切地感受到胎儿的存在了。这时正是抓紧时间进行胎教的好机会,与胎儿进行一些适当的交流,就能建立起你和胎儿的亲密关系,并能促进他(她)各种机能的生长发育。

有些准妈妈在这时还可能出现鼻塞、鼻黏膜充血和出血的情况,这种情况与孕期内分泌变化有关,也属于正常现象。但是准妈妈最好不要自己滥用滴鼻液和抗过敏的药物,随着怀孕日子的增加,这些症状是会逐渐减轻的。如果流鼻血的症状严重,就要赶紧就医,以防是妊娠高血压综合征的征兆。

胎教课堂 | 防止妊娠中的体力衰弱

本周胎教的原则是:防止妊娠中的体力衰弱。

生命在于运动,即便是怀了孕,这千古定理也不能被破除。分娩需要耗费准妈妈大量的体力,如果体力衰弱,又怎么能很好地完成这富有使命的任务呢。分娩需要动用孕妇身体的肌肉，所以肌肉的力量和持久力就是非常重要的一项身体指标，在孕期的锻炼中，增加肌力和持久力便成为运动胎教的重点指导项目。

这一周，准妈妈可以开始以跳慢步交谊舞为运动项目，逐渐锻炼身体肌肉力量和持久力，防止因缺乏运动导致体力衰竭。胎教专家认为，慢步交谊舞非常有利于调节身心健康，并且这是整个孕期都可以做的一项运动。准妈妈们不妨多练习，对你和胎儿都是有好处的。

饮食胎教 | 把早餐当做正餐吃

【营养重点】

怀孕到了重要阶段，这时的一日三餐就变得更加重要了。从现在起，最好把早餐也当做正餐来吃，加倍补充营养，这样才能供应得上胎儿生长发育的需求。但是，加紧补充营养的同时，请不要忽视规律、合理的膳食。如果准妈妈缺乏营养，腹中胎儿生长发育所需的营养供给就会跟不上，他（她）的机体组织器官增长速度就会减慢，导致营养物质存储不良，胎儿发育就会延缓，甚至发生早产。早餐的热能占全天总热能的30%，所以，一定要吃得像皇帝一般。

【食补指导】

现在开始，建议准妈妈少食多餐，一日可分五六次进餐，这样才能满足孕期营养的需要。准妈妈要多吃些葵花子、南瓜子等食物，豆制品、海产品的摄入量也应适当增加。

【饮食推荐】

猪肝粥

猪肝中铁和蛋白质的含量非常丰富，如果可以配以铁锅烹饪，则会对准妈妈铁的补充更有好处。怀孕3个月后，准妈妈要加紧对铁的补充，可以预防怀孕早、中期的缺铁问题。

材料：大米100克，猪肝150克，水600克，花生油300克（约耗30克），盐7克，料酒、淀粉、葱花各10克，姜末4克。

做法：大米淘洗干净；猪肝洗净，切薄片，加淀粉、葱花、姜末、料酒、盐腌制上浆。锅内加花生油烧至五六成热，放入猪肝片，用筷子划开，炸约1分钟至猪肝半熟，捞出控油；大米用小火熬煮约30分钟成粥，放入控过油的猪肝片，继续用小火煮10～20分钟，加盐调味即可。

雪花豆腐羹

豆腐的蛋白质含量很高，并且含有人体所必需的八种氨基酸，准妈妈常吃可以补充自己身体和胎儿发育所需的蛋白质和八种氨基酸。

材料：豆腐250克、虾50克、香菇（鲜）50克、蘑菇（鲜）50克、松子仁30克、鸡胸脯肉50克、熟火腿50克、高汤100克、盐5克、料酒10克、水淀粉10克、油适量。

做法：把豆腐切成薄片，用开水氽烫一下，捞出后再切碎，放入碗中；香菇、蘑菇、松子仁、鸡胸脯肉、熟火腿都切成小丁，放入锅中，加入高汤、盐、料酒熬煮，煮时需不断搅动，待煮沸腾后用水淀粉勾芡，淋入油，继续煮至熟透出锅。热锅热油，滑入虾，倒入料酒，加入盐和碎豆腐翻炒一下，最后一起倒入勾好芡的汤中即可。

运动胎教 | 孕中期练习腹式呼吸

【运动说明】

腹式呼吸是很适合孕中期的准妈妈锻炼的一

种运动项目，其方法也很简单，随时随地都能练习，一点也不费事。

【运动方法】

1. 准妈妈盘腿而坐，伸直背部肌肉，双手放在下腹部，呼气，放松双肩，再用鼻子匀速吸气，等腹部涨满后再用嘴慢慢呼出。如此反复练习2～3次。练习时注意力要尽量集中在呼气上，呼吸坚持的时间尽量长。

2. 双手分别放在两膝上，上体前倾，一边呼气，一边轻轻向下按压双膝，然后再挺直上身，一边吸气，一边慢慢恢复两膝至原来的位置。如此反复练习。

【运动功效】

腹式呼吸练习不仅可以给耗氧量明显增加的准妈妈提供更多的氧气，还能给胎儿输送更多的新鲜空气，同时可以镇静准妈妈的神经，消除其心理上的紧张与身体上的不适，在最后分娩或阵痛时，还能缓解准妈妈的紧张情绪。

按摩胎教 | 抚触，快与宝宝做游戏

【按摩说明】

当胎儿长到5个月的时候，胎动便会更加活跃起来，心跳也更加强烈有力，各种感觉器官的感知功能也发达起来了。这时候，准妈妈就可以给胎儿增加一些胎教内容，如增加一些触摸运动。

【按摩方法】

每次用5分钟的时间跟胎儿做做游戏，感受一下胎儿的胎动。先轻抚腹部，耐心、开心地用心与胎儿交流。过一会儿，胎儿就会对准妈妈的抚摸有所反应，会在准妈妈抚摸的位置出现胎动。这时准妈妈可以换一个位置抚摸胎儿，过一会儿，胎儿又会在新的抚摸位置做出反应。

【按摩功效】

实验证明，在母亲腹中经常与父母做抚摸类体操和游戏的足月儿，出生后，学会翻身、抓、爬、握、坐的各种动作的时间均比未进行过抚触胎教训练的宝宝更早，出生后其肌肉活力也比较强劲。

情绪胎教 | 拜日式练习安稳度过孕程

盼望胎儿早日降生的心情是焦急的、煎熬的，越到怀孕后期，准妈妈的这种焦急越明显，等到最后几周时间，准妈妈简直就是迫不及待了。准妈妈期望赶紧熬过这漫长的孕期，期待看到腹中胎儿降生后的样子，期待看到他（她）是否健康……总之，这太多的期待致使准妈妈焦躁不安。这种心情是可以理解的，但是这种情绪又是不可取的。别忘了，此时的胎儿还以脐带和你连接在一起，你的任何感情都会通过这条连接纽带传递给腹中的胎儿，影响胎儿的心智发育。

小贴士 | 静心瑜伽之拜日式练习

拜日式体式最好可以面向太阳做，让身体吸收太阳的能量。拜日式体式共有十二个姿势。第一个姿势是祈祷式，准妈妈先将双脚自然并拢，身体直立，双肩放松，目视前方，双手在胸前合十，自然地呼吸。第二个姿势是展臂式，准妈妈伸直双腿，切莫弯曲，吸气缓慢深长，将双手上举过头顶，手肘伸直，脊柱向后缓慢弯曲到最大限度。第三个姿势是前屈式，缓慢呼气，双臂带动身体前曲，双腿伸直，双手手掌尽量按向地面，上身与双腿尽量贴靠。第四个姿势是骑马式，

准妈妈双手控制力量，同时慢慢吸气，左脚向后一大步，抬起背部，再吸气，脊柱向后拉伸，胸部向前推。第五个姿势是山岳式，均匀呼气，背部放松，右脚向后与左脚并拢，吸气，使臀部上顶，双膝伸直，脚跟放于地面，缓慢呼气，低下头，下压肩背部，尾骨转向天空的方向。第六个姿势是八体投地式，手肘缓慢弯曲，双膝置地，胸部下颌贴于地面。第七个姿势是眼镜蛇式，吸气，头部带动身体向前、向上，手肘伸直，大腿和耻骨尽量与地面贴合，颈部上扬，带动脊柱向后拉伸。第八个姿势重复第五个姿势。第九个姿势重复第四个姿势。第十个姿势重复第三个姿势。第十一个姿势重复第二个姿势。第十二个姿势重复第一个姿势。最后呼气，将手臂收回，双手合十，放回胸前，再进入自然地正常呼吸状态。

其他胎教 | 利用意念做心音胎教法

心音胎教法是准妈妈通过意念、思维、心语（不发声的语言）等方式，有目的地向腹中胎儿传授知识和技能的一种胎教方式。心音胎教法所说的意念、思维、心语等方式，并不是我们普通意义上的大脑思维和想法，而是有一定物质基础的，这些意念和想法是一些物质的载体，是某种物质的能量。从传统养生的角度来讲，意念在放松、安静的状态下蕴涵着某种微妙的能量，要想达到想要的结果，就要激发、调动机体的自主性、协调性、有序性，而这种能量正是激发和调动机体这些属性的源动力。

心音胎教中所说的意念，是指准妈妈在调动身体内部某种物质能量或准妈妈身体进入某种状态的情况下，其思维意识的独特运用收到的良好效果。心音胎教是一种难度较大的胎教方式，不一定所有的准妈妈都能理解其意义和作用，如果不理解这种胎教方式，自然就无法实施这种胎教。

心音胎教法是人体生命科学的集大成胎教方式，它对胎儿大脑、智力和身体的发育都能产生积极的影响。

第 18 周

本周是胃口大开的一段时期。准妈妈见什么就想吃什么，饥饿感总是伴随着你。没关系，尽情享用美食，你和胎儿都需要这些东西。收起怕胖、怕毁身材的顾虑，美食面前，尽情享受吧！

胎儿在成长 | 宝宝到底有多大啦

本周胎儿的生殖器官基本发育完成了，如果是女孩，你可以通过B超清晰地看到她的阴道、子宫、输卵管都已经各就各位；如果是男孩儿，你可以清晰地看到他的生殖器。18周大的胎儿体重大约有200克，身长也有14厘米左右了。他（她）的脖子轮廓清晰、分明了许多，头不是直接长在肩膀上了，而是长在脖子上。小家伙的小胸脯在不时地鼓起、陷下，这是他（她）呼吸的表现，只不过此时在他（她）口腔里流动的是羊水而不是空气。

胎儿的眼睛已经聚拢到脸的正前方，眼睛可以向前看，而不再是"朝左右看"了。骨骼几乎全部是类似橡胶似的软骨，以后会变得越来越硬，一种可以保护骨骼的物质"髓磷脂"开始慢慢地裹在脊髓上。

借助听诊器，胎心音的声音也更加强有力了，胎动也一天明显似一天，尤其是在准妈妈进餐后1~2小时内，胎儿此时正好开始吸取养分，所以胎动尤为突出。胎儿听力进一步发育，他（她）能听到妈妈心脏跳动的声音，也能听到妈妈温柔的说话声音，这都能给他（她）带来极大的安全感和舒适感。

准妈妈变化 | 宝宝让我"孕味"十足

由于肚子一天大似一天，准妈妈身体的中心也在向前转移，行动也开始不便起来。不过准妈妈的胃口依旧特别得好，体重也增加了2~3千克。很多准妈妈此时都会患有痔疮，腿、尾骨和其他肌肉会有些疼痛。

孕中期准妈妈的心血管系统也发生了巨大的变化，有时血压可能会偏低，坐着或躺着时间久了，猛然起身会有眩晕感。

这周，准妈妈觉得自己的乳房胀得厉害，臀部也渐渐浑圆起来，体态较以前丰满了许多。这段时间很容易出现消化不良的症状，或患上伤风感冒，感觉口干舌燥、耳鸣，这都是由妊娠引起的，并不一定得了什么疾病，不必过于担心。

胎教课堂 | 你的口味决定宝宝的口味

本周的胎教原则与重点是：准妈妈在孕期的饮食偏好会直接影响到出生后的宝宝的口味选择。

美国的一项研究显示，胎儿可以通过子宫"品尝"到食物的味道。准妈妈在怀孕时偏爱某种食物，那么胎儿在子宫内就可经常"品尝"到这种食物的味道。这种味觉体验会使孩子熟悉这种口味，对其出生后的饮食喜好产生直接影响。此外，胎儿在子宫内除了会"品尝"食物，他（她）的超强记忆力还能记住这种食物的味道，对曾经经常"品尝"的味道会有熟悉感。

科学家们做了这样一个实验，在一些准妈妈怀孕的最后3个月期间，让她定时食用胡萝卜汁，另一些准妈妈则在分娩后才开始定时食用。结果发现，前一组准妈妈生出的宝宝很容易接受胡萝卜汁的味道，并且表现出喜好胡萝卜汁的倾向；而另一组准妈妈生出的宝宝显然不太喜欢这种食物。这就表明，出生前就"接触"过的口味，在出生后更容易接受并对其有所喜好，而出生前没有"接触"过的口味，出生后很难在第一时间就接受它。

既然母亲在怀孕时的口味会直接影响孩子出生后的口味选择。孩子在腹中经常接触到的食物口味会让他（她）觉得非常熟悉，并且让他（她）认为这种食物是安全的、可食用的，所以，准妈妈们在孕期最好不要偏食、挑食，要均衡口味、均衡营养，给胎儿一个好的饮食口味影响。

饮食胎教 | 胃口好、消化好才是硬道理

【营养重点】

本周，继续按照上周的饮食规律补充营养即可。考虑到胎儿骨骼和牙齿正在发育，视网膜也开始发育，钙、磷、维生素D和维生素A等营

养物质还是不可或缺的,尤其要适当补充维生素D。维生素D的主要功能是调节钙、磷代谢,促进骨骼、牙齿正常发育。如果维生素D摄取不足,就会导致钙平衡被打破,胎儿骨质软弱,膝关节发育不全,两腿形成内曲或外曲畸形。准妈妈如果缺乏维生素D,则会患上骨骼脱钙症,严重时,会导致骨质疏松,并引起牙齿脱落。

【食补指导】

孕中期,由于食欲大好,准妈妈进食量增多了,导致胃总是有种满胀感,感觉像是消化不良,可适当吃些酵母片帮助消化。当然,最好改为少食多餐制,这样不仅可以满足准妈妈的食量需求、补充所需营养,同时也可改善因吃得太多而感到胃胀的问题。另外,晚餐最好不要吃得太晚、太多,不好消化的食物也要少吃,不然就会加重胃肠负担,还会囤积脂肪。

如果本周发现有什么其他营养上的问题,可在饮食上进行适当调整,加强营养。

【饮食推荐】

新鲜蔬菜汁

蔬菜和水果中的维生素C和矿物质含量非常丰富,并且蔬菜、水果中的水分大,榨成蔬果汁不仅可以补充维生素C和矿物质,还能补充水分,准妈妈不妨多饮用些。

材料:较为爽口的蔬菜(油菜、菠菜、小白菜、黄瓜、西芹等均可)适量。

做法:将蔬菜择好,洗净,去掉根部,并切成小段,将蔬菜段放入榨汁机中榨汁,再用筛子过滤掉菜渣,放入已经煮沸的清水中,并再次煮开,最后将等量的菜汁与温开水混合均匀即可。

香椿蛋炒饭

香椿蛋炒饭含有丰富的蛋白质、糖类、多种维生素和矿物质等营养素,准妈妈经常食用可以补充更多营养。

材料:大米200克,鸡蛋2个,香椿芽125克,猪瘦肉丝75克,盐、淀粉、植物油各适量。

做法:大米洗净煮饭备用;香椿芽洗净,切末;猪瘦肉丝加盐、绍酒、淀粉腌制;将鸡蛋加盐打散。热锅热油,先将腌好的肉丝滑熟,盛出,锅内留底油,开火,将鸡蛋液、香椿末一起倒入,用旺火翻炒,最后倒入煮好的米饭和滑熟的肉丝炒匀即可。

运动胎教 | 高龄孕妇的运动选择

【运动说明】

现在,有相当一部分准妈妈是高龄孕妇,她们为了顺产,努力纠正胎儿的臀位而练习体操,最终却还是出了问题。对于高龄孕妇而言,怎样选择适合自己身体情况的、自己能够承受的运动,也是十分关键的。选择运动不当,会对高龄孕妇造成负面效果。

【运动方法】

每天拿出30分钟左右的时间散步,是一种值得推荐又比较安全的锻炼方法。尤其是到了孕晚期,散步可以有效地控制高龄孕妇体重的急剧上升,也可以锻炼骨盆及下身肌肉,有利于顺利分娩。但要注意,高龄孕妇很容易早产,所以到孕8个月的时

候，散步时间不宜过长，路程不宜太远，更不可单独外出散步，以防万一。

【运动功效】

散步运动对于高龄孕妇来说，是个安全又有效的运动方法。经过此运动，不仅可以改善机体能力，还能纠正不正确的胎位，更有利于顺利分娩。

按摩胎教 | 逆时针抚摸宝宝最有效

【按摩说明】

抚摸肚皮是准父母最常用的抚触胎教方式，也是对腹中胎儿的最好安抚。孕中期应逆时针抚摸胎儿，如能同时配合有节奏的音乐或准父母自己给胎儿哼哼小曲，这种抚摸将会达到更好的效果。

【按摩方法】

研究发现，抚摸肚皮的方向最好固定为从左到右和从上到下的逆时针顺序，科学地讲，8个月前应对胎儿实施逆时针抚摸，8个月后只要从上到下对胎儿进行抚摸即可了。

【按摩功效】

这种抚摸方法可以避免胎儿在腹中随着准父母的手势来回翻动，造成脐带绕颈的危险。

情绪胎教 | 孕程漫漫，走出"小世界"

长期郁郁寡欢的准妈妈们要注意了，为了胎儿的健康成长，一定要克服自己的忧郁心理。平时不要想郁闷的事情，生活态度要乐观一些，并应积极调整自己的心态，使自己的人生观变得积极起来，这是克服不良情绪的关键因素。准妈妈平日里可以多去户外走走，或者聆听一段旋律优美的音乐、欣赏一幅意境高雅的画作，这些都会使自己心情开朗

起来。另外，多参加些文体活动，多和外人沟通、接触、交流，不要把自己局限在自己的小圈子、小世界里，这样也有助于消除忧郁的情绪。

准妈妈情绪陷入低潮的时候，准爸爸不要被妻子的不良情绪所感染，要多包容、体谅她，引导她控制自己的情绪，向良好积极的方向转化。准爸爸可以陪准妈妈一起聊天、看书、欣赏风景、感受大自然的美好。这样做既可增进夫妻感情，又能使准妈妈拥有良好情绪，把美好的感情传递给腹中胎儿，使胎儿在腹中能够健康快乐的成长。

| 小贴士 | 准爸爸给妻子的一些亲情减压法

1. 无微不至的照顾。准爸爸不仅要照顾好准妈妈的身体，多为她分担些家务劳动，贴心关怀地陪她去医院产检，还要关心她的心理变化，多安慰她、陪伴她、鼓励她、体贴她。

2. 包容准妈妈。准妈妈在孕期的情绪波动是受了孕激素的影响。另外，怀孕时诸多的身体不适也会导致准妈妈情绪波动较大。对于这些情况，准爸爸要予以理解，要知道准妈妈不是真的变得不可理喻了，而是有特殊原因的。

3. 多些陪伴。准爸爸即使有再多的工作事务要处理，也不能作为冷落准妈妈的借口。准爸爸要经常抽出时间陪准妈妈散步、吃饭、聊天、娱乐，帮助准妈妈放松心情，还可与准妈妈一起学习孕产知识，一起对胎儿进行胎教，增加一家三口之间的亲密感情。

其他胎教 | 使用 BabyPlus 发挥宝宝潜能

BabyPlus 是美国 BabyPlus 公司发明的由

16种不同节奏的声音组成的胎教工具，可以帮助胎儿充分发挥潜能。这一系列长达16周的声频"课程"，帮助胎儿在未出世前便开始学习，让孩子一生受益无穷。BabyPlus可以模仿母体心跳的自然声音，适合从孕期的第18周开始使用，直至胎儿出世为止。经过此训练的胎儿刚一出生便会表现出更强、更成熟的记忆力及学习能力。

第19周

胎儿的生长发育速度很快，大脑已经开始分化各种感觉神经的"统治区域"了，小家伙越来越聪明了。准妈妈开始嗜睡，胃口还是那么好，你和宝宝的身体状况都很稳定，你可以安安稳稳地睡个好觉了。

胎儿在成长 | 宝宝到底有多大啦

胎儿这一周的变化非常大，就身长来讲，比上个月长长了2倍，体重也增长到了220克左右。胎儿会的本领更多了，吞咽羊水就是新开发的技能，面对周围发生的事情，他（她）也会以更加活跃的方式加以回应。

本周胎儿发育最重要的一点就是他（她）的感觉器官开始按照区域迅速地发展并工作了。在脑部，分管触觉、味觉、嗅觉、视觉和听觉等的神经细胞正在分化。此时神经元的数量减少，神经元之间的连通开始增加。肾脏也开始制造尿液了。

准妈妈变化 | 宝宝让我"孕味"十足

本周准妈妈很容易就能摸到自己的子宫，体重增加了5千克左右。腰身变粗，动作也越来越笨拙起来。疲倦、嗜睡是你最大的特点，胃口还很不错，只是身体开始出现水肿、血压升高和心跳加快的情况。你突然出现了这些症状，不代表胎儿在子宫中要进行什么运动，虽然外部环境可以影响子宫腔内的胎儿，但是胎儿本身的中枢神经作用会抑制胎儿的运动。

准妈妈这周乳晕和乳头的颜色又加深了些，而且乳房也越来越大，乳腺也发达起来，这是在为你哺育宝宝而做准备呢，准妈妈一定要保养好脆弱的乳房。准妈妈的上唇、面颊上方和前额周围可能出现了暗色斑块，只要尽量避免受到阳光的暴晒，这种暗色斑在分娩后很快就会消退了。

胎教课堂 | 看、听、体会美的存在

本周的胎教原则与重点是：美学的培养。

世间万物都充满了自身的美的特质，我们可以通过自己的感官感受到这一切的美。对胎儿进行美学培养就可以通过准妈妈将其自身对美的事物的感受由神经传导给胎儿。美学培养也是胎教的一个重要组成部分，美学培养中，准妈妈可以

通过看、听、体会等方法亲自认识美，然后再将美的信息传递给腹中胎儿，使胎儿从有意识起就接受美的熏陶和教育。

看

无论是优秀的书画作品，还是优秀的文字作品，都是充满美的元素的作品。准妈妈通过阅读和欣赏一些优美的作品，可以提高自己对美的鉴赏能力，强化对美的感受，这样便可以把自己对美的理解和从中获得的愉悦之情传递给胎儿，使胎儿接受有益的情绪感染，更利于胎儿的生长发育和良好性格的养成。

听

准妈妈可以用自己的听觉去发现美，用美的感受去给胎儿提供更好的胎教。准妈妈在休息的时候可以多听些美妙的音乐，使自己多接受优美韵律的熏陶，同时可在听音乐的过程中进行一些适当的美妙想象，让自己的心情舒缓、放松下来，给胎儿创造良好的生长环境。

体会

贯穿在准妈妈感受美的过程中的体悟和感受，就是体会美的行动。准妈妈对优秀书画作品的欣赏、对大自然美丽景色的欣赏、对美妙音乐的欣赏等，都是对美的一种体悟过程，这种体会会使准妈妈产生良好的情绪，也形成了一种好的胎教方式。

饮食胎教 ｜ 营养来源——食补胜于药补

【营养重点】

补充能量，食补胜于药补。这个阶段，准妈妈和胎儿都处于大量需要各种提供能量和营养的物质的时候，全面补充营养对准妈妈和胎儿都是大有好处的。

脂肪是胎儿大脑及神经系统的主要成分，摄入足够的脂肪将有利于胎儿大脑的发育。维生素A可以帮助细胞分化，是眼睛、皮肤、牙齿、黏膜发育不可缺少的营养成分。准妈妈补充钙质，可以为胎儿骨骼发育提供所需的能量。准妈妈摄入足够的铁，才能为孕期的需求提供大量的铁元素，另外，生产时大量流失的血也要靠铁元素来补充。这时胎儿和准妈妈都非常需要蛋白质，只要正常摄入动物性蛋白质，就能获取到所需的蛋白质，不用刻意补充。

【食补指导】

准妈妈应多吃些鱼肉及坚果类食物（如核桃、大杏仁），以补充胎儿发育所需的脂肪元素。多吃些深绿色的蔬菜、水果，就可以补充维生素A。注意，若平时饮食中摄入的维生素A的量已足够自身和胎儿发育所需，就不必再额外补充了，因为，维生素A过量，会导致胎儿出现唇颚裂、先天性心脏病等缺陷。豆制品、蛋、牛奶、绿色蔬菜、萝卜、花椰菜等食品的含钙量高，准妈妈需要补钙，这些食物是餐桌上不能缺少的。蛋黄、肉类、动物的肝脏、桃子、杏仁、贝类等食物内铁元素含量都很高，准妈妈可以适量摄入这些食物。蛋、牛奶、肉类、鱼类等和含植物性蛋白质的食物（如豆浆、豆腐等黄豆制品等），可以帮助准妈妈获取蛋白质，准妈妈可不能不吃！

【饮食推荐】

芒果橙子苹果汁

芒果、橙子、苹果中的维生素C含量都非常丰富，要想把它们的营养保留到最完整状态，就要趁新鲜时食用。去掉果皮后，它们富含的纤维素也基本可以完整地保存下来，所以将它们榨成果汁饮用，依然是准妈妈美肌养颜的佳饮。

材料：芒果半个（对芒果过敏的妈妈可以不放）、橙子1个、苹果半个、蜂蜜1匙。

做法：芒果洗净，取出果肉，切块；苹果切块；橙子剥出肉瓣，也切成块。将3种水果块一起放入榨汁机中，加150毫升纯净水，搅打30秒左右，倒出果汁，加入蜂蜜即可。

红烧鸡翅

鸡翅含有丰富的蛋白质、脂肪、碳水化合物、维生素 B_1、维生素 B_2、维生素 C、维生素 E、烟酸、钙、磷和铁等营养成分，所以，准妈妈常吃鸡翅便可以摄入这些营养素。

材料：鸡翅500克，酱油1小勺，盐1小勺，白糖1大勺，葱段、姜片、油各少许。

做法：鸡翅洗净，用水焯一下，捞出沥干备用。热锅热油，放1大勺白糖炒至起泡时，放入鸡翅，用中火翻炒，待每个鸡翅都呈金黄色时，加入没过鸡翅的热水、姜片、葱段、酱油和盐，大火烧开后改用中火炖至鸡翅烂熟，然后再用大火收汁即可。

运动胎教 ｜ 散步、快走，增加准妈妈的耐力

【运动说明】

准妈妈在孕中期的运动量可以稍大一些了，可以根据个人爱好选择一些力所能及的体育活动进行锻炼，散步和快走都是不错的运动项目。但要注意，锻炼时的动作幅度最好轻一些，不可过度锻炼，更不能与人竞赛。

【运动方法】

散步、快走的时间一般以上午9～10点或者晚饭前、后为宜。如果选择在早晨运动，最好不要选择清晨，因为城市内清晨的空气反倒不新鲜，最好选择太阳已经出来，但还不十分强烈的时间段。

每次运动30分钟左右即可，频率以每周3次为宜。锻炼一段时间后，可以适当增加一些爬坡运动，视自己身体情况而定，如感到疲劳就该立即停止活动。

散步和快走最适宜在绿色环境中进行，周围充满新鲜的空气、人流量相对较少的公园、小区、林荫道、花草地等，都是不错的运动场所。运动处最好没有太大的噪声、空气污染、有害气体的排放和不良辐射源等。

散步和快走的运动最好不要让准妈妈一个人去完成，有家人陪伴会比较好。准爸爸可以陪同准妈妈一起散步，这样既可以防止各种意外状况，也能让准妈妈心情愉快。

【运动功效】

散步和快走均属于有氧运动，且运动量适中，很适合孕中期的准妈妈。有氧运动可以增强准妈妈的心肺功能，促进其身体对氧气的吸收。散步和快走能增强血液循环、增加肌肉力量、消除背痛和腰痛等症状，还能调节血压、血糖和控制准妈妈体重，并增加准妈妈身体耐力，为分娩做好准备。

按摩胎教 ｜ 按摩可舒缓准妈妈脚部浮肿

【按摩说明】

准妈妈脚部很容易浮肿，因此，为准妈妈进行一次脚部按摩就十分必要了。按摩可以放松准妈妈的脚部，从而减轻体重增加给身体带来的诸多不适。但要注意，人体脚底的反射区很多，千万不可触及那些敏感区域，以防造成准妈妈流产。

【按摩方法】

1. 一手先托起准妈妈的脚掌，用另一只手的手指轻轻从小腿按捏至大腿。

2. 一手托起准妈妈的脚掌，另一只手从小腿扫拨至大腿。

3. 双手夹着准妈妈的脚部，从小腿按摩至大腿。

4. 轻轻按摩每根脚趾。

【按摩功效】

脚部按摩的手法与手部按摩类似，这种按摩可以使准妈妈放松精神，并且缓解脚部疼痛。另外，准妈妈还可以使用一些脚部按摩油配合按摩来舒缓脚部肌肉，缓解怀孕中后期脚部的水肿情况。

情绪胎教丨莲花冥想抚平情绪

怀孕是件很辛苦的事情，准妈妈在整个孕期，身体上会出现很多不舒服的症状。身体上的难受会影响准妈妈的心情，于是就会出现抱怨和怨恨的心理。这种情绪在母亲体内的胎儿是会意识到的，不良的情绪会引起胎儿精神上的异常反应。许多专家研究发现，胎儿出生后出现感情障碍、神经质、感觉迟钝、情绪不稳、易患胃肠疾病、疲乏无力、体质差等症状，大多数都是在母亲的腹中经常受到母亲不良情绪的影响所致。所以，为了以后孩子能有个良好的性格，准妈妈在妊娠期间最好可以抚平情绪，以带给胎儿好的性格影响。

|小贴士|静心瑜伽之莲花冥想式

准妈妈选择一处幽静的地方，以一个舒适的角度坐下，将左脚放在右腿之上，右脚再放在左腿之上，呈莲花坐姿，然后紧闭双目，双手上举并相扣，安静地聆听来自大自然的美妙声音，并配合呼吸保持此姿势5分钟。

其他胎教丨慰劳自己的美容胎教

准妈妈在怀孕期间，身体形态和样貌都会发生很大变化，再加之为了保证胎儿的健康，她们一般都会比较注意保养自己的身体、关心自己的饮食起居，准妈妈在孕期基本都会保证8小时以上的睡眠时间，愿意以步代车来锻炼身体，并会注意摄入足够的营养。既便如此，到了孕中期，准妈妈的脸上还是会出现黄棕色斑点，这就是孕期"黄褐斑"。

另外，准妈妈的皮肤在怀孕期间越来越干燥，这是因为皮脂腺的分泌越来越少了，但又不能用那些化学成分过高的化妆品，那么，最好开始施行食物美容疗法，多吃富含维生素的食物，还要注意保证充足的休息和睡眠时间。准妈妈可以经常涂些优质的、有害化学物质少的护肤霜，这样可以润滑皮肤，增加皮肤弹性。

在怀孕期间，准妈妈通常会发现自己原先暗淡无光泽的头发这时会变得柔软明亮，皮脂溢出量也会减少甚至消失。那么在孕期，保养头发的方法也无需与平常不一样，只要记得不使用刺激性的洗发水即可。梳头发时宜用木梳子、骨梳子，不宜用塑料的梳子，梳理要适度，用力也要适度，整个孕期都不能烫、染头发。

第 20 周

大腹便便让你行动不便，你会因此变得情绪躁动，心情烦闷，但是想想这种情绪对胎儿不好，就赶紧做些自我调整吧。在整个孕期，保证良好情绪才是你所要完成的任务的重中之重，胎儿出生后性格的好坏，跟你现在的修养可是有很大的关系。

胎儿在成长 | 宝宝到底有多大啦

这是怀孕第 5 个月的最后一周了，本周胎儿身长已经达到 16.5 厘米，体重也达到了 250 克。他（她）的身上覆盖了一层白白的、滑滑的胎质，这能够保护他（她）长期浸没在羊水中的皮肤，还可以在生产时减少胎儿经过产道的阻力。

本周胎儿的感觉器官还在继续发育着，已经到一个关键的时期，大脑专门分化出的嗅觉、味觉、听觉、视觉以及触觉区域也在快速发育。胎儿形成了视网膜，味蕾也正在形成，眼睑和眉毛这时算是正式完全发育成熟了。胎儿开始频繁地活动，最初的胎动让准妈妈感觉胎儿像是一条鱼一样在轻轻地游动。

准妈妈变化 | 宝宝让我"孕味"十足

越来越大的腹部和急剧上升的体重让准妈妈的身体越来越不舒服，经常感到疲劳、腰痛，睡觉时还会出现腿部痉挛现象。日益增大的子宫还压迫了准妈妈的盆腔静脉，使其下肢静脉血液回流不畅，致使双腿也开始浮肿了，足背及内外踝部水肿也较为多见。水肿一般在下午和晚上加重，早晨起床后症状有所减轻。由于胎儿发育得越来越大，子宫的胀大挤压了胃肠，影响胃肠排空，就会使准妈妈常常感到饱胀，又会产生便秘。

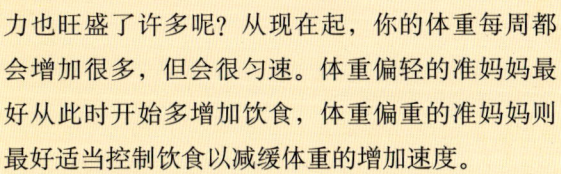

经过了孕早期的身体不适和进入孕中期的稳定，准妈妈现在应该感到对怀孕基本适应了吧？是不是整个人都觉得轻松了不少，精力也旺盛了许多呢？从现在起，你的体重每周都会增加很多，但会很匀速。体重偏轻的准妈妈最好从此时开始多增加饮食，体重偏重的准妈妈则最好适当控制饮食以减缓体重的增加速度。

子宫增大的速度从此时开始也会十分匀速。本周子宫底高度为脐下一横指，有如成年人头部般大小。

胎教课堂 | 性格形成，先天、后天各有差异

人类在胎儿期就已经表现出性格上的差异，有的安祥文静，有的活泼好动，有的调皮淘气。性格形成有先天和后天两种因素，也与胎儿时期在子宫内所受到的影响和胎教有关。

胎儿在子宫内接触到的宫内环境就是他（她）接触的第一个直接影响性格的形成和发展的环境。准妈妈是影响他（她）性格形成的第一人，如果准妈妈怀孕时情感和谐、性格温和，那么胎儿将

感受到这些脾气秉性，将来会逐步形成平和的性格；若准妈妈工作辛苦劳累、家庭不和睦、夫妻间经常吵架，导致准妈妈心情不愉快，这种情绪就会被胎儿感知，以后会形成冷漠、仇视、孤寂、自卑、多疑、怯懦、内向的性格。

饮食胎教 ｜ 纠正偏食、挑食的饮食习惯

【营养重点】

本周蛋白质的补充仍然是营养摄入的关键，维生素和无机盐的供给也需要被关注，因为无机盐和维生素具有建造身体、调节生理功能的作用，

如果缺乏这两种营养，将会导致胚胎分化、细胞分裂和神经系统的发育异常。

准妈妈孕期的口味变化是很频繁的，之前爱吃的东西这会儿可能就厌恶至极了，之前不喜欢吃的食物这会儿可能又会觉得美味可口，这可以帮助准妈妈纠正一下偏食、挑食的饮食习惯。准妈妈若偶尔会出现痉挛现象，那就要注意饮食的营养均衡，多摄入富含钙、钾、镁的食物，如牛奶、豆腐、蔬菜等，可以在一定程度上起到缓解的作用。

【食补指导】

准妈妈最好吃些易消化的食物。易消化的食物在胃内滞留的时间相对较短，这样就可以减少呕吐的发生，水果、面条、低纤维类蔬菜、各种粥等食物就比较容易被消化，准妈妈可以多食用。

维生素A可以促进胎儿视网膜发育，可以适当补充，但不要过量。胡萝卜素食用过多会导致皮肤颜色变黄，也不宜食用过量。营养的补充最好靠食补完成，尽量不要采取药补方式。

铁质可以帮助准妈妈和腹中胎儿制造血色素，增强红细胞的携带氧气能力。在孕期，准妈妈的身体需要更多的铁来满足胎儿发育和胎盘的需要，同时配合准妈妈血容量增加的要求。锌、维生素B_6、维生素C、维生素E等对胎儿眼睛的发育作用也很大，不妨多多补充。

为了防止便秘，准妈妈还应多吃含粗纤维的食物、绿叶蔬菜、水果等，每天尽量多饮水，至少喝6杯开水，而且尽量在白天喝足，晚上少喝水，以防身体浮肿。

【饮食推荐】

猪肉韭菜馅水饺

猪肉、牛肉、羊肉、猪肝、蛋黄和大豆及豆制品等，铁和蛋白质的含量丰富，孕期常吃可补充准妈妈身体和胎儿发育所需的铁和蛋白质。韭菜有滋阴补肾的作用，也适合准妈妈食用。猪肉韭菜馅水饺富含脂肪、磷、铁、钙、维生素B_1、维生素B_2、维生素C、尼克酸及蛋白质等多种营养成分，是不可多得的营养饮食。

材料： 面粉100克，香油10克，猪肉50克，黄酱5克（酱油也可以），韭菜50克，姜末、盐各少许。

做法： 面粉加水和成面团，饧30分钟，分成10份，用擀面杖擀成饺子皮；猪肉洗净，剁成泥，加入香油、黄酱（酱油）、姜末、盐，以及洗净、切好、沥干水分的韭菜碎，并顺同一方向搅拌均匀成馅料，包入擀好的饺子皮制成水饺。锅内加清水烧开，放入包好的水饺煮熟，捞出即可。

鱼头木耳煲

鱼肉鲜香滑嫩，其中优质蛋白质、脂肪、钙、磷、铁、锌和多种维生素的含量丰富，常吃有利于胎儿神经系统的生长发育。

材料： 鲢鱼头半个（750克），水发木耳50克，

油菜心 100 克，冬瓜 60 克，姜片、葱末、绍酒、盐、胡椒粉、植物油各适量。

做法：鲢鱼头洗净，从中缝处片成两半；冬瓜洗净，去皮，切片；木耳、油菜心择洗干净。热锅热油，先放入姜片、葱末煸香，再放入鱼头煎制，放入绍酒和清水，用大火烧沸后改用中火烧至汤汁呈乳白色浓稠状，放入冬瓜片、木耳、油菜心，再将汤汁烧沸，出锅前加盐、胡椒粉调味即可。

运动胎教 ┃ 游泳增强准妈妈的心肺功能

【运动说明】

准妈妈要选择条件比较好的游泳池，游泳之前要做好各种准备工作，除了专门的泳衣、泳帽、泳镜外，孕妇必须穿上防滑拖鞋，防止可能的滑倒意外。另外，还要保证游泳池的池水温度适中，最好不要低于 30℃。游泳前，一定要先听从医生的指导和建议；游泳时，最好有专业教练在旁；游泳后，准妈妈记得要做整理活动，并测量体重、体温、血压等。切记，安全第一！

之前不会游泳的人，怀孕后不建议做这项运动，以免发生危险。有过流产史、阴道出血史、腹部疼痛、心脏病、慢性高血压，以及耳鼻喉方面疾病的准妈妈都不可以游泳。怀孕不足 4 个月的准妈妈也不可以游泳，以免发生流产。

【运动方法】

准妈妈每次游泳的时间不要超过 1 小时，时间选在上午 10～12 点为宜，因为这段时间内不易发生子宫收缩。游 300～400 米即可，如果感觉疲劳，就该立即终止。每周 2～3 次的游泳锻炼就可以满足锻炼要求了，具体情况还要根据自己的身体状况而定。

准妈妈游泳时应避免进行剧烈的运动或潜水，在水中漂浮、轻轻打水即可达到运动效果。要知道准妈妈的身体状况和孕前是大不相同的，盲目地加强游泳强度只会出现溺水危险。游泳前后都要及时补水，以免脱水，除此之外还要注意监测身体的各项机能指标是否稳定、正常。进入游泳池时要慢慢地逐渐适应，不可跳入水中，更要避免受到碰撞。

【运动功效】

为了增强准妈妈的心肺功能，孕中期的准妈妈最好适量进行些运动，使身体适应血液循环和呼吸系统不断增加的负荷。游泳应该算是一种非常好的孕期运动，它可以增强参与分娩的肌肉群的力量，为今后顺利分娩做好准备；还可以保持腹壁肌肉弹性，增强肌肉的收缩力，改善腰酸背痛，缓解疲劳状态，促进分娩后的身体各部位迅速得到恢复。

按摩胎教 ┃ 腰部按摩活血化瘀

【按摩说明】

为准妈妈按摩腰部时，按摩的力量很有讲究。由于不同的准妈妈对疼痛的耐受力不同，所以按摩时，要以准妈妈的疼痛耐受力为依据，不要用力过猛，也不可用力过轻，以让准妈妈感到舒适为宜。

按摩前应先了解按摩的部位，以免操作时伤害到重要组织。容易引起子宫收缩的敏感部位尽量不要去按摩，以热敷代替即可。每次按摩时，一般要先轻后重，活动范围由小到大，活动速度也要先慢后快，按摩的同时要经常观察准妈妈的表情，并询问其感觉，若出现不良反应就要立刻停止。

【按摩方法】

1. 按摩者扣拳依次轻轻叩击腰部 1～2 分钟，

有很好的活血化淤作用。如有不便，可用拍子拍打腰部1~2分钟。

2. 仰卧在硬板床或垫子上，两臂平伸，双腿屈曲，向两侧摆动各5次。有整复腰骶部小关节半脱位和防治腰、腿痛的作用，翻身困难者可不做。

【按摩功效】

腰部按摩可以使准妈妈腰部酸痛的症状得到缓解，还可舒筋活血，化淤止痛。

情绪胎教 | 织毛衣迎接亲亲小宝贝

孕中期是准妈妈精神状态和身体状态最好的时期，这会给自己带来一个不错的心情。不如趁此机会给即将出生的宝宝准备一些必要的东西，一来可以消磨自己的空闲时光，另外还可以给自己带来更好的心情。

准妈妈可以为将来的宝宝编织毛衣、毛裤，购买鞋帽、衣衫，缝制童被、童垫等，这些事情虽然杂乱无章，但是做起来却别有一番趣味。准妈妈还可以给将要出生的宝宝布置一个环境优美的房间，房间要达到整体环境明亮舒适、格调清新的效果。

但是，准妈妈在做这些准备时一定要注意自己的身体状况，量力而行。为宝宝准备物品的你，可能总是希望尽全力多为他（她）准备一些，非要准备到一应俱全才行，这就可能使准妈妈日夜忙个不停，影响了自身的休息。千万不要这样做，这毁坏的不仅是准妈妈自己的身体，同时也会影响胎儿在你体内的发育。所以，准妈妈要量力而为，或者让准爸爸或其他人代劳，另一方面，将来亲戚朋友也会送些小物品、小衣服给宝宝使用，所以无需准备那么多东西，否则就会造成资源的重复和浪费。

| 小贴士 | 静心瑜伽之骆驼式

双膝跪立，挺直上半身，背部肌肉伸直，双手自然下垂。双手护腰时吸气，头部向后仰，胸部向上挺起，持续片刻；吐气时，双手由腰沿着腿部缓慢滑至脚跟，身体同时后仰，眼睛凝望上方。保持片刻，还原，调匀呼吸。

其他胎教 | 对宝宝进行隔腹形体训练

形体胎教法是对胎儿隔腹进行肢体训练的一种胎教方法。准妈妈对胎儿做些抚摩动作训练，以激发胎儿活动的积极性，而且胎儿也会对准妈妈的轻轻按摩会报以蠕动等积极反应。得到爱抚的胎儿收到了良好刺激，大脑功能就会发育协调，从而提高了其智能的发育。

怀孕5个月时，准妈妈就可以主动爱抚、触摸胎儿，促使胎儿活动。孕妇躺下后，尽量使身体和腹部放松，然后用双手在腹部抚摸胎儿，用一根手指轻轻压一压，接着马上放开，以引起胎儿反应。每天最好在傍晚与胎儿这样玩耍，但不要在晚上临睡前。六七个月后，还可以推动胎儿，教他（她）散步。实施这种胎教法要注意，在预产期前2~3周应停止，如遇宫缩或腹痛的情况要禁做。

第6章

21~24周——大脑皮质发育完成

怀孕的日程终于完美地过去了一半,你已经很适应这种『随身携带』胎儿到处走的日子了。一生中,这是唯一的一段跟他(她)如此亲密接触的日子,想想再过这么多时间,他(她)就要跟你的身体分开,你是多么恋恋不舍啊!想到这些,孕早期那些折磨得你痛苦万分的感觉,你早就忘得一干二净了吧?

第21周

发育日程过半的胎儿，大脑皮质已经发育完全了。他（她）现在才在真正意义上成为了"人"，成为了一个完整的生命，他（她）能跟你互动，对你的所作所为有所反应，这才真正让你感到做妈妈的快乐。

胎儿在成长 | 宝宝到底有多大啦

现在胎儿正式进入第6个月的生长时期了。这周，他（她）的身长大约有18厘米，体重大约长到了300克，从此以后，他（她）的体重就会开始大幅度增长了。本周胎儿的手指甲和嘴唇几乎完全长好了，犬齿和臼齿在牙床下的坚固组织中形成。胎儿逐渐有了意识、感觉、反应，在睡梦中很容易被较大的声音吵醒。

胎儿渐渐变得"眉清目秀"，也可以称得上是个"小运动健将"了，平均一个小时要动50次左右，几乎一分钟就要动一次。瞧着他（她）那强烈的生命迹象，准妈妈，你是不是感到很喜悦、很欣慰呢？

准妈妈变化 | 宝宝让我"孕味"十足

这周开始，准妈妈有了气短、呼吸急促的反应，无论是爬楼梯还是不太剧烈的运动，都会使你气喘吁吁。这是因为日益增大的子宫压迫了准妈妈的肺部，而且随着子宫的增大，这种状况也更加明显。准妈妈身体重心的变化，使她为了保持平衡而不得不挺起肚子走路。孕激素的作用，使手指和脚趾以及全身关节韧带变得松弛，这会让准妈妈感到很不舒服，行动变得迟缓和笨拙。此时，

分泌物也在增加，如果你感到阴道周围红肿和刺痛，有酵母味道的分泌物，要考虑有可能是酵母菌感染。

身材的巨大变化使准妈妈自己已经分不出哪里是腰哪里是肚子。站久了会感觉下肢发胀，双腿水肿的症状可能会加重，所以要避免长时间站立。这是因为，孕期臀部和腹股沟有血栓形成，腿部的血液循环速度也减慢了，这就导致腿部经常呈水肿样。

胎教课堂 | 多些口味，多些乐趣

本周胎教的原则和重点是：帮助胎儿更好完成味觉发育。

早在孕16周时胎儿舌头上的味蕾就已发育完全，能够津津有味地品尝羊水了。到了这周，胎儿的味觉进一步发展，可以感受到酸、甜、苦、辣等各种味道了。为了促进胎儿更好的完成味觉发育，准妈妈不要挑拣口味，应进食各种口味的食物。这时准妈妈的孕吐反应想必已经减轻了许多，甚至消失了吧？趁着胃口大开，不要再给自己的饮食口味设置什么局限了。五味俱全的食物更能增进你的食欲，也会对胎儿的味觉发育产生良好的作用。

饮食胎教 | 每日主食400克左右

【营养重点】

准妈妈依旧要注意自己的营养均衡问题，利

用胃口不错的这段时间来加强营养、增强体质，为以后的分娩和哺乳做准备。平时还要多喝水来预防感冒，多补充维生素C等增强免疫力的营养元素。为了防止缺铁性贫血的发生，准妈妈最好多补充些铁元素。热能可通过精细粮与粗杂粮搭配食用来摄入，热能增加的量可视准妈妈体重的增长情况、劳动强度进行调整，每日食用主食量大约达到400克，即可补充一天的热能所需。准妈妈本周要比怀孕早期多摄入一些蛋白质，尤其是动物蛋白质，要占全部蛋白质的一半以上。准妈妈摄入足够的维生素D，可以促进胎儿骨骼和牙齿的生长，多吃海水鱼、动物肝脏及蛋黄等，可补充身体所需的维生素D。

【食补指导】

瘦肉、鸡蛋、动物肝、鱼等含铁量较多，还有一些强化铁质的谷类和蔬菜等食品，有贫血症状的准妈妈应该多吃这些食物，缺铁严重者可在医生的指导下补充铁剂。钙的摄入全靠奶类及奶制品、豆制品、鱼、虾等食物。摄入足量的锌和铁也是妊娠期比较重要的任务，这能给胎儿提供更多的制造红细胞的元素，因此维生素和微量元素的补充是非常关键的。

【饮食推荐】

茭白炒鸡蛋

茭白色泽黄白，味道鲜美，富含维生素A和钙质，营养丰富。核桃油健康、营养、益智补脑，维生素的含量也丰富，非常适合准妈妈食用。

材料：鸡蛋50克，茭白100克，核桃油10克，盐、葱花、高汤各适量。

做法：茭白去皮，洗净，切丝；鸡蛋打成蛋液，加盐调匀。热锅中放入核桃油烧热，先爆香葱花，再放入茭白丝翻炒几下，加入盐及高汤，炒干汤汁后盛盘；锅内再烧热核桃油，倒入鸡蛋液，翻炒后倒入炒过的茭白丝一起翻炒几下即可。

鸡肝豆苗汤

豆苗中富含维生素C、维生素A、多种矿物质、卵磷脂以及蛋白质等营养成分。鸡肝中含有丰富的蛋白质、钙、磷、铁、锌、维生素A、B族维生素，尤其铁含量丰富，准妈妈多吃些鸡肝，可以预防孕期缺铁性贫血的发生。

材料：鸡肝25克，豌豆苗50克，鸡汤250克，盐、料酒、胡椒粉各适量。

做法：鸡肝洗净，切薄片，加入料酒和适量清水浸泡2分钟；豌豆苗择好，洗净。锅内放入鸡汤烧沸，把火关小些，放入鸡肝，以小火余烫至嫩熟捞出，在盛着熟鸡肝的碗内放上豌豆苗。锅内的汤撇去浮沫，放入盐、胡椒粉调味，再烧沸，倒入汤碗内即可。

运动胎教 | 跳舞缓解孕期不适

【运动说明】

适合准妈妈练习的舞蹈种类很多，备受推崇的主要有舒缓的各类民族舞、激情的伦巴舞及恰恰舞、孕妇专用肚皮舞以及非洲的蛇形舞蹈等。准妈妈可根据自己的身体状况和兴趣爱好，选择更适合自己的舞蹈练习。

【运动方法】

无论选择哪种舞蹈，在练习的时候，跳跃、大幅度地跺脚以及节奏激烈的臀部活动都是要尽量避免的，这些动作都太激烈、太危险，很可能造成流产。如果是患有高血压或先兆流产的准妈妈就更要慎重跳舞了。

准妈妈要根据自己的感觉来调整跳舞运动的

强度,注意观察自己身体的反应。如果感到头晕、呼吸急促、疼痛或者阴道出血的话,就应该立刻停止跳舞而去就医。准妈妈跳舞不能乱跳,最好跟着专业的或经过特殊训练的舞蹈老师学习跳舞,老师能够了解怀孕的生理变化和孕妇舞蹈如何进行才是最安全的,他(她)可以根据你身体的具体情况来调整你的舞蹈练习活动。跳舞时要注意及时补充足够的营养和热量,注意补充水分,要避免在炎热、潮湿的地方跳舞。跳舞的动作和体位要适当,以免影响给胎儿的供血量,从而引起流产、早产等。最后要记得选择舒适的服装和鞋子,那些有水肿症状的准妈妈更要精心挑选着装。

【运动功效】孕妇舞蹈是种很不错的孕期运动。它可以缓解孕期的不适症状,增强孕妇的体力和各部位肌肉韧性,帮助孕妇顺利分娩,同时也有助于孕妇的情绪调节和产后恢复。

按摩胎教 | 按按腿,缓解血管压力

【按摩说明】

腿部肌肉抽筋是很多准妈妈在妊娠期间都会遇到的状况,这种情况多发生在夜里睡觉时,比白天的感觉要明显许多。腿部抽筋是由于准妈妈腿部的血液循环不良造成的,随着月份逐渐增加,准妈妈的体重也逐渐加重,双腿的负担也就加重了,这又会压迫血管,造成血液循环减缓,形成恶性循环。所以,准妈妈最后可以通过按摩手段,促进腿部的血液循环,减轻腿部负担。

【按摩方法】

1. 准妈妈保持侧卧姿势,准爸爸或其他按摩者由其臀部向下有节奏地揉捏,一直捏到小腿,反复揉捏5次后,换另一侧的腿部相关部位用相同的手法进行按摩。

2. 准妈妈仰卧,放松全身。准爸爸或其他按摩者用双手拇指指腹揉捏准妈妈的大腿前侧,反复揉捏2分钟;再按摩小腿的内、外侧各2分钟;最后,沿足弓进行有节奏的按压,一直按到脚跟。一侧按摩完毕后,再按另一侧。双腿交替按摩,至局部发红、发热。

【按摩功效】

这个按摩方法既可以促进准妈妈腿部的血液循环,又可以有效地减轻准妈妈腿部的负重感和水肿的状况。

情绪胎教 | 你冷漠,所以他(她)冷漠

怀孕后,准妈妈的心理、性格、关注点等都会有所变化。尤其是在能感觉到腹中生命的存在时,准妈妈很可能变得对其他事情都漠不关心,

只一心一意地想着自己孕育的这个小生命。这就是我们所说的孕期淡漠心理。

从准妈妈感受到小生命的存在开始,她就完全变了:过去关心的事物和话题,现在完全没有了兴趣;只要是与胎儿无关的事情她都无心去做,对外界的反应也变得迟钝和淡漠起来,经常让人感觉她心不在焉;准妈妈常常想独居,对性生活也失去了兴趣,对丈夫也不如从前那样关心、体贴。这些举动和想法都让准爸爸及家人、朋友难以理解,甚至会有强烈的失落感。

| 小贴士 | 静心瑜伽之睡英雄式

准妈妈坐在地上,双手手掌支撑地面,挺直身体,目视前方,正常呼吸。如身体状况允许,则再把整个身体的重量放在双脚上,然后双臂肘逐渐向臀部方向移动,身体逐渐躺下,使头部触到地面,肩部触到地面、背部触到地面,用鼻子深呼吸。保持此姿势6~10秒。

其他胎教 | 刺激听觉神经的音乐胎教

音乐胎教在当今十分盛行。用音乐对母体和胎儿共同施教的方式称为音乐胎教。这种胎教方式可对胎儿的听觉神经器官进行刺激,从而引起大脑细胞的兴奋,促进胎儿大脑发育,使胎儿能够更加健康的成长。

音乐胎教的主要方法有以下4种。

音乐熏陶法

母体在感受到美妙音乐的同时,脑海中会产生美好的联想,思想徜徉在完美的境界中,准妈妈的这种感受可以通过神经体液传递给胎儿,从而给胎儿带来舒服、美妙的感觉刺激。

器物灌输法

这是一种最常用的音乐胎教法。准妈妈只要将播放着胎儿喜爱的音乐的耳机放在腹部,就可以达到良好的效果,通常情况下还会得到胎儿踢蹬的回应。

哼歌谐振法

准妈妈自己哼的歌曲,对胎儿来说也许就是世界上最美妙的声音。准妈妈可以哼些轻柔的曲调,如摇篮曲、抒情曲等,哼唱时可倾注感情,使心情愉悦,对胎儿来说,这种胎教法是很容易感受到美妙和满足的方法。

母教子"唱"法

准妈妈可以把胎儿看成是可以学唱歌的孩子。准妈妈找些适当的歌曲,一遍遍地反复教给胎儿,虽然他(她)不会唱,但你可以想象他(她)学唱歌的样子,这种方法可以使胎儿产生记忆印迹。

第 22 周

现在,无论你说什么,胎儿都能听到,并可以似懂非懂地对你做出回应,所以,用你丰富的语言开始跟他(她)沟通吧。

胎儿在成长 | 宝宝到底有多大啦

本周胎儿身长达到19厘米了,体重达到350

克了，虽然越来越像个"小人儿"的样子，但是脸上却是皱巴巴、红彤彤的，头上、脸上布满了胎毛。小家伙的眼睛虽然已经发育，但虹膜仍没有颜色，眉毛和眼皮已经形成。胎儿的胰脏发育稳定，恒牙的牙胚也开始发育了。

胎儿位于大脑中心的生发基质开始发育，它能负责产生脑细胞。胎儿清醒的时间越来越长了，外界的一些噪声和响动都会把他（她）惊醒。这是进行语言等胎教方式的好时机，胎儿可以很好地理解音乐、说话、故事的内容，你的努力不再是"对牛弹琴"了。

准妈妈变化 ▎宝宝让我"孕味"十足

从这周开始，你皮肤上的妊娠纹会明显许多。有些准妈妈可能不会长妊娠纹，但大多数准妈妈身体上都会出现这些条纹细小、纹理不同的妊娠纹，颜色有粉红色也有深棕色，这与准妈妈的皮肤颜色有关系。妊娠纹不只出现在腹部，还会出现在臀部、大腿、髋部和乳房上，有时它们还会发痒，让准妈妈觉得很不舒适。本周准妈妈曾经那凹下去或是平的肚脐可能很快会凸出来，等胎儿出生后它又会恢复原貌的。

准妈妈还可能出现的一种皮肤变化是长一种被称为"蜘蛛痣"的东西，它们是一些微红凸起的带有细小分支的小块，通常会出现在脸、脖子、胸的上部和胳膊上。"蜘蛛痣"是由雌激素增高引起的，等胎儿出生后就会消失。

准妈妈现在的体重以每周500克的速度在增长，腹部有可能会忽然感到阵阵剧痛，这是子宫肌肉伸缩引起的，只要放慢行动节拍就会有所缓解。另外，准妈妈从这周开始，牙龈出血的情况逐渐频繁起来，口腔中的黏膜分泌物和废物逐渐增多，还可能出现口干、闭塞、口臭等情况。

胎教课堂 ▎给宝宝一个寓教于乐的胎教

本周的胎教原则和重点是：任何胎教方式的主要目的是要使准妈妈心情平静。

日常生活中任何时候都可以对胎儿进行胎教。因此，准妈妈要时时保持心情稳定，这样才可以间接达到寓教于乐的目的，给胎儿以最好的胎教。这个目的并不是要将来的宝宝长大后可以成名成家，而是希望肚子里的胎儿可以感受到来自准妈妈的爱与关怀，同时感到母亲平静的心情。

饮食胎教 ▎改掉不良饮食习惯

【营养重点】

孕中期的最后一个月，发生缺铁性贫血的情况还是较为多见的。准妈妈本周仍应多补充铁、叶酸、维生素C等营养物质，以保证自己和胎儿的健康。食物的多样性当然可以帮助准妈妈全面获取营养，但是如果食用不当，也会白费心机。

【食补重点】

准妈妈本周会出现牙龈出血的现象，这是由孕激素使牙龈变得肿胀引起的，多吃蔬菜、水果可以帮助牙龈恢复健康、防止牙龈流血，因为蔬菜、水果中含有丰富的维生素，并且可以排除口腔中过多的黏液分泌物及废物。进食后喝一些柠檬水或用柠檬水漱口，可以令口腔保持湿润，还能刺激唾液分泌，减轻口腔内残余食物引起的厌氧细菌造成的口臭。另外，本周最好不要摄入过多简单的糖类食品，如蔗糖、果糖、葡萄糖等，注意营养平衡，以防引发妊娠糖尿病。

榨菜肚丝

榨菜中蛋白质、胡萝卜素、膳食纤维、矿物质等营养物质的含量丰富，而且因为其富含一种可以产生鲜味的化学成分，所以又被称为"天然味精"。榨菜中还含有17种游离氨基酸，能健脾开胃、补气添精、增食助神。猪肚含有蛋白质、脂肪、碳水化合物、维生素及钙、磷、铁等，可补虚损、健脾胃。

材料：猪肚500克、榨菜150克、生抽5克、白砂糖5克、葱20克、红辣椒10克、姜3克、香油5克。

做法：猪肚洗净，放入锅中，加入清水、葱、姜，开火煮至猪肚熟烂，取出晾凉后切丝；红辣椒洗净后去蒂切丝；葱切丝；榨菜切丝。将红辣椒丝、葱丝、榨菜丝与猪肚丝一起放入碗中，加入生抽、白砂糖，搅拌均匀后淋上香油即可。

【饮食推荐】

浓香牛骨汤

牛骨熬的汤，钙质含量丰富。准妈妈在孕期对钙的需求量是平常的两倍，胎儿生长牙齿、发育骨骼，都需要吸收大量的钙质，如果准妈妈钙质摄入得不足，那么胎儿在生长发育时就会从准妈妈的骨骼里吸取钙质，导致准妈妈骨质疏松。

材料：牛骨1000克，胡萝卜500克，番茄、花椰菜各200克，洋葱1个，黑胡椒粉5克，油、盐各适量。

做法：牛骨切成大块，洗净，放入开水中煮5分钟，捞出，冲去附在上面的血沫和杂质；胡萝卜削皮，切块；番茄、花椰菜均切块；洋葱剥皮，切碎丁。热锅热油，放入洋葱碎，用小火炒香，加入适量清水煮开，然后加入番茄块、花椰菜块、牛骨块煮3小时，放入盐、黑胡椒粉调味即成。

运动胎教 | 仰卧运动缓解腰痛

【运动说明】

在孕中期，准妈妈可以做做仰卧运动。由于从孕中期开始准妈妈的腹部逐渐隆起，就会经常出现腰痛的症状，经常做仰卧运动就可以缓解腰痛症状。仰卧运动的动作其实非常简单，现在我们来试着练习一下吧。

【运动方法】

扭动骨盆

1. 仰卧，屈膝，双膝并拢。双膝带动双腿慢慢地有节奏地左右摆动，注意双肩要贴紧床。

2. 将一条腿伸直，一条腿弯曲，弯曲膝盖的腿朝向伸直的腿倾倒，带动同侧腰臀部离开床，但肩部仍然要贴着床，对侧臀部也要贴在床上，似翻身样。

3. 左右腿交替做运动，反复10次，一天做2～3次。

振动骨盆

1. 仰卧位，屈膝，两手平放在身体两侧。
2. 腹部向上挺，弯背成弓形，重复数次后回复到准备动作。
3. 每次做10个动作，早晚各做一次。

【运动功效】

扭动骨盆的练习可以锻炼骨盆关节，同时加强腰部肌肉的力度及柔软性。振动骨盆练习能够放松骨盆和腰部关节。

按摩胎教 | 适合孕6月的亲子游戏法

【按摩说明】

亲子游戏法是一种非常适合怀孕6个月的准妈妈对胎儿施行的胎教方法。这时候胎儿开始活跃起来，胎动已非常清晰、明显，实施此胎教法可以看到很好的互动效果。

【按摩方法】

每次游戏时，准妈妈先用手在腹部从上至下、从左至右轻轻地有节奏地抚摸和拍打。当胎儿用小手或小脚给予"还击"时，准妈妈可在被踢或被推的部位再轻轻地拍两下，过一会儿，你会发现胎儿又会在里面"还击"，这时准妈妈可以改变一下位置，拍拍其他地方，但距离原来拍打的位置不要太远，胎儿很快又会作出回应，向改变后的位置"还击"过去。这种游戏方法能让准妈妈和胎儿都从中体会到乐趣，还可以增进胎儿和准妈妈的情感交流。

当然，这种亲子游戏最好在每晚临睡前进行，此时胎儿的活动最频繁。但游戏时间不宜过长，一般以不超过10分钟为宜，以免使胎儿过于兴奋，导致准妈妈久久不能入睡。

【按摩功效】

这种通过对准妈妈腹部抚触的游戏胎教方法不仅可以使准妈妈的情绪和身体得到双重放松，还可以使胎儿得到良好的各器官神经的刺激，提高胎儿的反应能力，促进胎儿生长发育。

情绪胎教 | 激素水平导致情绪起伏

月经期女性激素的变化都会给情绪带来影响，而怀孕后激素的水平大幅度提升和产后激素水平的大幅度下降，更会引起女性强烈的情绪变化。怀孕时，激素水平的变化会对身体造成多方面的影响，从而引起准妈妈情绪的低落和波动。这是很正常的现象，准妈妈们不需要太担心。

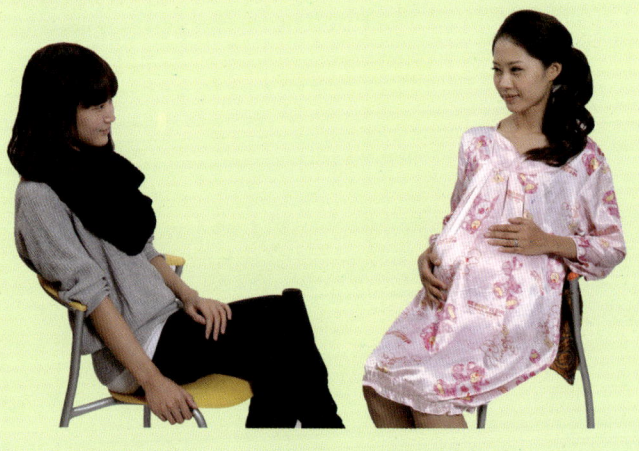

在情绪向不好的方向发展时，准妈妈不妨多与家人或朋友沟通一下，从他们身上得到慰藉与

支持。每天多花些时间和精力做自己想做的事情，这样可以提高准妈妈的精神兴奋程度，使心情愉快起来。在怀孕过程中，准妈妈难免遇上很多不顺心的事情，这时准妈妈不能对自己要求太苛刻，而应把心态放平和，坦然面对那些不顺心的情况，并寻求家人和朋友的帮助。另外，多去户外走走，这样可以使紧张的心情得到放松，使低落的情绪重新振奋起来。

| 小贴士 | 静心瑜伽之顶峰式

双膝跪地，脚尖点地。缓慢伸直双腿的同时吸气，并抬高臀部，脚跟尽量与地面靠近，使臂、背、颈成一条直线，整个身体呈三角形，同时尽量下压肩膀，保持自然的呼吸，保持此姿势30秒。

其他胎教 | 认字读书促进胎儿器官发育

教胎儿识字也是一种行之有效的胎教方法。这种胎教方法可以帮助准妈妈更好地集中注意力，使其通过专注、认真地观察、讲解和学习所要教授胎儿的知识内容，对胎儿眼、耳、口、手等器官形成刺激，并对胎儿起到潜移默化的影响。

实施这种胎教方法，首先要制作一些卡片，把数字和一些笔画简单且容易记忆的汉字写在颜色鲜艳的卡片上，卡片的底色与卡片上的字的颜色对比要明显，色彩要鲜明醒目。其次，实施识字胎教的时候，准妈妈一定要全神贯注，两眼平视卡片上的文字，一边念一边用手沿着字的轮廓反复描画。

第23周

胎儿的急速发育，让你不断摄入的营养成分供不应求。另外，胎儿已经可以轻松地在准妈妈腹中与其互动交流了。准妈妈不妨邀请准爸爸一起给胎儿实施一次游戏胎教吧，也让小家伙有机会跟爸爸亲密接触一下。

胎儿在成长 | 宝宝到底有多大啦

本周胎儿的骨骼和肌肉已经生长完成，身材也变得很匀称了。现在，胎儿的身长大概有20厘米了，体重也达到了450克左右。胎儿肺中的血管已经形成，呼吸系统正在快速发育。他（她）可以吞咽，但却不能排便，排泄的系统要在出生以后才会独立完成。

胎儿现在对音乐的反应很强烈，听到快节奏的音乐时，胎动幅度就会变得很大；听到慢节奏的音乐时，则会安静下来。由于胎儿的皮下脂肪尚未生成，这时胎儿的皮肤还是红红的，布满褶皱的皮肤给皮下脂肪的生长留有余地。小家伙的胎心音变得更有力度了，准妈妈可以非常真切地感受到他（她）与你同在了！

准妈妈变化 | 宝宝让我"孕味"十足

准妈妈的子宫高度应该达到23厘米了，体重也增加了7千克左右，身体的膨胀使准妈妈感觉到身上很多部位都有疼痛感。腹部的隆起会影响准妈妈的胃对食物的消化，胃酸、胃灼热的现象就会对其造成困扰，每餐少吃一点会使准妈妈感觉舒服一些。

有些准妈妈会感到腹部、腿、胸部、背部瘙痒难耐，或瘙痒与黄疸同时共存，别大意，这可能是妊娠期肝内胆汁淤积症，需要及时就医。由于子宫压迫膀胱，准妈妈常会发觉有液体渗漏到内裤上，很难分辨是羊水还是尿液。准妈妈的肚子越来越大，已经变得非常明显了，可以说是一个名副其实的"大肚婆"。肚子大起来后，准妈妈变得更加能吃，一些以前本不喜欢的食物现在都让准妈妈觉得美味可口。

除了身体各处生出妊娠纹外，耳朵、额头和嘴巴周围也生出了小斑点，下腹部和外阴纹路的颜色也比从前更深了。

胎教课堂 ▎孕中期，掌握胎教宜忌

本周的胎教原则和重点是：孕程中期，不急不躁，掌握胎教宜忌。

1. 胎儿和婴儿的成长相类似，需要有适当的刺激来促进其发育，特别是神经系统的发育，需要更多的刺激。

2. 胎教时，准妈妈身处轻松愉快的环境中，能让子宫有较佳的血液供应。

3. 让准妈妈从怀孕时起，就懂得如何更爱自己、更爱胎儿，可以避免一些不必要的危险。

4. 准妈妈与胎儿可以通过胎教建立良好的互动关系。

5. 准妈妈生活起居要正常，避免有害饮食，减缓压力，不要运气，多听音乐，多出去散散步、呼吸新鲜空气。

饮食胎教 ▎一个人要吃"两人份"

[营养说明]

准妈妈的口味又有所改变了，这时可能会格外偏好某些食物，吃这些食物时，饭量也会翻倍。准妈妈千万不要有体重方面的心理负担，因为这时你要提供"两人份"的营养，自然就要吃"两人份"的食物。

孕中期基础代谢加强，对糖的利用增加，准妈妈可在之前的基础上增加能量的摄入量，每天主食摄入量应该更多些，以精细粮与粗杂粮搭配食用为宜。热能增加的量可视准妈妈体重的增长情况、劳动强度进行调整。

【食补指导】

从现在起，准妈妈吃东西的质要比量更为重要了。虽说全麦食品对准妈妈是有一定好处的，但如果摄入过量就会影响身体对钙、铁、锌的吸收。多吃水果及纤维含量多的食物可以防止准妈妈便秘，每天早晨喝牛奶和水也能有效防止排便不畅。

本周水肿的问题依然存在。饮食上来讲最好摄入高蛋白、低盐的食物，家禽、家畜、肉、鱼、海鲜、贝类、蛋类、奶类及奶制品、黄豆制品等食物都含有大量的优质蛋白，烹饪时只要减少盐的使用量，就可达到准妈妈低盐的饮食要求。多吃蔬菜、水果不仅可以补充人体必需的多种维生素和微量元素，还能提高机体抵抗力，加强新陈代谢，帮助解毒利尿。补充 B 族维生素也是本周比较重要的饮食要点，酵母、肝脏、全谷类食品、黄豆、荚豆类、小麦胚芽、土豆等食物中含有丰富的 B 族维生素，准妈妈可以多多食用，以满足身体和胎儿发育的需求。

【饮食推荐】

柠檬鲑鱼

深海鱼富含脂肪，并且营养丰富。鲑鱼就属于深海鱼，此外青斑、粉斑、多宝鱼、银枪鱼、黄鲫、小黄鱼、银鲳等也都属于深海鱼。坚果类食物及大多数从蔬菜或种子中提炼出的食用油营养丰富，且不含不饱和脂肪酸，适合准妈妈食用。

材料： 鲑鱼300克，柠檬150克，盐、植物油各少许。

做法： 将鲑鱼切片，用盐腌渍15分钟。锅中放入少许植物油，放入鲑鱼片，小火煎熟，出锅后淋上柠檬汁即可。

奶油扒双珍

深绿色的蔬菜可以为人体提供丰富的B族维生素、维生素C、铁和钙，牛油有生津液、润大肠的作用。将牛油与深绿色蔬菜搭配食用，可以缓解准妈妈的厌食、头晕等不适反应。

材料： 花椰菜600克，粟米、胡萝卜各10克，牛油20克，面粉8克，鲜奶30克，蒜末3克，盐、白糖各2克，胡椒粉少许。

做法： 粟米淘洗干净；胡萝卜洗净，切丁；花椰菜洗净，切小朵，在放了油、盐的沸水中煮1分钟，捞出立刻过冷水，再沥干水分。热锅热油，先爆香蒜末，再放入花椰菜炒熟，放入盘中。将牛油放入热锅中，加入面粉，小火炒至面粉呈微黄色，再慢慢加入鲜奶拌匀，最后放入粟米、胡萝卜丁拌炒均匀，加入盐、白糖、胡椒粉调味，淋在排好的花椰菜上即可。

运动胎教 | 足部运动松弛腰关节

【运动说明】

在比较稳定的孕中期，还应继续做柔和、稳定的运动。鉴于准妈妈越来越超负荷的身体给足部、腿部、腰膝关节带来了强大的压力，很可能会导致这些部位造成损伤，于是为准妈妈们准备了一种足部运动和一种腿部运动，有利于顺利生产。

【运动方法】

足部运动

背部挺直地坐在椅子上，小腿与地面呈垂直角度，一脚脚尖着地，脚背绷直，脚趾向下，使膝盖、踝部和脚背呈一直线脚放平，换另一脚按同样方法练习。双脚交替练习。

盘腿坐运动

背部挺直地盘腿坐好，双手轻放在两膝上，每呼吸一次就用手按压一下，反复进行。每日早晚各做3分钟。

【运动功效】

足部运动的练习可以增强准妈妈的足部肌肉，以便承受日渐沉重的身体，避免脚踝损伤。盘腿动作的练习可以使准妈妈松弛腰关节，伸展骨盆肌肉，帮助日后顺利分娩。

按摩胎教 ｜ 揉捏腿部，消除水肿

【按摩说明】

这周准妈妈应该将关注点放在腿部，因为人的双腿承载了几乎全身的重量，是最容易受伤和疲倦的身体器官，而准妈妈的身体本就会变得比以前脆弱一些了，同时又伴随着体重的增加，双腿的负担越来越重。所以，准妈妈每天对腿部进行按摩，不仅能促进其血液循环，增加其舒适感，还会间接地给腹中胎儿带来舒适感。

【按摩方法】

腿部按摩不需要选取什么穴位。准妈妈只需侧卧在床上，准爸爸由其臀部向下一直到小腿处进行有节奏的揉捏，反复5次后换腿揉捏。

【按摩功效】

该按摩法可以促进准妈妈腿部的血液循环，减轻其负重感和水肿的状况。

情绪胎教 ｜ 心态好，胎儿长得也好

准妈妈的心态与胎儿的生长发育有着密切的联系，它将直接影响胎儿出生后的外表、生理功能、智力、情绪及行为等。准妈妈有个良好的心态，是孕育出健康、美丽宝宝的重要因素。研究发现，夫妻感情融洽、家庭气氛和谐、心态良好的准妈妈，孕育出的宝宝会更健康、聪慧、美丽，因为在这种情况下胎儿可以很"安然、舒适"地在子宫内发育成长，并朝着家长期望的方向发展。

因此，为了能孕育出一个聪明、健康、活泼的宝宝，准妈妈对腹中胎儿要有博大的爱心，同时要加强自身修养，学会自我心理调节，善于控制和缓解不健康情绪，多去想想好事、开心事，面对逆境和困难也不要消极对待，要做到处之泰然、处变不惊。这样胎儿在子宫内就能得到最好的发育环境，从而生长得健康、美丽、聪明。

> **小贴士 ｜ 准爸爸的小笑话**
>
> 小约翰骄傲地对朋友们说："我叔叔是神父，所有的人都称他为尊敬的神父。"
>
> 小汤姆自豪地说："我叔叔是主教，谁跟他说话都得称他为阁下。"
>
> 这时，小杰克摆出一副不屑的表情，说："这有什么大不了。我叔叔体重150千克，所有人见了他都会喊道：'噢！我的上帝！'"

其他胎教 ｜ 胎教新潮流——"海豚疗法"

海豚是很聪明的动物，在经过训练后可以表演高难度的动作，在野生环境中还能帮助人们逃离鲨鱼的袭击。但你肯定不知道，海豚也与我们的胎教有很大关联——海豚发出的超声波对胎儿智力的发育大有帮助。

现在新兴起的一种胎教方法就是利用海豚发出的超声波来教育胎儿，该方法称为"海豚疗法"，可以促进胎儿大脑发育。科学家研究认为，海豚发出的超声波可以刺激胎儿的大脑活动，促进胎儿感官功能特别是听觉的发育。许多准妈妈在尝试这种特殊的胎教方法后都说，胎儿听到海豚的叫声后真的有了反应。

如今，医生也开始用这种"海豚疗法"帮助准妈妈进行"胎教"。相信以后去海洋馆的准妈妈也会越来越多。

第24周

又将顺利地度过一个月,准妈妈能"随身携带"胎儿的日子越来越少了,孕中期也快要结束了,准妈妈是不是有些迫不及待地想看到宝宝啦?不要心急,耐心地给胎儿上好剩下的胎教课程吧!

减轻眼睛的不适状况。但是如果准妈妈感觉头晕,这可能是贫血的征兆,应该尽快就医。

胎儿在成长 | 宝宝到底有多大啦

胎儿身长已达到26厘米左右,体重也有500克。他(她)在准妈妈的子宫中占据了相当大的空间,身体的比例发育开始匀称。

胎儿听力较上周发育得更完善了,呼吸系统也正在发育。虽然他(她)看起来很瘦,不过很快就会增加脂肪了。他(她)开始越来越爱运动,在准妈妈的子宫里特别活跃,他(她)可以一阵阵地打嗝,可以踢腿或者用小手捅准妈妈的子宫,这是他(她)对外部世界动静的回应,说明他(她)已经有了很自主的感知意识了。

准妈妈变化 | 宝宝让我"孕味"十足

怀孕第6个月的最后一周,准妈妈的肚子大得像塞了一个足球在里面。随着体重的大幅度增加,支撑身体的双腿疲劳感加重,隆起的腹部也压迫着大腿的静脉。另外,越发沉重的身体也使准妈妈感到腰部和背部疲劳酸痛。

这周起准妈妈会感到眼睛发干、发涩,还会有畏光的症状,这些都属于孕期的正常现象。准妈妈可以使用人工泪液滴眼剂来增加眼睛的湿润度,

胎教课堂 | 宝宝捕捉信息的"感情雷达"

本周的胎教原则和重点是:要多跟胎儿交流感情。

加拿大精神病医生托马斯·弗尼认为,准妈妈所想、所说、所感觉和所希望的心情,都会对腹中胎儿的生长发育和性格形成产生很大影响。经过跟踪研究,他发现,6个月的胎儿就有一种"感情雷达",能使自己感觉到母亲的情绪并做出反应。

平时,胎儿在子宫内只能听到低沉而单调的心跳声和汩汩的血液流动声,所以,准妈妈爽朗的笑声、愉快的谈话声和悦耳的歌唱声,

都会引起胎儿的特别注意和精神兴奋。时间长了，准妈妈的声音就会存入胎儿的记忆，并且会对胎儿的智力发育与心理健康发展产生良好的启迪作用。

饮食胎教 | 食物纤维改善便秘与烧心

【营养重点】

胎儿的快速生长，使其对各种营养的需要量显著增加，因此，准妈妈对各类营养的摄入量也要有所增加，特别是维生素和铁元素。准妈妈现在特别容易出现便秘和烧心的情况，应多吃些富含纤维的食物。若便秘的症状比较严重，则要注意调节饮食，多吃润肠通便的食物，并应辅以适当的运动，以促进肠蠕动。

【食补指导】

从本周起，胎儿体内也开始储备脂肪了，所以，准妈妈在饮食上要注意多摄入些植物脂肪与动物脂肪，如多食用肉类、奶类、蛋类等食物。准妈妈还应多吃鱼肉，可以促进胎儿的脑发育，增强胎儿的记忆力。

【饮食推荐】

香蕉百合银耳汤

百合中的矿物质含量丰富；银耳具有滋阴、温补、润肺的作用；香蕉含有丰富的钾，利于消化吸收。准妈妈常吃这几种食材，可养阴安胎、生津润肠。

材料：干银耳15克、鲜百合120克、香蕉2根、枸杞5克、冰糖80克、清水3杯。

做法：干银耳用水泡发好，锅内加3杯清水，放入银耳用文火炖半小时，取出备用；香蕉去皮，切成小片。将煮好的银耳与鲜百合、香蕉片、枸杞、冰糖放入锅中，中小火炖半小时即可。

什锦甜粥

粥作为主食，富含碳水化合物、蛋白质、B族维生素等营养成分，准妈妈经常食用可以健脾开胃。

材料：小米200克、大米100克、绿豆50克、花生米50克、红枣50克、核桃仁50克、葡萄干50克、红糖或白糖适量。

做法：将小米、大米淘洗干净；绿豆淘洗干净，放在水中浸泡半小时；花生米、核桃仁、红枣、葡萄干分别淘洗干净。锅内加少量水，先将绿豆煮至七成熟，再向锅内加入开水，放入大米、小米、花生米、核桃仁、红枣、葡萄干，搅拌均匀，继续用小火煮熟，出锅后加入红糖或白糖调味即可。

运动胎教 | 准妈妈可以适度骑自行车

【运动说明】

骑自行车对准妈妈来说也是一种比较适度的体育运动，准妈妈可以适度骑行。自行车除了被当做健身工具，也是重要的交通工具，为避免因乘公共汽车遭受碰、撞、挤而发生意外，准妈妈近距离出行时可以选择骑自行车，同时还能达到健身的目的。

【运动方法】

孕妇骑自行车时，应该注意以下几点：

1. 车座的坡度和高度要调节好，车座后边略高一些是比较理想的角度，座垫也要柔软，这样可以缓冲车座对会阴部的反压力。

2. 准妈妈要骑适合自己身材的女式自行车，骑车时车速不要太快，防止因下肢劳累、盆腔过度充血而引起不良后果，更不要驮带重物。

3. 准妈妈不能长时间骑行，因为疲劳及气候环境的变化都会对准妈妈和腹中的胎儿产生不良刺激。准妈妈骑车时尽量不要在有坡的路段行驶，不要在道路不太平坦的路段行驶，剧烈震动和过度用力易引起会阴损伤，也容易影响胎儿。

【运动功效】

骑自行车运动可以多方面锻炼准妈妈的身体，如锻炼准妈妈的多处肌肉，为顺利分娩打好基础，也可缓解准妈妈身体的不适症状。

按摩胎教｜让胎儿"散步做操"的按摩法

【按摩说明】

怀孕6个月开始，准妈妈就可以对腹中的胎儿实施推动散步胎教法了。这时准妈妈应该可以明显地触摸到胎儿的头、背和肢体等部位，此时实施推动散步的练习，效果是最好的。

【按摩方法】

准妈妈平躺在床上，放松全身，先轻轻地来回抚摸、按压、拍打腹部，同时用手轻轻地推动胎儿，让胎儿在宫内"散散步、做做操"，来回地"运动运动"。每次练习5~10分钟即可，动作要轻柔自然，手法不可粗暴，用力不可过猛。

这种练习法若能在医生的指导下进行更好，这样可以避免准妈妈用力不当或过度而造成腹部疼痛、子宫收缩，甚至引发早产的危险。如果感觉胎儿在用力地来回扭动身体，准妈妈就应立刻停止推动练习，用手轻轻抚摸腹部让胎儿平静下来。

【按摩功效】

这种抚触按摩胎教法，可以锻炼胎儿的反应能力、灵活性和运动能力。

情绪胎教｜准妈妈不良情绪的改善方法

在孕期，不论是生理因素还是心理因素，都容易导致准妈妈情绪不好。不良情绪会对胎儿在子宫中的发育产生很多弊端，所以，准妈妈要努力去克服这些情绪，给胎儿创造一个好的生长环境。

下面，介绍几种改善准妈妈情绪的小方法，希望可以帮助准妈妈快速地解决不良情绪的困扰。

社交法

积极参与一些活动，如参加准妈妈俱乐部等，这样可以广交朋友，将自己置身于乐观向上的人群中，充分享受友情的欢乐。闭门不出只会使你郁郁寡欢，对准妈妈改善情绪没有一点帮助。

告诫法

准妈妈要不时地告诫和提醒自己不要生气、

着急,为了胎儿,准妈妈要时刻提醒自己。

释放法

如果不良情绪找不到缓解的方法,不妨试试打电话或写信等方式,向可靠的朋友叙说自己的处境和感情,释放出自己的抱怨、难过、不安等情绪,就会使烦恼烟消云散。

协调法

每天都能到附近环境优美的地方去散散步、做做简易的体操,心情就会变得非常舒畅起来。

美容法

引起准妈妈不良情绪的因素还有可能是怀孕后准妈妈自身体形和外貌的变化。那么,准妈妈不妨尝试一下改变自己的形象,如换换发型、换件衣裳,让自己随着这些改变变换一下心境。

转移法

尽量远离使人不愉快的环境。多做些自己感兴趣的活动,如听听音乐、看看画册、去郊游等,让自己的心情愉快起来。

其他胎教 | 孕6月读书作画的求知胎教法

怀孕到6个月时,是胎儿大脑高速发育的时期。这时期,准妈妈如果能给胎儿一定的发育刺激,将会帮助胎儿更好地发育大脑和各神经器官。因此,如果准妈妈一直保持旺盛的求知欲,胎儿的大脑便会不断地接受刺激,促使大脑神经和细胞能够更好地发育。因为准妈妈与胎儿之间有着特殊的信息传递方式,准妈妈的思想可以随时被胎儿感知到。怀孕的妈妈如果爱学习、爱思考,就会给胎儿更多的大脑发育刺激,如果怀孕时准妈妈既不思考也不学习,那么腹中胎儿就会感知到准妈妈这种懒惰的情绪,这对胎儿的大脑发育是极为不利的。

所以,准妈妈怀孕期间一定要养成勤于动脑的好习惯。读一本好书、看一篇好的文章、欣赏一幅好的绘画作品、听一曲好的音乐……使自己在获得一次精神上的净化,让心情开朗、振奋起来。这同时也能对腹中的胎儿起到潜移默化的渗透作用,并能把美好的心灵体验传递给腹中胎儿。

第7章

25~28周——开始记忆

发育到此时的胎儿，大脑已经发育得较为完善，他（她）已经开始有些隐约的记忆了。他（她）能对你给他（她）听的音乐产生记忆，他（她）还能对你给他（她）读的故事产生记忆……多神奇的小生命啊，他（她）的记忆就由此开始了！

第 25 周

胎儿已经发育得比较成熟了,现在准妈妈能对他(她)实施很多新的胎教方式了,他(她)也在不断地增加着自己生存的本领,他(她)很积极地想要成为一个独立生存的人。

胎儿在成长 | 宝宝到底有多大啦

现在,胎儿越来越大了,他(她)在准妈妈子宫中占据了相当大的空间,差不多已经充满整个子宫了。本周的胎儿身长大约有30厘米,体重也达到了600克。从现在开始,胎儿的大脑进入了第三个发育高峰期,脑细胞开始迅速增殖分化,体积也增大了。虽然现在胎儿的肺里还没有空气,而且整天生活在羊水里,但是他(她)开始可以做一些呼吸动作了。

胎儿的视网膜已经发育完全,眼皮也会动了,小眼睛忽而睁开,忽而闭上。别小看这好似眨眼一般的小动作,它可以帮助胎儿完善眨眼功能。趁这个时候,准妈妈可以对胎儿实施一次光照胎教,这可是一个很好的促进胎儿视觉发育的机会。

准妈妈变化 | 宝宝让我"孕味"十足

从侧面看看你的肚子吧,它现在已经非常明显了,如一个圆球般。本周已经到了孕中期的尾声,孕育小生命的征程也已经过去三分之二了。准妈妈之前那些"好日子"过去了,现在你的身体又开始出现了各种不适,像孕早期一样,你感到疲劳、头晕,会频繁地去卫生间。由于胎儿的增大,腹部越来越沉重,腰腿痛的症状也更加明显。

由于准妈妈体内雄性激素分泌量的增加,除了可以让胎儿的头发增多了外,准妈妈自己的头发也可能会变得比从前更浓密、更有光泽。在雄性激素的作用下,准妈妈的体毛可能还会变得更粗、更黑,在准妈妈的下巴、上唇、下颌、脸颊、乳房或肚子上也会有毛发萌出。别担心,宝宝出生几周后,准妈妈的这些状况就会消失,并恢复正常的。

胎儿发育得越来越大,准妈妈的身体也越来越重,手脚酸痛的状况严重,而且身上多处都长有妊娠斑。因为血液供应增加,心、肺都要承担比以前更重的负担,甚至只要稍稍加快脚步都不得不大口喘气,所以孕中期坚持的那些运动,从现在开始准妈妈要视自己的身体情况来决定是否继续运动。如果身体很难负荷这些运动,那么建议停止运动。还有些准妈妈会觉得眼睛发干、发涩、怕光,这些都是正常现象,分娩过后一切都会好起来的,千万不要担心。这时,血压升高或贫血加重会导致准妈妈产生头痛和头晕的症状,另外心理负担和精神因素也会造成头痛,所以准妈妈要调节好自己的心情。

胎教课堂 | 抚触刺激胎儿脑部发育

本周的胎教原则和重点是：促进胎儿脑部的发育。

在怀孕的最后阶段，胎儿的各项机能已基本发育完善，这时准妈妈如能定期对胎儿进行抚摸，轻轻推着胎儿转动，人为地使胎儿在宫内移动，就会增加胎儿的运动能力，有利于胎儿寻找平衡的感觉，很好地促进胎儿脑部的发育，使胎儿可以更聪明地成长。

施行过这类胎教训练的胎儿，出生乃至长大后，其对旋转的适应能力也表现得比其他人强。这是因为人的前庭系统位于脑干中央，并与内耳紧密相连，胎儿期最早发育的脑神经系统就是听觉系统，而前庭系统早在母体妊娠第16周就开始活动了。胎教时，有规律地缓慢地推着胎儿转动，使胎儿耳朵半规管里的液体保持流动，刺激前庭系统的平衡与协调功能，也就刺激了大脑的发育，使大脑产生更多的树突和联结。

饮食胎教 | 不可溶纤维防治便秘

【营养重点】

怀孕越到后期，准妈妈的便秘也就越严重了。因此，为了保证准妈妈消化系统的健康，同时为了维持准妈妈的血糖水平，建议准妈妈多吃一些纤维含量丰富的食物。食物纤维分为两种，即可溶纤维和不可溶纤维。可溶纤维容易让人产生饱腹感，让糖分稳定地进入血液；不可溶纤维可以让食物更快地通过身体，防治便秘，借助排便来清除体内废物。

【食补指导】

这周，准妈妈在饮食上需要遵守以下这些原则：

1. 由于食欲持续大增，准妈妈的体重增幅很大，为了避免生产时分娩困难，准妈妈在本周除了要注意均衡饮食营养，还要适当减少高脂肪、高热量食品的摄入量，同时适当增加维生素食物的摄入量。

2. 妊娠7个月的准妈妈最好少吃寒凉饮食。本周不再需要额外进补营养物质，只要按正常饮食去摄入营养即可。

3. B族维生素是准妈妈本周最需要摄入的营养物质。B族维生素不仅可以参与体内的多种物质代谢和生理反应，而且对缓解孕期紧张情绪、消除疲劳也有很大好处。另外，准妈妈饮食应继续坚持低盐、高钙、高铁的原则，以预防妊娠高血压和贫血的发生。由于此时胎儿正处于大脑快速发育时期，准妈妈还应该多吃核桃、芝麻、花生等健脑的食品。

【饮食推荐】

鱼吐司

鱼肉含有优质蛋白质、氨基酸、不饱和脂肪酸及丰富的维生素A和维生素D。常吃鱼肉不仅可以为准妈妈补充营养，促进胎儿的大脑发育，还能增加准妈妈的食欲。

材料：吐司面包、净鱼肉各150克，蛋清1个，料酒、淀粉、盐、葱花、姜末、甜酱、白糖、麻油各少许。

做法：将吐司面包的边皮去掉，并切成4块4～5毫米厚的片；鱼肉剁成泥，加入蛋清、葱花、姜末、料酒拌匀。将调配好的鱼泥分4份，分别抹在4块切好的面包上，仔细抹平，锅内放入猪油，烧至五成热，放入鱼吐司炸至金黄色捞出。将每块炸好的鱼吐司再切成8小块，仔细码入盘中，用甜酱加少许清水、白糖混合均匀，倒入盛放吐司的盘

苹果时蔬手卷

苜蓿芽纤维质含量丰富，可以促进消化，另外，蛋白质、维生素和矿物质的含量也颇丰富，常吃可以防止过氧化，并能美化肌肤、减肥。紫菜含有丰富的维生素 A、维生素 B_1，能够调节体液、消除下半身浮肿。

材料：紫菜皮1张、苹果半个、芦笋3根、苜蓿芽适量。

做法：将苹果去皮，切成长条；芦笋入沸水焯熟，放凉备用。将紫菜皮卷成筒状，塞入一半的苜蓿芽垫底，再塞入苹果条、芦笋，再放入剩下的苜蓿芽即可。

运动胎教 | 热门健身运动——孕妇普拉提

【运动说明】

普拉提一直是风靡欧美各国的热门健身运动，如今，普拉提成了专门的女性美体运动和孕妇健身、产妇恢复体形的热门运动。曾经，普拉提的倡导者、普拉提身体控制中心创始人林·罗宾森曾在英国名模伊丽莎白·赫莉怀孕期间做过她的个人身体教练，通过一系列的实验发现，普拉提是一种很适合孕妇做的运动。

孕妇普拉提运动，是针对女性孕期所经历的种种机体变化，在传统的普拉提运动基础上，专门针对孕妇修改、设计的一系列改良保健操，包含了三种不同的锻炼动作，满足了孕妇在怀孕早、中、晚三个时期的不同需要。这种运动不仅有助于准妈妈保持身体健美，也能为分娩做好准备，并且有助于其在产后迅速恢复。

但要注意，平时运动时心率过快的准妈妈及运动中出现晕眩、恶心或疲劳等情况的准妈妈，最好不要进行运动。如果在运动中发生腹痛或阴道出血等情况，就要立即停止运动，并及时就医。另外，准妈妈做孕妇普拉提时，着装要宽松舒适，鞋要合脚轻便；运动中及时补充水分，防止虚脱；注意保暖，以免着凉；最好在空气清新、绿树成荫的场所锻炼，这对母体和胎儿的身心健康均有好处。

【运动方法】

下面，我们提供4种孕妇普拉提的动作便于准妈妈参考练习。

普拉提式的侧腔呼吸

这种呼吸方式的的要点是：准妈妈在吸气时，尽量让肋骨感觉向两侧扩张，吐气时则要让肚脐向背部靠拢。

这种呼吸方法可以使准妈妈身体深层的肌肉都得到锻炼，有助于加强腹肌和骨盆底部的收缩功能，有助于准妈妈顺利生产。另外，这种呼吸方法也锻炼了准妈妈的肺活量，能保证她们在生产时呼吸得更加均匀、平稳。

力量型训练——蹲举运动

双手自然下垂，两脚分开与肩同宽，脚尖正对前方，然后吸气往下蹲，蹲到大腿与地面呈水平，吐气站立。下蹲时，应注意膝盖不能超过脚尖，鼻尖不能超过膝盖。每个动作重复12～15次，一周锻炼3～4次。

蹲举运动很适合怀孕到这个时期的准妈妈练习，因为此时随着怀孕月份的增加准妈妈的肚子越来越来，腿脚所承受的压力也越来越大，蹲举动作不但可以锻炼腿部耐力，还可增强呼吸功能及大腿、臀部、腹部的收缩功能。

举哑铃、杠铃

可选择一些小重量的哑铃和杠铃，一边用双

臂托举，一边配合均匀的呼吸。这样不但可以锻炼手臂耐力，加强身体控制，还可以增强腹肌收缩功能和腰部肌肉的柔软性。

坐姿划船及坐姿拉背

1. 坐姿划船。平坐在椅子上，双手向后拉固定在前方的橡皮筋，来回水平运动。

2. 坐姿拉背。平坐在椅子上，双手向下拉固定在头顶的橡皮筋。

这组动作每个重复15次左右，每周练习3～4次。此运动可以有效增强臂力及背部肌肉力量，这样准妈妈在生产时，臂肌和背肌就能够均匀用力，有助于顺利生产。

【运动功效】

普拉提运动对准妈妈来说益处是非常多的。通过练习普拉提，可以加强准妈妈的腹部力量，同时有稳固脊柱的作用。准妈妈通过锻炼，加强了骨盆底肌的力量，这对分娩是很有帮助的，可以增强准妈妈的耐力。普拉提运动还可以帮助准妈妈锻炼出更强韧的腹肌，减少严重的肌肉分离现象，缓解准妈妈背部的疼痛感，校正体态，控制骨盆倾斜度，改善血液循环，改善睡眠，并能预防静脉曲张和腿部抽筋。

按摩胎教 | 幽静、清香的芳香按摩

【按摩说明】

芳香按摩是一种比较新奇的孕妇按摩方式。法国化学家加德弗塞在1928年创立了"芳香疗法"这个概念，广义上来说是指利用萃取自植物的香气来达到恢复身体健康的目的，而香气则来自于从草木、花朵、水果及各种植物中所提炼出的"精质油"，也就是我们平时所说的精油。芳香按摩法在普通人群中广受欢迎，那么准妈妈们是不是也可以做芳香按摩呢？

在芳香按摩中，适宜准妈妈使用的精油是非常少的。适合准妈妈使用的精油有：苦橙花精油、苦橙精油、甜橙精油、橙叶精油、橘子精油、柠檬精油、茉莉精油、茶树精油、红柑精油、天竹葵精油、葡萄柚精油、针叶松精油。

在接受芳香按摩时，准妈妈切记不要使用纯植物精油直接接触皮肤（手心除外）。在按摩前，应先加配99%的媒介油，调成浓度为1%的复合精油。一次最好只使用一种精油，而且用量宜少不宜多。每周使用精油按摩的次数最多不能超过4次。

【按摩方法】

针对准妈妈不同的身体状况，芳香按摩的手法也有差异。下面就来介绍几种常见的按摩方法。

晨呕

在一大碗刚烧开的水内滴入2～3滴绿薄荷精油，放在靠近床头的地上，绿薄荷精油里的分子被热水蒸发后，气味弥漫在屋内空气中，准妈妈闻了可以缓解头痛和呕吐。

睡眠质量下降

将2滴檀木香或杉木香精油滴在插电的熏蒸炉或热油皿里，放在卧室墙角的地上，准妈妈闻了可改善睡眠质量。

妊娠纹的预防

将50毫升荷荷芭油和12滴橘精油（或12滴苦橙花精油）混合均匀，每天洗完澡后将混合的精油涂抹在胸部、腹部、臀部、大腿等容易发胖的部位，并轻柔地推开、按摩，这样可以预防妊娠纹。

痔疮

每晚洗澡后，将20毫升甜杏仁油与4滴橘（或苦橙精油）混合调好，轻轻按摩在肛门部位。

怎么办，我第一次做胎教

便秘

以顺时针方向将50毫升荷荷芭油和10滴橘或甜橙（或苦橙花精油）混合调好的油轻轻按摩在腹部，按摩后盖上一条厚浴巾或热敷一个暖水袋。

【按摩功效】

很多准妈妈虽然对气味非常敏感，但却很容易接受精油的香气，对这种通过香薰按摩放松的方式也并不排斥。芳香按摩可以消除疲劳、增加皮肤弹性、预防妊娠纹的生长，更能消除孕期出现的一些不良反应。只要使用手法得当，还是很适合准妈妈们的一种按摩方式。

情绪胎教 ▎微笑是胎儿的最好胎教

孕早期，胎儿的各器官正处在重要的形成时期。如果在这一时期准妈妈经常出现情绪波动，就会造成胎儿生长发育畸形。准妈妈如果心情愉悦，就可以促使大脑皮层兴奋，使自身的血压、脉搏、呼吸、消化液的分泌均处于相互平稳、相互协调的状态。这不仅有利于准妈妈自身的身心健康，还能改善胎盘供血量，促进腹中胎儿的健康发育。

> **▎小贴士 ▎准妈妈情绪低落的饮食指导**
>
> 准妈妈情绪无法高涨起来，不妨多吃些坚果类食物，这些食物含有蛋白质和十几种重要的氨基酸，还含有维生素B_1、维生素B_2、维生素B_5、维生素E及钙、磷、铁、锌等营养物质，可以起到调节情绪、预防抑郁症的作用。因此，无论是对准妈妈，还是对胎儿，坚果都是补脑、益智的佳品。另外，学会自我调节情绪，情绪不佳时，做些能让自己快乐起来的事。

其他胎教 ▎准爸爸要做的怡情胎教

孕期里，准妈妈和胎儿间的心理相互作用、生物节律的逐渐同步，以及听觉、视觉、动觉、触觉的相互感应，为双方建立了密切的信息沟通。准妈妈的不良情绪会通过神经系统的调节而影响内分泌系统，产生相关激素，从而通过胎盘的血液循环影响胎儿的情感、性格或心理的发育，最终可能导致胚胎分化异常，生出唇腭裂等畸形儿。

准妈妈情绪激动时，胃液分泌减少，肠功能减退，食欲也不佳，这样，腹中胎儿就不能获得充足的营养，就无法正常地生长发育。准爸爸也不能做旁观者，要一起参与进胎教活动中来。

比如，准爸爸可以通过讲笑话、故事、回忆初恋等多种形式帮助妻子免遭不良情绪的刺激，保证妻子的情绪与心理处于最佳状态，达到妻子与胎儿进行最佳的信息沟通与情感交流。

第 26 周

经过一周的时间，胎儿的生长又发生了惊人的变化，开始了以堆积脂肪为主的生长发育方式。此时，胎儿对声音的敏感程度超过了以往任何时候，所以，准妈妈说话时要多加注意了，因为你的言谈会被胎儿听得一清二楚。

胎儿在成长 | 宝宝到底有多大啦

胎儿现在的体重增长得真快啊，只过了一周的时间，就增加了近200克，现在，他（她）大约有750克重了。本周开始，小家伙的脂肪累积速度非常快，到出生时，体重要比现在增加3倍多。脂肪的堆积可以保证胎儿出生后，快速适应子宫外的较低温度，其出生后头几天的热量和能量全靠脂肪来提供。

胎儿的眼睛、嘴唇、鼻孔正在慢慢形成。对他（她）来说，本周将是他（她）听力和视力发育的重要里程碑。他（她）的听力系统，从第18周发育到现在已经完全形成，耳蜗和外耳感觉末端器官发育得非常成熟，他（她）对声音越来越敏感，外界传入子宫的声音帮助了他（她）耳朵的发育。

准妈妈变化 | 宝宝让我"孕味"十足

本周开始，准妈妈很难再安稳舒适地睡觉，不断地去卫生间、找水喝、吃零食以及胎儿的胎动都使准妈妈的睡眠支离破碎。背部的疼痛越来越明显，这与准妈妈重心的转移有关。走路、站立、长时间坐着及弯腰提东西等动作，都可能会对准妈妈的背部造成压力。准妈妈的体态也越来越臃肿，行动也变得笨拙了许多，还会有更多的不适感，如腰背痛、盆腔压迫感、大腿痉挛和头痛等，甚至偶尔还会出现心律失常的情况。这些不适感如影随形地伴随着准妈妈，使准妈妈叫苦连天，希望"苦日子"能赶紧过去。

距离分娩的日子越来越近，准妈妈的心态变化让准妈妈觉得心神不安，难以成眠，甚至经常做一些记忆清晰的噩梦。下肢水肿情况越来越严重，最好不要长时间站立或行走，休息或睡觉时要把脚垫高些，这样可能会缓解这些症状。

胎教课堂 | 胎儿时期的记忆力

本周的胎教原则和重点是：增强胎教信心，胎儿也有记忆力。

日本在最新的研究中把音响信号换为节奏感较强的儿歌，拿给孕晚期的胎儿听，胎儿对此居然可以形成记忆，当再次听到这些儿歌时，心脏跳动就会明显加快，而且胎儿出生后再听这些儿歌，仍会做出同样的反应。但是这一现象到出生后两三个月时就消失了，半永久性记忆一般在3岁以后才形成。

饮食胎教 | 热牛奶帮助准妈妈安然入睡

【营养重点】

在关注各种营养补充的同时，建议准妈妈们注意补充充足的水分。到了本周，准妈妈的确很难有一个完整的睡眠了，身体的不适总是打断你的美梦，甚至有时候觉得入睡困难。鉴于这种情况，准妈妈不妨在睡前喝杯热牛奶帮助入睡，在晚饭时多吃些含碳水化合物的食品，也会有助于加速睡眠。睡前最好在床边放一大杯水，晚上就不用起床了。

【食补指导】

进入怀孕的最后阶段，饮食上还要注意均衡营养，本周的饮食要点有如下几点：

1. 不宜多吃动物脂肪，日常饮食还要以清淡为主，水肿明显的准妈妈要控制盐的摄入量。多吃富含B族维生素、维生素C、维生素E的食物；忌用辛辣调料，多吃新鲜蔬菜和水果，适当补充钙质。

2. 继续补充铁元素，另外多吃一些富含维生素C的食品，以帮助身体吸收更多的铁质。

3. 大部分维生素无法在体内合成，必须通过食物补充，但在烹饪过程中又特别容易损失，所以要注意烹调方式，以防维生素流失。绿叶蔬菜应先洗后切，蔬菜入锅后要用快火急炒。

【饮食推荐】

鸭血豆腐汤

豆腐能够补钙，鸭血能够补铁，加之以酸辣味道调味，更能促进准妈妈对钙质和铁质的吸收。

材料：鸭血50克，豆腐100克，虾米、香菜、高汤、醋、盐、水淀粉、胡椒粉各少许。

做法：将鸭血、豆腐洗净，切块。锅内放入高汤，煮开后加入鸭血块、豆腐块、虾米炖熟，加醋、盐、胡椒粉调味，最后以水淀粉勾薄芡，出锅时撒上香菜即可。

牛奶花蛤汤

准妈妈在孕期需要大量的钙质和蛋白质来满足胎儿生长发育的需要，因此应常食补充蛋白质和钙质的食物，而牛奶和花蛤都含有丰富的蛋白质和钙质。

材料：花蛤500克，鲜奶200克，鸡汤200克，红椒1只，姜片3克，盐3克，白糖2克，胡椒粉、植物油少许。

做法：盆内加水，放入少许盐和几滴植物油，将花蛤放入水中浸泡半小时，使其吐净泥沙，锅内烧开水，放入花蛤煮至开口，捞起后去壳；红椒洗净切成碎丁。热锅热油，先放入红椒碎、姜片爆香，再加入鲜奶、鸡汤煮沸，放入花蛤肉，用旺火煮1分钟，最后加入盐、白糖、胡椒粉调味即可。

运动胎教 | 横扫心灵压力的普拉提呼吸法

【运动说明】

普拉提的呼吸法简单易学，对练习场地的要求也不高，在家里就可以轻松地进行锻炼。准妈妈采用这种呼吸锻炼法，可以使肉体和心灵的压力一扫而空，帮助其放松心情。

【运动方法】

1. 仰卧在地板上，放松颈部，保持脊椎自然弯曲。吸气后，慢慢吐气，同时收缩腹部并隆起上体。

2. 仰卧在地板上，收缩腹部，双脚离地。背部尽量贴紧地面，同时放松颈部。呼气时把脖子梗起来，使头部离开地面，同时提膝并靠近上身。

3. 俯卧于地板上，头顶向前顶，沉肩，收缩腹部的肌肉，将肚脐部抬离地面，吸气并且抬头，手臂和胸部离开地面，背部肌肉收紧，呼气后再慢慢放下。呼气时上身躯干静止，将两腿抬离地面，抬到背肌不过度紧张的高度。

4. 双手撑地，呈俯卧撑的姿势，腹部、臀部收紧，身体躯干呈一条直线，静止20秒，身体中心躯干轻轻地上下移动，抬起、放下，反复做12～15次。

5. 身体呈俯卧撑的姿势，和动作4的前半部分一样。然后抬起左腿，同时吐气，注意髋关节不能移动，放下左腿的同时吸气，再换抬右腿时吐气，确保你的髋部不移动、背部挺直，还要做到沉肩，并尽可能伸长颈部，两腿轻轻地交替抬起、放下，保持均匀的速度，反复做2～3次。

【运动功效】

普拉提的呼吸练习法可以帮助准妈妈放松心情、缓解压力、净化心灵。

按摩胎教 ｜ 橄榄油按摩全身，预防妊娠纹

【按摩说明】

从怀孕3个月起，准妈妈就可以坚持用橄榄油进行全身按摩了。准妈妈最容易出现妊娠纹的地方是腹部、大腿、胸部、臀部及背部，持续对这些地方用橄榄油进行按摩，就可以预防妊娠纹的出现。

【按摩方法】

腹部

在手心倒入适量橄榄油，以肚脐为起点按顺时针方向不断画圈按摩，由小圈至大圈一圈一圈向外扩散，直到整个肚皮被均匀地涂满橄榄油。

大腿

往手心倒入橄榄油，以膝盖为起点由后侧往上推按至髋部，共推按10次。

胸部

往手心倒入橄榄油，以乳沟为起点，用指腹由下往上、由内往外按摩乳房。

臀部

双手涂上橄榄油，由臀部下方，以手腕力量由内至外按摩至臀部上方。

背部

双手涂上橄榄油，由脊椎的中心往两侧推按10次。

【按摩功效】

这种按摩方法可以滋润和营养皮肤，使皮肤变得细腻有光泽，并且可以促进血液循环和皮肤的新陈代谢，帮助准妈妈预防妊娠纹的产生。

情绪胎教 ｜ 准爸爸的"情绪胎教"

孕育胎儿不是准妈妈一个人的事情，准爸爸也有关爱准妈妈和胎儿的责任和义务。其实，胎儿聪明、健康与否，不仅取决于母亲，父亲也是同等重要的因素。特别是在情绪胎教中，准爸爸所起到的作用非常明显。情绪胎教，是通过对准妈妈情绪的调节，使之精神、心情和情绪达到最好的状态，创造出和谐的氛围与祥和的心境，并通过胎盘神经递质传递给腹中胎儿，促使胎儿的大脑得以良好地发育。准妈妈在妊娠期情绪低落、高度紧张的状态下，就会生出智力低下、个性怪癖、容易激动的宝宝。因此，在使准妈妈情绪保持良好状态的任务中，准爸爸也成了相当关键的因素。

准爸爸要做好以下四项工作。

当好"后勤部长"

准妈妈在孕期由于身体不适、负担很重，加之一个人要负担两个人的营养，就会感到非常疲劳。在这种情况下，准妈妈无法自己做所有事情，更没法全面地给自己合理的照顾。准妈妈如果营养不良或体力不支，就会影响胎儿的智力发育。所以，准爸爸要做好准妈妈的"后勤工作"，尽心尽力当好妻子和胎儿的"后勤部长"。

丰富生活情趣

准爸爸应多陪妻子到环境清新的公园、树林

或田野中去散步、做做早操、晒晒太阳。让准妈妈感到体贴与温暖的关怀,心情就会变得舒畅惬意起来,这对胎儿的发育也非常有好处。

风趣幽默处事

准妈妈在孕期由于激素分泌增多,就会产生身体不适、情绪不稳定的情况。这时,准妈妈特别需要向丈夫倾诉内心的不安与紧张,准爸爸在这时就要发挥自己风趣幽默的语言风格,多给妻子以宽慰和开导,让妻子情绪稳定下来。

协助妻子胎教

胎教不是准妈妈一个人的事情,准爸爸也要参与其中。有准爸爸参与的胎教才会对胎儿起到更好的效果。准爸爸用温柔的手法对胎儿进行抚摸,用那充满磁性的声音与胎儿"交谈",都是生动有效的情绪胎教。

其他胎教 | 胎教新法——养神益智修教养

好的胎教是准妈妈通过加强精神品德的修养、怡情养性、拥有一个舒适愉快的环境与心境,给胎儿以良好的影响,促进其智力的发育。胎教最重要的目的是养神益智,它不同于安胎护胎。这种胎教的要点主要有:

1. 加强思想品德的修养,培养高尚的情操和美好的心灵,就要专心致志地工作和学习,去赢得事业的成功和快乐。准妈妈要胸怀开阔,乐观豁达,无私心杂念,不患得患失。形成知足常乐、宽厚待人、言行举止端庄大方的性格,这样的修养可使胎儿禀气纯正,对胎儿良好气质与性格特征的形成有良好作用。

2. 准妈妈遇事要冷静,使心静于内,不为七情所伤,摒弃孤独、忧伤和烦恼的心境,始终保持稳定、乐观的情绪。这样可以使气血和顺,有利于胎儿的生长发育。

3. 准妈妈多接触美好的事物,使秀气入胎,回避淫邪、行凶、丑陋等不良刺激,给胎儿一个良好的生长发育环境和美好性格形成的心境。

4. 准妈妈应在胎儿感觉系统机能发展的最佳时期,及时对胎儿进行有计划、有步骤的感觉功能与动作训练,以促进各种感官与大脑的信息渠道形成稳定的联系,这样有助于胎儿各器官系统更好地发育。

第27周

虽然待在子宫里,可胎儿也有了自己的生活规律。他(她)是个"有大脑,会思考"的孩子,听、看、触、味、嗅觉都已得到全面发育。准妈妈可不要小看他(她),更不要试图去打破他(她)的生活规律,小心胎儿对你做出"反抗动作",使劲踢你的肚子。

胎儿在成长 | 宝宝到底有多大啦

胎儿发育到本周,已经有了睡眠周期。体重已经达到900克、身长达到38厘米。本周大脑皮层表面开始出现特有的沟回，脑组织增长很快，大脑活动非常活跃。胎儿又增长了一个本事，那就是打嗝，他（她）每次打嗝都会持续几分钟，这使你可能感觉到胎儿在有节奏的运动。

发育到27周的胎儿听觉进一步发育，等到32周左右就会发育完全了。胎儿此时对外界的声音刺激很敏感，反应也比较明显，并且开始在子宫内记忆听到的声音。胎儿的味觉也越来越完善了，已经达到能够分辨甜味或苦味的程度。嗅觉的完善发育让胎儿掌握了寻找母乳的本领。

准妈妈变化 | 宝宝让我"孕味"十足

现在，胎儿填满了准妈妈的子宫，子宫的位置已经接近准妈妈的肋缘了，这会使准妈妈经常感到气短。本周，当胎儿踢腿和转身时，准妈妈可能看见胎儿骨骼较大的膝盖和肘部使你的腹部鼓起一个小包。由于身体负担加重，重心偏移，准妈妈乳房的胀痛感更加明显。还有些准妈妈这时会发现乳房偶尔会分泌出少量乳汁。由于肠蠕动减慢，直肠周围血管受压，使不少准妈妈的便秘现象加重。

准妈妈的胸部和腹部开始出现萎缩纹，肚子大到自己洗脚和系鞋带都很困难，腿部的抽筋现象越来越严重。晚上抽筋的概率也越来越高，如果这些让你感到特别不适应，可以通过伸展小腿肌肉，脚趾向前伸直，然后向胫骨处勾脚，来起到一定的缓解作用。

胎教课堂 | 孕后期将胎教进行到底

本周胎教原则与重点是：将胎教进行到底！

到了怀孕的最后阶段，准妈妈由于身体的诸多不适，常常会无心给胎儿做胎教，因此放弃对胎儿进行最后训练和教育的机会。但岂不知，这样不仅会影响前期胎教对胎儿的训练成果，而且也会对准妈妈的身体和生产准备产生不良的影响。其实，在怀孕晚期，正是胎儿各项功能发育到相对完善的时期，这时候对胎儿进行合适的胎教训练，所收到的效果将是之前的很多倍。准妈妈做一些适当的运动，可以给胎儿躯体和前庭感觉系统自然的刺激，促进胎儿的运动平衡功能，还可以巩固胎儿在孕早期、孕中期对各种刺激已形成的条件反射。

其实无论准妈妈用哪种胎教方法，能自始至终地坚持到最后，才是最关键的要素。当然，这对准父母来讲都不是件容易的事情。但想想这一切都对你的胎儿有好处，你就不会觉得辛苦了，因为为了自己的孩子付出再多的时间、再多的精力、受再多的辛苦，也是值得的。把这作为动力，将胎教进行到底吧！

饮食胎教 | 细胞修复需要蛋白质与热量

【营养重点】

本周需要大量补充蛋白质和热量，因为胎儿的生长和准妈妈的细胞修复都需要这两种营养。肉、鱼、蛋、豆类都是蛋白质的最好来源，准妈妈不妨多吃一些。另外豆类食物中还含有丰富的蛋白质脂肪、维生素A、B族维生素、维生素D、维生素E以及铁和其他矿物质，是孕期补充营养的最好食物。

【食补指导】

准妈妈还应多吃一些谷物和豆类食品，如全麦类食品、豆类食品、粗粮等，这对胎儿的大脑

发育会产生重要作用，而且可以预防准妈妈便秘。当然，在胎儿的发育过程中，维生素也是不可缺少的营养元素。另外平时记得多喝水，每日保证喝6～8杯水，也可以有效预防便秘。

【饮食推荐】

芦笋炒虾仁

虾仁含有丰富的矿物质，易消化、易吸收，准妈妈常吃虾仁可以补充蛋白质、矿物质。芦笋含有多种维生素和微量元素，能增进食欲、帮助消化。

材料：熟虾仁400克，芦笋少许，植物油、酱油、米醋、白芝麻、姜末、圣女果各适量。

做法：将酱油、米醋、姜末混合均匀备用；用植物油炒白芝麻，直到白芝麻变为金黄色，捞出备用。热锅热油，放入芦笋翻炒至熟软，再加入圣女果、熟虾仁翻炒，淋入调好的酱油、米醋和姜末混合的汁料翻炒拌匀，出锅前撒上熟白芝麻即可。

白酒蛤仔面

文蛤的软体部分富含丰富的氨基蛋白质和多种维生素，以及矿物质、多糖及核酸、微量元素，它一直被当做传统中药，用来调节身体、补充营养。

材料：文蛤200克、洋葱100克、罗勒20克、意大利面120克、橄榄油1汤匙、白酒1茶匙、奶油10克、蒜末1茶匙、盐1/4茶匙、白胡椒粉1/4茶匙、香菜末适量。

做法：将意大利面放入沸水中，小火煮熟，取出泡入冰水中，待凉后捞出，沥干水分备用；洋葱洗净、切丁；罗勒去梗、洗净、剁碎；文蛤洗净，放入锅内加热至开口后取出，去掉壳备用。热锅烧热橄榄油，放入蒜末、洋葱、奶油炒香，再加入白酒、文蛤与煮好的面条炒匀，最后加入盐、白胡椒粉及罗勒拌匀，出锅后撒上香菜即可。

运动胎教｜孕妇瑜伽的基础呼吸法

【运动说明】

瑜伽胎教是个不错的胎教方案，它的优点和好处真是数不胜数。当准妈妈用运动法、呼吸法和冥想法达到身心的宁静时，这给胎儿及母体本身带来的好处都是不可估量的。

使用运动法可以舒展身体肌肉，锻炼准妈妈的身体；冥想法可以平静心态、愉悦心灵；呼吸法可以强化生命力，调节气在母体内的运行方式。

【运动方法】

孕妇瑜伽的呼吸法可是最基础的练习，是迈出练习瑜伽动作的第一步，下面就让我们来学习一下正确的瑜伽呼吸法。

1. 仰卧，屈膝，两膝靠拢，双脚分开至略比臀宽。全身放松，双手放在腹部，鼻子深吸气，有意识地让吸入的空气到达体内手下方的位置，让气流带动两手自然分开，如此深呼吸10次。再将双手放至乳房下方，重复上述呼吸法10次，再将双手放在乳房上方锁骨以下的位置，做深呼吸10次。最后将双手放在身体两侧，手心朝上，以平常的方式呼吸10次，放松身体。

2. 由仰卧、身体放松的状态再开始，缓慢深呼吸，让空气逐渐从肺底部至中部，最后到顶部充满整个肺。呼气时，先呼出肺顶部的空气，接下来呼出肺中部的空气，最后是底部。如此重复缓慢深呼吸10次，再以平常的呼吸方式放松身体。

【运动功效】

瑜伽呼吸法是练习瑜伽动作的基础，这种呼吸方法可以缓解准妈妈由于怀孕带来的身体和心灵上的压力，舒缓其情绪，并使母体内的各器官活动效率增高，让人身体有轻松愉快的感觉。在呼吸练习时，准妈妈会感到精神振奋、心情愉快，身体内部气流涌动顺畅，这对胎儿的脑部发育产生了正面的、积极的作用，并且由于母体的情绪十分安静、平和，胎儿在这样的情绪中发育生长，也会更加健康、强壮。

按摩胎教｜按摩可减轻膀胱负担

【按摩说明】

由于胎儿生长发育得越来越大，对准妈妈的膀胱造成挤压，使膀胱长期处于负重的状态，很容易引发漏尿、尿失禁等问题。因此，准妈妈应进行一些相应的按摩，对减轻膀胱的负担会有很明显的效果。

【按摩方法】

1. 准妈妈采取半卧位，双脚外侧与床面相接触。先将双手搓热，手掌相叠在腹部处膀胱位置以顺时针和逆时针方向各揉按20次。再将臀部肌肉缩紧，双手掌根分别在小腹部中央位置用微力下压，再匀速向下推移至耻骨联合部，如此反复按摩3分钟。

2. 准妈妈采取半卧位，像忍大小便一样，将肛门上提或者将阴道收缩，然后放松，如此反复进行5～10分钟，再按摩双足涌泉穴各10次。

【按摩功效】

这套按摩手法可以加强准妈妈骨盆底肌肉的韧性，预防准妈妈膀胱下垂或者尿道错位，减轻膀胱的负担，同时还有助于顺利分娩，防止产后阴道松弛。

情绪胎教｜准爸爸的微笑胎教

胎教不是准妈妈一个人的事，准爸爸在胎教中也扮演着非常重要的角色。我们都知道准妈妈的情绪可以影响胎儿的生长发育，很少有人知道，准爸爸的情绪对胎儿生长发育也有极大的影响，因为准爸爸的情绪常常影响着准妈妈的情绪。准妈妈心情了愉快，这种良好的心态和情绪就会传递给腹中的胎儿，让胎儿也感觉愉快。

因此，准爸爸要在妻子怀孕期间多关怀体贴妻子，切忌使妻子大悲大怒，更不要与妻子吵骂争斗。准爸爸经常微笑，对生活充满激情与向往，准妈妈自然也会被感染，用富有朝气的劲头去对待生活。在夫妻感情融洽、家庭气氛和谐、心态良好的情况下，就能生出更健康、聪慧的宝宝。

> **小贴士｜夏日静心瑜伽之哈达瑜伽**
>
> 准妈妈双手合十站立，双脚站稳，先缓慢抬起右脚，抬至大腿内侧，尽量沿腿内侧向上抬，双手伸展至头顶，持续保持手掌相合，努力使右腿内侧与骨盆齐平，保持此姿势5～15秒。

其他胎教｜缤纷的色彩胎教法

色彩是日常生活中不可缺少的一部分，它在对胎儿的胎教中也能起很大的作用。

爱美是女人的天性，怀孕的女人也不例外。衣着鲜艳，再加上美丽的笑脸，这本身就对胎儿是种很好的影响了。因此，我们不妨对胎儿进行一些简单的色彩胎教，让胎儿可以拥有一个活泼开朗的性格，对色彩也变得敏感起来。

色彩能给人的视觉产生很大的影响和刺激，是人的第一直观感觉，并且可以直接影响到人的精神和情绪。不同的色彩可以给人以不同的心境，

我第一次做胎教怎么办，

红色可以让人热情起来，蓝色让人觉得忧郁安静，绿色可以给人生命的气息……随着看到的色彩不同，你的心情也会产生不同的变化。可以说，使人不舒服的色彩如同噪声一样，令人烦躁不安；协调的色彩则可以给人一种美的享受。

准妈妈由于阴血聚以养胎，多产生阴血虚、阳气胜的情况。这就导致准妈妈往往容易火气大、烦躁易怒，如果有意识地使准妈妈接触一些偏冷的色彩，如绿色、蓝色、白色等，可以帮助其调节情绪，使其保持淡泊宁静的心境，那么腹中的胎儿也会受其影响，可以平和地健康成长。鉴于色彩对准妈妈情绪的影响，红、黑、灰等颜色最好不要被准妈妈接触到，以免使其产生烦躁、恐惧及悲伤的心理，从而影响胎儿的健康成长。

下，胎儿也是可以进行呼吸的。胎儿现在可以睁开眼睛，睫毛已经完全长了出来，并且还可以把头转向任何一种让他（她）能感受得到的光源。他（她）的手指甲正在萌出，脂肪层也开始形成，这是他（她）在为子宫外的生活做准备。

胎儿现在会经常用小手、小脚在准妈妈肚子里拳打脚踢，他（她）甚至还会自己翻身，把你的肚子顶得一会儿这里鼓起来，一会儿那里又鼓起来。当然，他（她）也有安静的时候，并不是每时每刻都在动。从现在开始，准妈妈最好可以把胎儿每一次有规律的胎动都记录下来，以备不时之需。

准妈妈变化 | 宝宝让我"孕味"十足

假宫缩的状况本周开始发生，准妈妈偶尔会觉得肚子一阵阵发硬、发紧，所以，准妈妈最好避免走太远的路，站立的时间不要过长。越临近分娩，准妈妈的行动就会越来越不便，适当地参加些分娩课程，多了解些与分娩有关的内容，准妈妈的心里就会踏实些，心情也会放松些。

准妈妈身体的新陈代谢使氧气量消耗逐渐增大，活动后容易气喘吁吁。由于身体重心转移到腹部下方，这时只要身体稍微失去平衡，就会感到腰酸背痛或腿脚肿痛。准妈妈的心脏负担也在

第 28 周

又将结束一个月的怀孕周期了！记录有规律胎动的时候到啦，这可以让你防备不时之需，并且更好地了解宝宝的作息规律。假宫缩的症状开始出现，准妈妈又向分娩迈进了一大步。

胎儿在成长 | 宝宝到底有多大啦

胎儿现在体重约1200克了，几乎占满了整个子宫，随着子宫内空间逐渐变小，胎动也在减弱。胎儿的呼吸机能基本发育完成了，虽然肺叶还没有发育完善，但如果发生早产，在器械帮助

增加，血压开始增高，静脉曲张、痔疮、便秘这些麻烦都找上门来了。

胎教课堂 | 提早对胎儿进行记忆训练

本周的胎教原则与重点是：对胎儿的记忆进行"训练"。

经过专家学者长期深入的研究发现，胎儿对外界有意识的激励行为的感知体验是可以长期保留在他（她）的记忆中的，直到他（她）出生后。这些激励行为和感知体验对出生后作为婴儿的他（她），在智力、能力、个性等方面也均有很大影响。

实践证明，对胎儿进行记忆训练的胎教方式，会使出生后的婴儿具有以下优点：

1. 适应环境的能力强，容易照顾。
2. 动作协调性好，肢体功能发展快。
3. 语言能力强，智力发展快。

因此，在胎儿时期准妈妈就应该给胎儿进行一些有意识的激励，以引起胎儿兴奋，起到有效的刺激作用。

饮食胎教 | 矿物质防治先天疾病

【营养重点】

孕晚期补充矿物质是很重要的，钙、铁、碘、锌等营养元素的补充是这一周营养摄入的重头戏。如果缺乏矿物质，准妈妈就会出现贫血、腿抽筋、易出汗、惊醒等症状；对腹中胎儿而言，则可能增加其先天性疾病的发病率。

【食补指导】

本周对各种微量元素的补充也要相应增加。专家认为，健脑食物含有较多的不饱和脂肪酸，不饱和脂肪酸可以促进脑细胞发育，鱼和贝类就是这样的食物。另外，为了预防水肿，准妈妈还可以多吃一些鲤鱼、鲫鱼、黑豆、冬瓜等有利水作用的食物，以利于体内水分由肾排出，缓解水肿症状。

准妈妈有时会感到阵痛，这可能是由于体内缺乏镁元素。镁元素的分布范围比较广泛，色拉油、绿叶蔬菜、坚果、大豆、南瓜、甜瓜、葵花籽和全麦食品中都含有镁元素。虽然这一时期准妈妈应多吃营养价值较高的蛋白质和含有矿物质、维生素的食物，但同时也要控制脂肪和淀粉类的摄入，避免增加分娩的困难度。

准妈妈此时在饮食上要重点强调营养的多样化、合理性，不偏食、不挑食，适当补充维生素A和维生素D，注意身体的钙、磷平衡和酸碱平衡。这样，才能满足身体的需要，对妊娠有益。

【饮食推荐】

火爆腰花

猪腰含有丰富的铁，人体对其的吸收、利用程度也比较高。胎儿的发育需要大量的铁，因此准妈妈应多吃一些补铁食物，这还能预防准妈妈

在孕期发生缺铁性贫血。

材料：猪腰100克，黄瓜1根，红泡椒碎15克，盐、白糖、酱油、醋、料酒、水淀粉、油、姜、葱、蒜各适量。

做法：黄瓜切片；猪腰切成腰花备用，盐、白糖、酱油、醋、料酒和水淀粉混合均匀成味汁备用。热锅热油，爆香葱、姜、蒜、红泡椒碎，加入腰花用大火爆炒1分钟，加入调好的味汁和黄瓜片再翻炒几下，最后待汤汁收干后关火盛出即可。

板栗核桃粥

核桃有补气养血、温肺润肠，以及治疗虚寒喘咳、腰脚疼、心腹疝痛、血痢肠风的功效，常吃可以开胃、通润血脉。但准妈妈要注意，食用核桃的量一次不宜过多，否则易伤脾胃。

材料：板栗50克、核桃仁50克、大米100克、盐3克。

做法：板栗去壳、切粒；核桃仁切粒，大米洗净。汤锅内加清水置于火上，将水烧开后放入淘净的大米，用中火烧约10分钟，倒入沙锅中，用小火煲至米花开，加入板栗碎、核桃仁碎，再煲20分钟，加盐调味即可。

运动胎教 | 瑜伽三式提高肌肉柔韧性

【运动说明】

准妈妈要达到强身健体、提高肌肉组织柔韧性和灵活性的目的，那么练习瑜伽就是最好的方式。瑜伽练习可以增强准妈妈身体的平衡感，刺激控制激素分泌的腺体，促进血液循环。另外，瑜伽练习还可以帮助准妈妈产后迅速恢复身材。但要注意，准妈妈在进行瑜伽练习时，应以自己的舒适度和承受力为限度选择适合自己的瑜伽动作进行练习，并要注意运动安全，同时保持平和的心态。

【运动方法】

山式

双脚并拢站立，脚趾伸展，膝盖用力向后绷直，脊柱向上伸展，肩膀放松，颈部挺直，目视前方，双臂向上尽可能的伸展，在达到极限的时候使双手互扣，拉开身体，保持伸展的姿势1～2分钟。

肩倒立

仰卧，双腿弯曲，提臀向上伸展双腿，双手支撑躯干推动向上，下巴收向锁骨，后脑勺、双肩和上臂着地，尽可能向上伸展双腿，保持2分钟。

束角式

坐稳，弯曲双腿，双脚脚心相对，膝盖下沉，脊柱挺直，目视前方或双眼内视鼻尖，呼吸稳定，呼气时身体前曲，尽量靠近地面，再吸气，保持吸气30～60秒，还原身体，放松双腿，重复此动作2～3次。

【运动功效】

山式练习可以增强准妈妈的活力，调整脊柱的不适，改善疲劳状况，缓解腰部和脚跟的不适感。肩倒立练习可以改善准妈妈失眠、便秘、神经衰弱、情绪不稳定的情况，缓解下肢的疲劳感，放松腰部，还可以改善子宫异位的情况。束角式练习可以给骨盆、腹部、背部供给足够的新鲜血液，使肾脏、膀胱保持健康，维持卵巢功能正常，避免静脉曲张，减少准妈妈的分娩痛苦。

按摩胎教 | 按摩关元穴等提高造血功能

【按摩说明】

准妈妈由于是一个人摄入营养，来供给两个

人的需要，因此其对营养的需求往往较平时大，经常会有营养缺乏的状况发生。准妈妈如果缺乏营养，就会导致身体免疫力下降，造血功能也因为没有足够的营养供给而逐渐降低，从而造成血液中血红蛋白量降低，引发妊娠性贫血。下面，我们来介绍通过按摩提高准妈妈造血功能、提高血红蛋白量的方法。

【按摩方法】

1．准妈妈仰卧在床上，放松全身，准爸爸或其他按摩者用双手食指轻轻按压准妈妈双腿的血海穴20次，接着，再用右手食指轻轻按压关元穴20次。

2．准妈妈坐稳，准爸爸或其他按摩者用双手拇指轻轻按压脊柱两侧的肾俞穴20次。再将准妈妈的脚搭在准爸爸或其他按摩者的膝盖上，用右手拇指轻轻按压右脚的涌泉穴20次，再换左脚按摩。最后，按压右脚照海穴20次，再换左脚按摩。

【按摩功效】

通过这组按摩方法，可以提高准妈妈身体的造血功能，增加其血液中的血红蛋白量，提高准妈妈身体的营养吸收能力。

其他胎教 | 刺激视觉的光照胎教

在环境胎教里，有一种光照胎教法。这种方法是通过对胎儿进行光照刺激，以训练其视觉功能，帮助胎儿形成昼夜周期规律。在胎儿的视觉系统发育健全后就可以开始实施这种胎教方法了，一般在怀孕24周左右即可开始用手电筒一类的光源对胎儿进行光照刺激。这时的胎儿开始对光有反应了，准父母可以用手电筒紧贴准妈妈的腹壁照射胎儿头部的位置，持续照射5分钟，还可反复开启、关闭手电筒，这时准妈妈可能会有胎动的感觉。准妈妈可以将这些感觉记录下来，如手电筒光源在怎样变化的情况下使胎儿有了怎样的胎动变化。过段时间可以从记录中总结出胎儿对光照刺激是否有特定的反应。

切忌在胎儿的睡眠时段进行光照胎教，这样会扰乱胎儿的正常生理周期。如能配合对话胎教和其他良性刺激，会收到更好的效果。

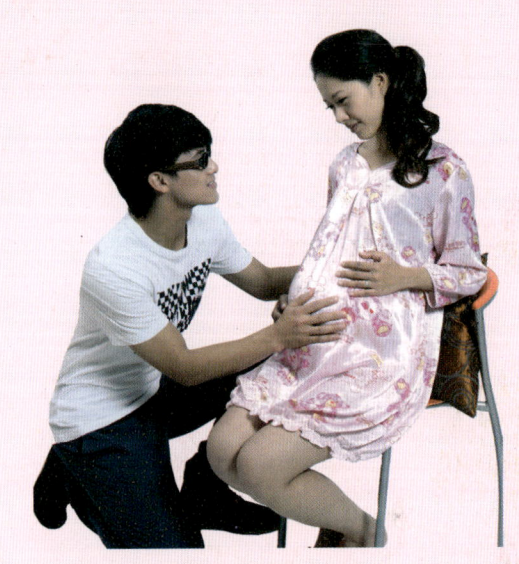

| 小贴士 | 夏日静心瑜伽之昆达利尼瑜伽

准妈妈跪坐，向上伸直手臂，双手手肘尽量靠近双耳，双手手指交叉，食指向上指，吸气时要带动肚脐压向脊柱，然后吸气，重复3分钟。

其他胎教 | 给胎儿讲"故事"的童话胎教

是不是可以从现在起，每天都给腹中的胎儿讲个胎教小故事呢？买本胎教小故事书，里面最好能

包含近百个小故事,这样就能保证你在怀孕周期里有足够多的新鲜的故事讲给胎儿听了。准妈妈或准爸爸要有感情地、绘声绘色地把故事讲给胎儿听。《小青蛙找妈妈》《小马过河》《小花狗最好的玩具》《小花猫和小白兔的故事》……这么多情节有趣的故事,腹中的胎儿怎能不喜欢呢?

| 小贴士 | 小马过河

马棚里住着一匹老马和一匹小马。

一天,老马对小马说:"孩子,你已经长大了,可以帮妈妈做点事了吧?"

小马蹦蹦跳跳地说:"当然可以!我很愿意帮妈妈做事呢。"

老马听了很高兴,说:"那好,你帮妈妈把这半袋麦子驮到磨坊去吧。"

于是,小马驮起袋子飞快地往磨坊跑去。跑着跑着,一条小河挡住了它的去路,河水哗哗地流着。小马为难了,心想:"这河水有多深呢?我能过去吗?如果妈妈在身边,问问她该怎么办,那多好啊!"可是离家太远了,妈妈又不在身边。

小马向四周张望着。这时,看见不远处一头老牛在河边吃草,小马"嗒嗒嗒"地跑过去,问道:"牛伯伯,请您告诉我,这河水深吗?我能蹚过去吗?"老牛说:"水很浅,刚没过小腿,你能蹚过去的。"

小马听了立刻跑到河边,准备过河。这时,突然从树上跳下一只松鼠,拦着它大叫:"小马!你千万别过河,别过河呀,河水会把你淹死的!"小马吃惊地问:"水很深吗?"松鼠认真地说:"深得很呢!昨天,我的一个伙伴就是掉在这条河里淹死的!"小马连忙收住脚步,不知道怎么办才好。他叹了口气说:"唉!还是回家问问妈妈吧!"

小马甩甩尾巴,跑回家去。见他返回家来,妈妈便问道:"怎么回来啦?"小马难为情地说:"一条河挡住了去路,我……我过不去。"妈妈说:"那条河不是很浅吗?"小马说:"是呀!牛伯伯也这么说。可是松鼠说河水很深,还淹死过他的伙伴呢!"妈妈说:"那么河水到底是深还是浅呢?你仔细想过他们的话吗?"小马低下了头,说:"没……没想过。"妈妈亲切地对小马说:"孩子,只听别人说,自己却不动脑筋,不去试试,是不行的,河水是深是浅,只有你亲自试一试,才能知道。"

小马听了妈妈的话,又跑回到河边,刚刚抬起前蹄,松鼠又大叫起来:"怎么?你不要命啦?"小马说:"让我试试吧!"于是,他下了河,小心地蹚到了对岸。

原来河水既不像老牛说的那样浅,也不像松鼠说的那样深。

第8章

29~32周
——各器官已基本发育完善

不知不觉胎儿已经进入了第三个成长的重要阶段——孕晚期，经过这次重要的冲刺后，胎儿就要降生了。本月，基本发育成型的各种感觉器官赋予了胎儿听、视、嗅、味、触的能力和能量。不仅是五感的器官发育，胎儿机体的各项功能到本月均已相对完善，他（她）越来越健全了。怀孕的第三阶段——孕晚期，准妈妈准备好了吗？

第 29 周

离预产期仅剩下不到 3 个月的时间了，兴奋感和紧张感同时伴随着准妈妈。8 个月的胎儿的五感器官都已经发育得更完善了，他（她）能感知到外面的一切事物。

胎儿在成长 | 宝宝到底有多大啦

此时，准妈妈可能对腹中胎儿的身高、体重没有什么概念。此时，胎儿的身长已经有 43 厘米了，他（她）的体重此时也差不多有 1.3 千克了。如果是男孩，他的睾丸已经从腹中降下来；如果是女孩，准父母可以通过 B 超看到她突起的小阴唇。

最近，胎儿的体重增长得特别快，看起来也比过去胖多了，这是因为他（她）的皮下脂肪已初步形成。他（她）对外界刺激的反应也更大了，大脑在迅速发育，头也在持续增大。

胎儿的听觉系统已经发育完成，继续对他（她）进行音乐胎教吧，他（她）会对不同的音乐做出不同的反应。胎儿的视觉系统发育也更加完善了，光照胎教法此时也仍然对他（她）适用。

准妈妈变化 | 宝宝让我"孕味"十足

准妈妈的体重如今已经增加了 8.5～11.5 千克了，胀大到一定程度的子宫挤压着内脏，便秘、背部不适、腿肿及呼吸困难的症状都可能会恶化。不规律的宫缩会在准妈妈走路多或者身体疲劳时，一阵阵向其袭来。当准妈妈仰卧时，会感到头晕，心率和血压也会有所变化。孕晚期，大多数准妈妈都会出现鼻塞或者鼻出血的情况，等到分娩后，这些状况就会痊愈的，不必担心。

胎教课堂 | 说说你想和胎儿说的话

古书有云："妊娠八月，手阳明脉养，不可针灸其经。手阳明属于大肠，主九窍。八月之时，儿九窍皆成。无食燥物，无辄夫食，无忍大起。"

怀孕第 8 个月，胎儿的各个器官都已基本发育完善，也都开始进入工作状态，能够感知外界的一切。很多人怀疑胎教的力量和效果，还会对胎教产生一些理解偏差，如认为对话是教胎儿说话，其实对话是一种与胎儿的交流方式，并不是要胎儿学会说话，更不是要胎儿能听懂你说的意思。对话胎教法的目的是刺激胎儿的听觉和意识的发育，开发胎儿的大脑和语言智力。当准妈妈觉出有胎动时就可以向胎儿讲话，每次 1～2 分钟即可，在室内安静的环境中把你想和胎儿说的话说出来。只要用语简单，且有不厌其烦的重复所说的话的耐心就行，这种不断强化的对话方法，可以促进胎儿的大脑发育。

饮食胎教 | 多吃富含不饱和脂肪酸的食物

【营养重点】

孕晚期,准妈妈最需要注意的饮食原则是营养摄入多样化。营养摄入的多样化就要求准妈妈所吃的食物品种多样化,做到荤素搭配、粗细粮搭配、主副食搭配,且这种搭配要恰当合理。

随着准妈妈和胎儿双方体重的快速增加,对营养的需求也会增大,如果营养跟不上,准妈妈很可能就会出现贫血、水肿、高血压等并发症。因此,这周准妈妈最好开始多吃一些补气、养血、滋阴的食物。从现在起,由于子宫迅速增大,挤压胃部,准妈妈很容易吃一点点食物就有饱胀的感觉,建议以少食多餐的方式进食,每餐吃得少一些,一天吃7~8次都是可以的。

【食补指导】

胎儿眼睛、大脑、血液和神经系统的发育离不开不饱和脂肪酸中的元素,怀孕的最后3个月是胎儿大脑迅速发育的时期,对此类元素的需求量就更大了。因此,准妈妈要常吃鱼、坚果和绿叶蔬菜,以补充不饱和脂肪酸。

过多地摄入糖类会导致准妈妈和胎儿的体重都超标,最后给分娩带来很大困难。因此,要少吃主食,控制糖类的摄入量。

【饮食推荐】

椒盐排骨

肉类食品含有大量的优质蛋白质,孕晚期的准妈妈多摄入,可以满足身体所需的蛋白质和脂肪酸。

材料:排骨500克,鸡蛋1个,面粉30克,水淀粉、白糖、料酒、五香粉、咖喱粉、香油、椒盐、盐各适量。

做法:排骨洗净后切小块,用盐、料酒、咖喱粉、五香粉、白糖腌渍15分钟;鸡蛋打散,加入水淀粉、面粉调成蛋糊。将腌好的排骨块裹上蛋糊,放入油锅中炸至八成熟捞出,锅内油再烧至七成热,再次放入排骨炸至金黄色捞出,待锅内熟油放凉后,将炸了两次的排骨块放入浸泡一会儿,捞出,沥去余油,淋上少许香油,撒上椒盐即可。

口蘑奶油汤

口蘑中微量元素硒的含量丰富,它能够防止过氧化物损害机体,降低因缺硒引起的血压升高和血黏度增加,调节甲状腺的工作,提高人体免疫力。口蘑还含有多种抗病毒成分,对辅助治疗由病毒引起的疾病有很好的效果。另外,口蘑中植物纤维含量也很高,可有效防止便秘、促进排毒、降低胆固醇含量。

材料:口蘑250克、面包屑50克、清汤500克、奶油15克、盐2克、胡椒粉1克。

做法:将口蘑洗净、切片,锅内加清汤、口蘑烧开,加入奶油后继续烧开,撒入面包屑、盐、胡椒粉等调味即成。

运动胎教 | 孕妇的理想运动——动静操

【运动说明】

早晚做一做孕妇动静操,对怀孕后期的准妈妈来说是很有益处的。孕妇动静操简单易学,是一种比较安全的运动方式,它共分三节,不会占用准妈妈太多的时间练习,也不会使准妈妈过分疲劳。

【运动方法】

第一节,腹式呼吸操

准妈妈仰卧,双手轻放在腹部,吸气3秒使肚子鼓起来,屏住呼吸坚持1秒,再呼气3秒,使肚子还原。早晚各做4次。

第二节，胸式呼吸操

准妈妈仰卧，双手轻放在腹部上，吸气3秒，使胸廓外扩，屏住气坚持一秒，呼气3秒，使胸廓复原。早晚各做4次。

第三节，腹肌锻炼操

准妈妈仰卧，双腿分开，膝盖向上弯曲，双手抱膝，稍用力4秒，将腿放下，停止10秒再重复此动作。早晚各做4次。

【运动功效】

第一节操与第二节操的练习可以锻炼准妈妈的气力，有助于准妈妈顺利分娩。第三节操的练习可以锻炼准妈妈的腹肌，增加其产力。

按摩胎教 | 穴位按摩，准妈妈睡得香

【按摩说明】

到了妊娠的最后阶段，由于身体的巨大变化，准妈妈的睡眠质量也受到了影响，很容易失眠。下面介绍些简单的改善准妈妈睡眠质量的按摩方法。

【按摩方法】

抹额

两手指曲成弓状，第二指节的内侧紧贴着印堂，从眉间开始向前额两侧抹压，约做40次。

搓手浴面

先将两手搓热，如果手掌过于粗糙，可以涂抹适量护肤霜。随后掌心紧贴前额，用力向下摩擦直到下颌，连续做10次左右。

按揉脑后

以两手拇指罗纹面，紧按风池部位，用力旋转按揉几下，随后按揉脑后，约按揉30次，以有酸胀感为宜。

按摩耳廓

人体躯干和内脏在耳廓均有一定反应部位，按摩耳廓有助于调节全身功能、促进血液循环，有利于健康。

拍打足三里穴

轻轻拍打足三里穴至有酸麻胀感即可。

泡足踏石

取一些小鹅卵石铺在水盆底，倒入温水，泡足踏石20分钟。

【按摩功效】

这些按摩方法可以有效的促进血液循环，调节身体功能，改善准妈妈的睡眠质量，帮助其顺利度过妊娠的最后也是最艰难的阶段。

情绪胎教 | 宝宝性格的雏形来源于胎儿期

虽然后天因素对人的性格形成起着主要作用，但先天因素却是性格形成的基础。宝宝性格的雏形来源于胎儿期，这一点是有科学依据的，因此，准妈妈在怀孕期间就要格外注重对胎儿的性格培养。

胎儿在准妈妈的子宫内得到了"与世隔绝"的保护，他能感受到的、听到的、学到的都源自于准妈妈。准妈妈是胎儿性格形成与发展的第一任导师。胎儿在准妈妈子宫里感受到的是家人的疼爱和生活的美好，他的潜意识中就会对生活充满希望和

热爱，形成外向、乐观、积极、果断的性格。相反，如果胎儿在准妈妈的子宫里感受到的不是美好的意识，而是爸爸和妈妈经常争吵等家庭氛围不和谐的情况，胎儿就会产生厌烦等负面情绪，这些不良的情绪会直接影响胎儿的内分泌激素变化，使胎儿日后形成冷漠、自私、自卑、懦弱的性格。

那么，在孕育胎儿的过程中，准父母应重视胎教的作用，用好的胎教方法培养出优质、健康的宝宝。一个优秀的准妈妈，心理和情绪状况是良好的，对宝宝的到来充满了期待和深深的爱，这样的准妈妈在孕期的整体感觉也是最好的，分娩的过程也会比较顺利，在这样情况下出生的宝宝的身心发展都会比较好。

小贴士 | 约纳森的《杜鹃圆舞曲》——特别适合在早晨睡醒后倾听

挪威作曲家约纳森的《杜鹃圆舞曲》是一首很适合准妈妈用来放松心情的曲子。这首曲子充满了挪威民间舞曲的风格，全曲共由三个小圆舞曲组成。曲子中有模仿杜鹃啼叫的声音，活泼轻快，清新流畅，给人一种生机盎然的感觉。

准妈妈若在早晨聆听一段，将会使心情变得轻松愉快。如果在清新的空气中散步时倾听，则会得到更好地缓解紧张情绪的效果。

其他胎教 | 陶冶情操的视觉胎教

视觉胎教听上去很有艺术气氛，但简单来说，它就是让准妈妈们在绘画中宣泄自己的情绪，以减缓心理和身体的双重压力。

视觉胎教中最重要的方法是"绘画胎教"。就是给准妈妈一张白纸，让其根据自己的意愿，在纸上随意地作画。没有参照，所以画不出来？这是准妈妈自己的的感情宣泄，如果有参照，描绘的就是他人的感情，如何能释放自己的情绪呢？在白纸上作画的确不容易，但是不论画得好坏都没有关系，这只是一种感情宣泄的方式而已。

其实画画远比欣赏画更容易达到让人心情愉悦的效果。欣赏画是在接受别人的情绪，而自己作画则是在释放自己的情绪。当然在你什么都画不出来的情况下，千万不要逼迫自己非要画出一幅作品来，把释放压力的事情当做一种带有强迫性质的任务就不好了，因为那样是无法达到自愿、愉快的目的的。

我们要的不是一幅多么完美的作品，而是创作时那种宁静祥和、愉悦轻松的心情，是那种带着胎儿参与进这种释放压力和不良情绪的活动中来的感觉。这种胎教方式可以使准妈妈提升发现美的能力以及想象美的能力，对胎儿生长会产生很大的帮助。

第30周

现在，胎儿虽没有"千里眼"，可是他（她）的视觉已经发育得比较完善了。准妈妈能想象出他（她）睁开那水汪汪的大眼睛，仔细地看着你的表情吗？试想一下吧，你会为此而欣喜若狂的。

胎儿在成长 | 宝宝到底有多大啦

胎儿现在足有1.5千克重了，身高也约长44

厘米了。他（她）的头部越来越大，真是一个"大头娃娃"。大脑的快速发育使神经系统已经发育到了一定的程度。他（她）现在依旧漂浮在羊水里，有足够的空间移动，因此不必担心他（她）会处在一个十分奇怪的胎位上。

这周的胎儿可以自由地开闭眼睛，子宫中的大体情况他（她）都可以看得清楚。但刚出生的宝宝却不能立刻拥有"火眼金睛"，要等到逐渐适应了新的环境后，继续发育完善他（她）的视觉神经，才能看到远处的人和物体。

准妈妈变化 | 宝宝让我"孕味"十足

准妈妈越来越觉得喘不过气来了，那是因为子宫已经上升到了横膈膜的位置了，这同时也影响了准妈妈的胃口，使其感到胃部不适。孕晚期的白带变得越来越多，如果不注意护理，就可能引起外阴炎和阴道炎，导致胎儿在分娩时经过阴道被感染。

催乳素的数值在体内上升，准妈妈的乳房偶尔会分泌出初乳。准妈妈越来越大的肚子让自己看不到自己的脚，行动十分吃力。肚子上的肌肉已经撑大并且松弛，妊娠纹越发明显。这时，一些准妈妈还会出现妊娠高血压综合征、贫血、静脉曲张等症状，因此，准妈妈在这个时期要多注意休息。

胎教课堂 | 大脑功能靠广泛的情趣去改善

本周的胎教原则与重点是：用广泛的情趣去改善胎儿大脑的功能。

科学而广泛的情趣对改善大脑的功能有着极为重要的作用。指挥家、画家、书法家等生活情趣较丰富的人的创造力比较强也比较丰富，是因为他们经常交替使用大脑的左、右半球，促进左、右脑的平衡。这种用脑方式可以提高人的创能力，改善大脑的功能。

因此，准妈妈要扩大自己的生活情趣，多多刺激胎儿大脑左、右半球均衡工作，这对胎儿大脑左、右半球的均衡发育会起到至关重要的作用。

饮食胎教 | 咖啡因影响宝宝发育

【营养重点】

孕晚期是胎儿从母体获取营养的最后阶段，也是高峰阶段。这时期，胎儿对营养的大量需求，要求准妈妈更多地摄入蛋白质、维生素C、B族维生素以及叶酸、铁质和钙质等营养元素。

【食补指导】

准妈妈多吃些含有蛋白质、维生素C、B族维生素、铁质、钙质及叶酸等营养元素的食物，就可以补充母体和胎儿所需的这些营养。准妈妈最好每天喝些牛奶或者豆浆，另外还要多吃些豆制品、海带和紫菜，这些食物都可以帮助准妈妈获取足够的钙质和碘元素。

胎儿需要一个很好的生长环境，因此准妈妈是不可以乱吃食物的，因为有些食物对你和腹中胎儿的身体都是没有好处的，如含有色素和防腐剂的食物、含有咖啡因和酒精的食品、油炸食品、生冷食品等，它们都会影响胎儿的身体发育和智力的发育。

【饮食推荐】

莴苣肉片

莴苣含有大量的钾元素，能促进排尿，还具有镇定神经的作用，准妈妈经常食用可以消除紧张，帮助睡眠。另外，莴苣中氟元素含量高，可促进牙齿和骨骼的生长。猪肉可以为准妈妈和胎儿提供优质蛋白质和必需的脂肪酸、血红素，还能补中益气、生津液、润肠胃、丰肌体、泽皮肤。

材料：莴苣300克，猪瘦肉150克，酱油、料酒各少许，盐、醋、蛋清、干淀粉、水淀粉、葱段、姜片各适量。

做法：将莴苣去皮，洗净后切片；猪瘦肉洗净，切片，用盐、酱油、料酒和蛋清抓匀后腌渍15分钟，再用干淀粉抓匀上浆。锅中油烧至八成热，放入葱段和姜片爆香，再加入猪瘦肉片翻炒，然后放入莴苣片、料酒、酱油、醋、盐一起翻炒，用水淀粉勾芡，翻炒均匀即可。

蔬菜云吞汤

蔬菜含有丰富的维生素和纤维素，可以帮助准妈妈增进食欲，并促进胎儿发育。云吞中的肉馅含有优质蛋白质，能够提供准妈妈身体和胎儿发育的营养需要。

材料：面粉100克、猪瘦肉100克、菠菜100克、腌芥菜头15克、高汤1000克、鸡蛋液100克、姜片2克、葱末15克、酱油10克、白砂糖6克、干淀粉10克、香油5克、色拉油10克、胡椒粉2克、盐5克、水淀粉10克。

做法：菠菜洗净，切段，沥干水分；腌芥菜头切碎；猪瘦肉剁泥，以葱末、酱油、白砂糖、干淀粉、香油拌匀调成馅。取云吞皮，包入适量馅，用鸡蛋液粘口。锅内倒入高汤大火煮开，放入包好的云吞煮至将熟，加入菠菜、香油、胡椒粉、白砂糖、盐、色拉油、水淀粉、姜片，加盖大火煮5分钟，盛出后放入腌芥菜碎即可。

运动胎教 | 坚持练习孕妇体操

【运动说明】

孕妇体操中的动作是专门针对准妈妈身体的不同部位而设置的，准妈妈在孕期坚持锻炼，不仅可以健身，还能有效缓解身体各个部位的不适症状。下面我们来介绍一下孕妇体操的腰部运动，准妈妈可以参考练习。

1. 仰卧，双膝弯曲，与腰同宽，双臂伸直，手掌朝下，放于身体两侧，一边呼气，一边挺起腰部，边坚持此姿势边吸气，坚持5秒，然后再一边呼气一边慢慢放下腰部。如此反复练习。

2. 直立，双膝并拢，向左侧慢慢放倒（大约呈45°角），保持此姿势5秒，然后恢复原状，再向右侧放到。如此反复练习。

3. 头微仰，背部慢慢向下压，然后头微低，背向上拱。如此重复练习5次。

【运动功效】

动作1的练习可以达到收紧臀部肌肉和骨盆底部肌肉的效果，预防准妈妈尿失禁。动作2可以有效地预防孕期腰痛。动作3可以增强小腹、骨盆及背部的肌肉力量，缓解背部酸痛的症状。

按摩胎教 | 按摩到位，准妈妈小腿不再抽筋

【按摩说明】

由于体重越来越重，准妈妈腿部承受的压力也越来越大，小腿抽筋的症状时有发生。小腿抽

筋的症状是指小腿后侧突出肌肉抽筋隆起，触按坚硬，小腿不能伸屈且抽痛难忍，足趾、踝部屈伸牵掣疼痛。通过按摩，可以有效改善准妈妈的小腿抽筋情况。

【按摩方法】

1. 预备式。准妈妈坐稳，腰部微微挺直，双脚平放与肩同宽，左手掌心叠放在右手手背上，然后轻轻放在小腹部，双眼微闭，放松全身，呼吸均匀，静坐1～2分钟。

2. 拿捏小腿后侧。将抽筋的小腿平放在不抽筋的腿的膝盖上，用对侧手的拇指与其余四指用力对合，从上到下反复拿捏抽筋小腿的后侧肌肉0.5～1分钟。

3. 按穴位。指尖放在抽筋小腿的委中穴上，拇指放在髌骨上方，适当用力按揉0.5～1分钟。用大拇指按压抽筋小腿同侧的阳陵泉穴，适当用力按揉0.5～1分钟。中指指尖按压抽筋小腿一侧的足三里穴0.5～1分钟。将抽筋的小腿平放在不抽筋的腿的膝盖上，按压条口穴0.5～1分钟。用拇指指尖掐压按摩手同侧的承山穴0.5～1分钟。将抽筋小腿平放在不抽筋的腿的膝盖上，用拇指指腹和中指指腹分别按压太溪穴和昆仑穴0.5～1分钟。

【按摩功效】

此按摩方法具有消肿止痛、活血消肿、通络止痛、解痉止痛的作用，同时还有补脾健胃、调和气血的功效。

情绪胎教 | 消除紧张情绪的自律训练

越临近预产期，准妈妈的心情就越发紧张。对分娩的各种担心也让准妈妈的心情无法平静下来，更无法集中精力，这样的精神状态对准妈妈自己和胎儿都是没有益处的。消除精神紧张的自律训练可以帮助准妈妈集中精神、安定身心、全身放松、消除紧张情绪。

| 小贴士 | 准妈妈消除紧张情绪的自律训练法

第一阶段：穿上宽大舒适的衣服，在清净明亮的环境中进入冥想状态。准妈妈先坐在椅子上，或是平躺在床上，闭眼，放松全身，全身处于无力状态，吸气入腹部，再通过腹部呼出，反复2～3次。

第二阶段：心中反复默念"内心平静、双臂沉重"，把意识集中于四肢，努力体会沉重的感觉。

第三阶段："内心平静、双臂沉重"和"双脚温暖、内心平静"各念两遍，体会手脚变温暖的感觉。

第四阶段：双臂前移，移动手指，将胳膊肘弯曲后再打开，然后伸个懒腰，冥想结束。

其他胎教 | 建立良好母子关系的阅读胎教

胎儿的意识萌芽于妊娠第7～8个月，发育到这个阶段的胎儿的脑神经基本与新生儿的脑神经无异，可以很容易捕捉到外界的信息，并通过神经管将其传达到胎儿身体的各个部位。这个时期的胎儿外层的脑皮质也很发达，他（她）已具有思考、感受和记忆能力。所以从这个阶段开始，准妈妈是可以对胎儿施行阅读胎教的，这种胎教方法可以促进胎儿大脑发育得更完善。

在实施阅读胎教前，准妈妈要先选一则自己觉得很有意思的故事，这样的故事才能让胎儿感到身心愉悦。准妈妈要将作品中的人、事和物详细、清楚、生动地描述出来，讲解时一定要绘声绘色，并且要在自己的头脑中同时想象着故事的画面，画面的色彩要丰富，故事的情节要完整。准妈妈挑选的故事一定要避开暴力主题，内容不能太过激情、悲伤。如果准爸爸能参与进来，将会得到更好的效果。阅读胎教是借给胎儿说故事的机会与胎儿沟通、互动，让胎儿和准父母建立起良好的关系。

第31周

突然间，准妈妈发现胎儿的胎动变少了，这是怎么回事？胎儿在腹中出什么事了？这种与之前不同的情况让准妈妈感到担心，临近分娩了，可千万别出什么意外啊！准妈妈臃肿的身体使其行动已经非常不便了，又要担心腹中的胎儿，真的很消耗精力呢。怀孕第31周，到底情况有了什么样的新发展呢？

胎儿在成长 | 宝宝到底有多大啦

第31周的胎儿，各个器官发育得接近完善了，肺和胃肠已经接近成熟，他（她）有了呼吸能力，并且可以分泌消化液了。

本周胎儿的体重约达到了1.6千克，坐高大概也有28厘米了。一项新的本领又随着他（她）的快速增长而被掌握，那就是他（她）会辨认颜色啦，不过此"颜色"非彼"颜色"，直到出生后6～9个月，他（她）的眼睛才能辨认真正的颜色，

这是因为眼睛里的色素需要见光才会显出真正的颜色。他（她）的眼皮常常在活跃时睁开，在睡觉时闭上。

准妈妈变化 | 宝宝让我"孕味"十足

由于胎儿在子宫发育的最后这段时间里生长速度很快，准妈妈本月的体重也增加了很多。现在，准妈妈的肚脐周围、下腹及外阴部的颜色越来越深，身上和脸上的妊娠纹和妊娠斑也更为明显了。肚子越来越大，不论用哪种姿势躺着都不舒服，翻身、坐起、躺下都很困难的准妈妈，睡眠质量会更加糟糕。

由于胎儿在子宫中所占的空间越来越大，子宫已经上升到挤压到横膈膜的位置，这时准妈妈就会感到呼吸困难，有时还会出现头晕心悸的症状。子宫对胃部也有压迫，使准妈妈很容易产生饱胀感。

胎教课堂 | 心理健康，胎教无声胜有声

胎教中最重要的因素是使准妈妈心理健康，这样才能对胎儿产生良好的影响。准妈妈郁闷的心情和不良情绪会对胎儿产生强烈的刺激，不利于胎儿的生长发育。例如，准妈妈焦虑不安、惊恐不定，可导致胎儿缺乏安全感，使其形成不稳的性格和脾气。若准妈妈受到过分惊吓忧伤过度，紧张或受到了严重刺激，就会引起胎盘早剥，造成胎儿死亡。另外，准妈妈对胎儿的触摸和运动胎教也是生出健康宝宝的关键因素。准妈妈要适度、持续地进行适合孕妇的体育运动，另外还要帮助胎儿在子宫中进行一些适合胎儿的运动，等到胎儿渐渐地适应了这些训练方法，就能积极做

出一些相应的反应。到时候可再增加运动量,但时间不宜过长,以免胎儿产生抵触情绪。

饮食胎教 | 控制体重,少吃淀粉类食物

【营养重点】

本周,为了加快胎儿牙齿的钙化速度,准妈妈要吃富含钙、磷的食物。为了胎儿迅速增加的体重,多补充优质蛋白质和适量的脂肪、充足的碳水化合物及各种维生素、矿物质也是本周的饮食重点。

如果准妈妈体重增长过多,建议最好少吃淀粉类食物,多吃蛋白质、维生素含量高的食品,以免胎儿生长过大,造成分娩困难,或生出巨大儿。

【食补指导】

准妈妈在实际生活中应多摄入一些营养价值高的食物,但要注意营养均衡,避免营养比例失调,否则会造成胎儿和准妈妈双方面的营养不良。由于大起来的肚子压迫了胃部,准妈妈饱腹感很强烈,若吃不进东西的话,不妨实施少食多餐制,以保证营养的足够摄入量。

此外,对于上班族的准妈妈来说,喝些菊花茶不但可以防电脑辐射、明亮眼睛,而且还可以缓解孕晚期经常出现的胃灼热或消化不良,真是一举两得、益处多多啊。

【饮食推荐】

日式香菇豆腐味噌汤

味噌汤是以味噌为主要酱料煮制而成的汤品。味噌用黄豆制成,味道鲜美,营养价值高,适合准妈妈食用。

材料: 香菇4朵、鱼汤2碗、豆腐150克、味噌汤料45克、香葱段适量。

做法: 香菇洗净,每朵都平分成4份;豆腐切块。锅内加入鱼汤熬煮,边煮边加入味噌汤料并不断搅拌,直到味噌汤料彻底溶解,放入香菇,大火煮5分钟,加入豆腐块,大火煮3分钟,出锅前撒上香葱段即可。

清蒸冬瓜熟鸡

冬瓜有消肿利尿之功效,鸡肉有益气滋补之功效。将这两种食材搭配食用,可以补充蛋白质、钙、磷、铁、锌、钾、维生素C、维生素E、维生素B_1、维生素B_2等多种营养素,准妈妈常吃,会获得更全面、更合理的营养,并能使胎儿发育得更健康。

材料: 熟白鸡肉250克,冬瓜250克,鸡汤500克,酱油、料酒、葱段各10克,姜片5克,盐适量。

做法: 熟白鸡肉、切块,把鸡肉皮朝下码入盘中,加入鸡汤、酱油、盐、料酒、葱段、姜片,放入蒸锅蒸10分钟,取出,将葱、姜挑出来,汤汁倒入碗中备用。冬瓜洗净、切块,在沸水中焯一下,捞出码在盘中的鸡肉块上,将冬瓜块、鸡肉块一起扣入盘中,将倒入碗内的汤汁在锅内烧开,撇去浮沫,盛入扣进冬瓜块和鸡肉块的盘中即可。

运动胎教 | 锻炼肌肉增加准妈妈的力量

【运动说明】

生孩子是个"体力活",准妈妈需要动用身体的大肌肉才能将胎儿娩出。准妈妈在怀孕期间经常锻炼身体,不仅能够促进血液循环、提高血液中氧的含量,还能增强准妈妈的心肺功能,消除身体的疲劳。另外,准妈妈适当做运动还可以锻

炼大肌肉，增强分娩能力，促进新陈代谢，帮助消化，并且能为胎儿提供充足的营养，增强胎儿的免疫力。

【运动方法】

呼吸练习

准妈妈坐在地板上，双腿交叉在身前，挺直腰背，用嘴呼吸，这种呼吸方法被称为"浅呼吸"。保持上述坐姿，用鼻孔深吸气，再缓慢地呼出，这种呼吸方法被称为"深呼吸"。两种呼吸方法交替进行，反复练习。

肌肉锻炼

准妈妈像憋尿一样用力收缩肌肉，坚持尽量长的时间，然后放松，重复30次。以青蛙的姿势坐在地板上，挺直背部，双脚脚心相对，双手握住同侧脚踝，尽可能地将双脚向身体靠拢，双肘向下压大腿，坚持10秒，重复15次。

【运动功效】

这种练习方法可以使准妈妈放松心情、保持安静，有助于配合分娩过程中的宫缩，增加肌肉的力量。

按摩胎教 | 食欲不振，按摩调节

【按摩说明】

由于胎儿占据了子宫的大部分空间，并使子宫逐日胀大，以致压迫到准妈妈的胃部，致使准妈妈胃部感觉胀满、食欲不振、食量低于平日。另外，怀孕期内，准妈妈往往兼有易疲倦、贪睡、消瘦以及消化不良等情况。下面介绍集中按摩法来帮助准妈妈改善食欲不振的情况。

【按摩方法】

1. 准妈妈仰卧，用拇指指腹柔和地按揉肚脐上方的中脘穴约11分钟，然后再按揉两下肢的足三里穴，以按揉到有轻微的酸胀感为宜，两穴各按1分钟。

2. 准妈妈仰卧，将手掌平放在肚脐偏上方，然后做顺时针方向的按摩，按摩力度要深沉柔和，每次按5分钟以上，以感觉到有热量深透腹内为佳。

3. 准妈妈采取坐位，准爸爸或其他按摩者站在其身后，用两手大鱼际紧贴准妈妈两侧肋部，然后做前后往返摩擦，手法宜快速有力，以搓热且热量深透为佳。

4. 准妈妈俯卧，准爸爸或其他按摩者在其腰部从下往上用捏脊法按摩10遍。在准妈妈没有不舒服感的前提下，尽量将其皮肉捏起，推进速度宜稍慢。

【按摩功效】

上述按摩方法可以有效增强准妈妈的食欲，缓解准妈妈脾胃不和、食物不振的症状。

情绪胎教 | 通过香气调节情绪

不同的香气，对改变准妈妈情绪会起到不同的作用。有的可以缓解疲劳，有的可镇定安神，有的可以解除准妈妈的紧张感。于是，有人将香气也作为胎教的一种方式，帮助准妈妈们释放不安的情绪，缓解她们的焦虑感。

将茶树精油和柠檬精油混合调匀后用来漱口，可以使准妈妈精神放松，另外还能有效防止准妈妈感冒。用茉莉精油来热敷身体，可以使准妈妈心情愉快起来，帮助消除疲劳感，同时也能很好地预防感冒。

当然，香气也不是一种绝对安全的胎教方式

因为并不是所有的香气都对准妈妈和胎儿有好处，而且由于气味过于强烈，最好不要用鼻子直接闻精油。尤其是孕早期，由于准妈妈的身体和胎儿的各项指标还非常不稳定，所以不适宜使用香薰疗法调节准妈妈的情绪。

另外，建议准妈妈根据自己的体质和妊娠状态选择使用此方法，并且最好找专家进行相关咨询。为了防止精油过敏，可先滴在耳后实验，若2小时内未见异常再购买使用。

其他胎教 | 无意胎教与有意胎教

有些准妈妈会想，古人不了解什么是胎教，也没有对胎儿实施过胎教，不也孕育出那么多名人大家吗？其实，那些我们认为没有胎教也成才了的儿童，在胎儿时期也是受到过不同程度的胎教。他们受到的这些胎教，都是他们的父母在无意识中进行的。

比如，父母身体健康，感情和谐，母亲受孕后，父母爱护腹中胎儿，对胎儿充满希望，丈夫勤快、体贴妻子，母亲温顺、喜欢在宁静的环境中工作和休息、注意饮食卫生和口味、整个怀孕期内心情愉快……这些都可以被定义为无意胎教。

但无意胎教作用虽然可见，但效果毕竟有限。因此，就需要我们对胎儿实施有意胎教，这会收到更好的效果。有意胎教包括音乐胎教、触摸胎教、学习胎教、运动胎教等多种胎教方式。了解了胎教的重要意义，我们就要抓住时机对胎儿进行胎教。

第 32 周

就喜欢看B超里显示出的胎儿头上那稀疏的胎发，就喜欢看胎儿转头的样子，这让准妈妈的所有不适感都烟消云散了。

胎儿在成长 | 宝宝到底有多大啦

本周胎儿身长达到了45厘米，体重也达到2千克左右了。如果胎儿是男孩，他的睾丸可能已经从腹腔进入阴囊，不过有些男宝宝的睾丸可能会在出生当天才进入阴囊；如果胎儿是女孩，她的大阴唇明显地隆起，左右紧贴。

胎儿的各个器官在本周发育得越来越完善了，肺和胃肠功能也趋于成熟，并且已经具备了呼吸能力。除此之外，胎儿已经长出一头稀少的胎发，不过宝宝出生后头发的浓密稀疏并不取决于这时候胎儿头发的疏密。他（她）的各种感觉器官都已经开始工作了，脚趾甲也全部长了出来。本周胎儿增加的新本领是，可以将头从一边转向另一边。

准妈妈变化 | 宝宝让我"孕味"十足

越来越大的肚子让准妈妈感觉疲惫不堪，极度改变的体形和身体重心让其下背部、臀部及大腿部经常有疼痛感，这是因为腹部肌肉受到拉伸，激素让韧带变得松弛，且增大的子宫压迫到了一些神经。虽然身体的不适让准妈妈不想动，但是为了分娩顺利，还是要适当运动。

逐渐长大的胎儿挤压到了膀胱，因此准妈妈

的尿频状况更加严重了,阴道分泌物也增多了,因此要格外注意外阴的清洁。由于胎儿越来越大,占据了大部分子宫的空间,可用来活动的空间就减少了,使他(她)的手脚不能自由伸展,所以胎儿的胎动少了许多。不要担心,只要胎儿还有偶尔的胎动,就表明他(她)还在健康正常地生长着。

现在,准妈妈最好保证每天中午有1小时的午睡时间,时间不宜过长也不宜太短。如果此时不养精蓄锐,保证睡眠,就会严重影响胎儿的生长发育。

胎教课堂 | 和谐乐观,美好心灵的轻松感受

本周胎教的原则与重点是:和谐乐观的家庭氛围可以使胎儿获得良好的心灵感受。

和谐乐观的家庭氛围会带来一个快乐轻松的胎教环境,这可以使胎儿从中获得良好的心灵感受,从而健康发育。

准爸爸要肩负起创造良好家庭氛围、丰富家庭业余生活的重任。在业余时间和休闲的假日,可以陪着妻子共赏音乐、畅谈感受,或者同妻子一起到河边垂钓、到郊外散步,还可以一起欣赏艺术作品,使准妈妈的孕期生活充满高尚的情趣、雅致又富有活力的氛围。准父母最好能一起携手,创造一个适宜养胎的家居环境,因为好的家居环境能给胎儿实施的胎教起到良好的促进作用。

饮食胎教 | 美味饭菜,养胃第一

【营养重点】

准妈妈在饮食方面首先应保证营养的充足,但这并不是鼓励准妈妈过量饮食。过量饮食无论对胎儿还是对准妈妈都是有害无益的,妊娠性肥胖在胎儿出生后是很难纠正的,所以,准妈妈的合理饮食非常重要,一定要把体重控制在正常的增长范围内。

【食补指导】

现在,准妈妈最好食用一些有养胃功效、易于消化和吸收的食物,比如说有营养又易消化的粥。根据个人口味和营养需要,做粥时可以加入各种配料,另配一些小菜、肉食等佐餐。准妈妈本周的饮食应适当控制食量,少吃淀粉和脂肪含量多的食物,多吃蛋白质、维生素含量较高的食品,以免胎儿生长过大,造成分娩困难或生出巨大儿。

便秘的日益严重要求准妈妈最好能多吃些薯类、海藻类及含纤维多的蔬菜,但烹调蔬菜时一定要少放盐,以免摄盐过量。

【饮食推荐】

美味鸡蛋饼

鸡蛋饼色泽金黄,美味可口,口味清淡。孕晚期准妈妈食用可以防止发生水肿、高血压和妊

娠中毒症，这种低盐、清淡、易消化的食物是准妈妈此时最好的饮食选择。

材料：面粉 50 克、鸡蛋 1 个、葱花少许、胡萝卜 1 段、盐和油各适量。

做法：面粉加水调成面糊，静置 30～50 分钟；胡萝卜切丝，放入打散的鸡蛋液中，与葱花一起加入面糊内，加适量盐调匀。预热平底锅，倒油，让其在锅底均匀沾满，倒入适量面糊摊匀，以小火烙至金黄色翻面，再将另一面也烙至金黄即可。

莲藕牡蛎汤

莲藕性寒味甘，清热生津、凉血散瘀、补脾开胃、止泻。烹饪熟的藕则性温味甘，具有益胃健脾、养血补益、生肌、止泻功的功效。准妈妈常吃可消除烦躁、改善食欲不振的症状。

材料：莲藕 1 根，牡蛎 300 克，干虾 3 个，高汤、盐各适量。

做法：莲藕去皮、切块。牡蛎洗净内部的沙子、剖开、焯水。在锅内倒入高汤，加入莲藕块、牡蛎肉、干虾，加盐调味，开火炖煮 40 分钟即成。

运动胎教 | 益处多的提肛、猫姿练习

【运动说明】

临近分娩的时候，准妈妈的肛门、会阴所承受的疼痛是难以用言语形容的。但如果这两个部位的肌肉状态良好，那么会对分娩产生很大的帮助。另外，腰部一直是妊娠、分娩阶段非常关键的身体部位，准妈妈一定要保护好自己的腰部，不要对其造成伤害。

【运动方法】

提肛运动

站立，像憋住大小便一样，收紧会阴肌肉、肛门肌肉，5～10 秒后呼气放松。重复做 10～15 次。

猫姿练习

身体呈爬姿，双手、双腿分开与腰同宽，一边呼气，一边以猫夹着尾巴的姿势来绷紧腹部，前倾骨盆，拱起后背，吸气后，再一边呼气一边慢慢放松腹部，然后一边恢复到原来的姿势一边向上抬头。注意，整个过程中肘部不要弯曲。

【运动功效】

提肛练习可以增加肛门和会阴肌肉的弹性及控制力，有利于分娩。猫姿练习是专为预防腰痛而设计，并可以对分娩时所需的肌肉进行锻炼。

按摩胎教 | 孕期痔疮——准妈妈难言的痛

【按摩说明】

怀孕期间，逐渐胀大的子宫压迫准妈妈盆腔静脉，影响静脉血液正常流动，使肛门附近经脉发生淤血和突出的现象，增加了准妈妈痔疮的发生概率。由于药物治疗对胎儿会产生不良影响，所以建议准妈妈采用按摩方法治疗，既安全又有效。

【按摩方法】

下面具体介绍可以帮助准妈妈预防孕期痔疮的按摩方法。

1. 准妈妈坐稳，两手中指互叠按住百会穴，同时肘部慢慢向两边伸展。按住头部，上半身稍微向后倾，呼气时心中默念"一、二"同时渐渐用力，数到"三"时加重力度按压穴位；吸气时心中默念"四、五、六"，身体慢慢放松，恢复到原来的坐姿，并保持双手的中指重叠，置于距百会穴前大约 5 厘米的位置，保持由前向后的方向慢慢揉擦并慢慢呼气。

2. 准妈妈坐稳，右手手臂伸直保持笔直的状态，用左手拇指按住孔最穴。在呼气的同时默数"一、二"并逐渐用力，数到"三"时强按穴位；吸气同时心中默数"四、五、六"，保持身体放松，用左手拇指在距离穴位上下10厘米的位置，沿着右手臂内侧向手掌的方向慢慢揉擦穴位，同时呼气。换另一侧重复相同按摩，左右各按摩6次。

【按摩功效】

通过这两个步骤的按摩可以有效地帮助准妈妈预防孕期痔疮。

情绪胎教 | 夫妻感情良好是胎教的重要因素

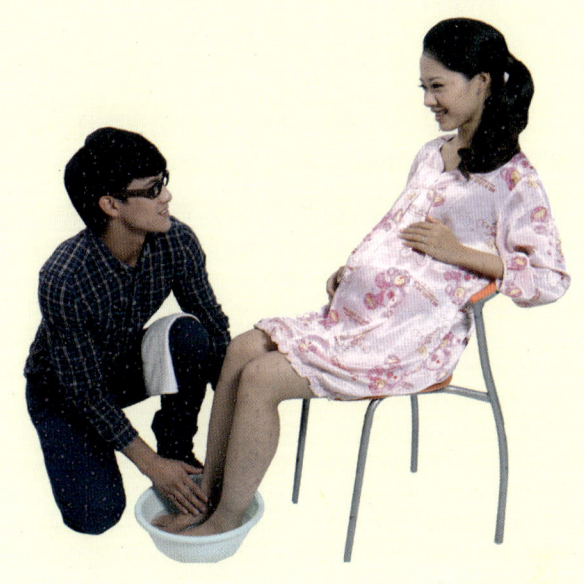

前面介绍过，孕期的夫妻感情对胎儿生长发育的影响很大。融洽良好的夫妻感情是胎教和优生的重要因素，美满幸福的家庭会使胎儿在准妈妈的子宫里安然舒适地生长，出生后往往聪明、美丽、健康。若夫妻感情不和，彼此经常争吵，长期闹不愉快情绪，导致准妈妈总是忧伤抑郁，这种负面情绪会使准妈妈大脑皮层的高级神经中枢产生活动障碍，引起内分泌、代谢过程紊乱等情况，从而直接影响胎儿的生长发育。

可以说，夫妻感情直接影响着胎教。激烈的争吵会使准妈妈内分泌发生变化，盛怒会导致其血管收缩、血流加快，怒气爆发时的大声争吵也算是一种危害胎儿的噪声，这些对腹中的胎儿来说都是一种灾难。另外，在受孕时，如果夫妻感情不和，那么就会影响受精卵的质量，生出不健康的宝宝。处在极度悲痛中的准妈妈会使宝宝出生后每次吃奶都发生呕吐的现象，而且还会瘦弱不堪。

所以，男女双方从婚后到受孕，乃至整个怀孕期间，都要互相尊重、互相理解，注重培养双方的感情。充满温馨和爱的家庭氛围才能使胎儿获得很好的感受，也只有在和谐愉快的家庭氛围中，他（她）才能够健康成长。

| 小贴士 | 准爸爸的小笑话

精神病院设了100道围墙以防止精神病人出逃。两个精神病人却打算逃出医院，于是，在月黑风高的夜里努力翻墙。

他们先翻到了第30道墙下，甲问乙："累了么？"乙回答："不累。"

于是二人继续向外翻墙，翻到第60道墙下，甲问乙："你累了么？"乙回答："不累。"

于是二人继续向外翻墙，当翻到第99道墙下时，甲问乙："你累了么？"乙回答："累了！"于是甲说："那好，我们翻回去吧！"

其他胎教 | 准妈妈爱思考，宝宝脑力好

思考胎教是指通过准妈妈与胎儿之间的信息传递，促进胎儿的大脑发育。胎儿能够感知准妈妈的思想，也可以通过自己的方式把信息传递给准妈妈，可见，准妈妈的思想和情绪是影响胎儿发育的最直接因素。如果怀孕期间的准妈妈既不思考也不学习，胎儿也会深受感染，变得懒惰起来，形成不爱动脑的坏习惯，这对胎儿的大脑发育是极为不利的；反之，如果准妈妈始终保持着旺盛的求知欲，则可以使胎儿不断接受刺激，促进其大脑神经和细胞的发育。

所以，准妈妈从怀孕的那天起，就要以身作则、从我做起，要勤于动脑、勇于探索、时时充满旺盛的求知欲，在工作上积极进取，在生活中感受美好，把自己看到、听到的事物都通过视觉和听觉传递给腹中胎儿，使胎儿的大脑和思维得到良好的刺激。

第9章
33~36周
——变得很健壮

怀孕第9个月，是怀孕的最重要时期。经过9个月的漫长等待，终于快要做妈妈了！现在，准妈妈要安心静养，将手中的所有杂事都分给老公和家人，放松心情，专心准备生产。

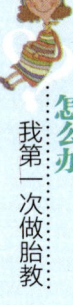

第33周

胎儿除了头部外的全身骨骼都已经硬朗了起来，准妈妈可以想象他（她）张开健壮的臂膀、踏着矫健的步伐在原野上奔跑……可以想象一切你能想象到的出生及长大后宝宝的情景，因为这一切已经有了基础，胎儿现在的确很健壮。

胎儿在成长 | 宝宝到底有多大啦

第33周的胎儿身长约48厘米，体重约有2200克了。本周，胎儿的皮下脂肪增加了不少，皱纹减少了许多，身体变得更加圆润光滑了。头部下沉至骨盆的姿势可使血流很容易流至他（她）正在发育的脑部，他（她）的呼吸系统和消化系统也已接近成熟。

33周的胎儿应当注意头的位置，胎位正常与否直接关系到准妈妈能否正常分娩。除了头骨之外，胎儿身体的其他部位的骨骼也已经变得很结实，皮肤也不再又红又皱了。

准妈妈变化 | 宝宝让我"孕味"十足

本周准妈妈体重增长的幅度很大，但几乎有一半的增长量都是增长在胎儿身上的。这时的准妈妈多半都无法好好睡觉，建议其在双腿间和后背放一个枕头，或者在头部也多垫上几个枕头，半躺着或者睡在躺椅上睡觉。

在夜晚或早晨刚醒来的时候，准妈妈的手指、手腕和手可能会经常出现疼痛、麻木的感觉。像体内的许多其他组织一样，手腕的部分组织也可能会肿胀，这会增加腕管压力，导致通过这个"管道"的神经受压，让准妈妈感到麻木、灼痛等。为了能让手腕感觉舒服一些，准妈妈不妨在睡觉的时候用枕头把胳膊竖起来，以减小腕管所承受的压力，促进血液循环。

胎教课堂 | 母子血脉相连、心灵相通

本周胎教的原则与重点是：胎儿和准妈妈除了血脉相连之外，在心灵上也是相通的。

准妈妈与胎儿分别通过不同的途径彼此传递着情感信息。准妈妈通过自己的情绪把信息通过胎盘传递给腹中胎儿，胎儿则会通过准妈妈的梦向其传递信息。大量的医学文献中都曾经记载过孕妇的梦成为事实的例子，其中的科学道理还有待通过研究加以验证。然而有些准妈妈的梦是清醒状态下的情绪和思维的反应，所谓"日有所思，夜有所梦"，这种"思"与"梦"之间的联系就是胎儿向准妈妈传递信息的一种形式。

饮食胎教 | 亚油酸满足大脑的迅速发育

【营养重点】

铁质是这一时期准妈妈需要摄入的营养元素中的重要元素。因为胎儿的肝脏正在以惊人的速度储存着铁质，如果此时铁质的摄入量不足，就会影响胎儿体内铁的存储，出生后易患缺铁性贫血。

亚油酸可以满足胎儿大脑的发育所需。在本周，胎儿正处于大脑增殖的高峰期，大脑皮层增殖非常迅速，所以准妈妈要适量补充亚油酸。

【食补指导】

本周，由于胎儿开始下降至盆腔，准妈妈的胃会舒服很多，食量也会有所增加。趁此机会，

可以适度摄入些糖类食物，这对准妈妈和胎儿的营养吸取都很有好处，但是准妈妈一定要注意避免食用热量较高的食物。

准妈妈可以通过植物油、玉米、花生、芝麻等食物多补充一些亚油酸。另外，海洋动物食品被营养学家称为高价营养品，它们富含脂肪、胆固醇、蛋白质、维生素A和维生素D，对胎儿眼睛、皮肤、牙齿和骨骼的正常发育有很大帮助，所以，建议准妈妈多吃一些海鲜食品。

【饮食推荐】

冬瓜排骨汤

孕晚期易发生水肿和妊娠中毒症，冬瓜是营养价值很高的蔬菜，还可以利尿，能有效帮助准妈妈减轻水肿症状。猪排骨除含蛋白、脂肪、维生素外，还含有大量磷酸钙、骨胶原、骨黏蛋白等，孕妈妈吃了可以补充营养。

材料：猪小排400克、冬瓜400克、生姜1小块、盐适量。

做法：冬瓜削皮、切片备用；生姜洗净、切片。锅内放水，加入生姜片后大火煮开，放入猪小排，煮3分钟左右，捞出血腥，倒掉血水和生姜片。再重复一遍上述去血腥的步骤。锅内换新水，放入新的生姜片及去好血腥的猪小排，用大火煮15分钟左右，放入冬瓜片，改用小火焖煮1小时，出锅之前根据个人口味加盐调味即可。

生滚鲫鱼粥

鲫鱼味甘、性平，富含蛋白质、脂肪、维生素A、B族维生素等营养物质，具有健脾、开胃、益气、利水、通乳、除湿的功效，做成粥品特别滋补。

材料：鲫鱼1条，大米40克，姜丝、葱花、盐、香油各适量。

做法：鲫鱼去鳞、内脏后洗净，片下鱼片；大米洗净备用。砂锅内放入大米、清水，大火煮开后转用小火熬至米粒软烂，放入鲫鱼片、姜丝继续熬煮成米粥，加盐调味，淋上香油，撒入葱花即可。

运动胎教 ｜ 三种运动，备战分娩时刻

【运动说明】

在妊娠的最后两个月里，准妈妈不妨多练习一下盘腿坐和拉伸腿部肌肉以及锻炼骨盆的动作，有助于其顺利分娩。下面我们来学习一下这些动作。

【运动方法】

盘腿对脚坐

准妈妈挺直腰背部，双脚掌相对合上，将脚跟向内侧拉，同时缓慢地压低两膝。

上下摇摆骨盆

以双手和双膝支撑身体，使头和躯干在同一水平线上，保持收腹的姿势数秒钟，同时轻轻摇摆背部，然后放松并压低背部，使背部保持水平。重复上述动作。

墙面滑行

背靠墙站立，两脚分开与肩同宽，靠着墙慢慢下滑成坐姿，保持数秒后再上滑至站姿。重复上述动作10次。

【运动功效】

上述三种动作可以拉伸大腿和骨盆的肌肉，保持骨盆的柔韧性，增强骨盆处的血液循环，同

时还可以加强腰部肌肉力量，减轻分娩痛苦。

按摩胎教 | 早晚搓脚心，打通经络交"好孕"

【按摩说明】

准妈妈搓脚心有活血通络、强体健身的功效。脚心上有很多反射区，搓脚心会让准妈妈身体的各个部位、各个经络都得到放松和疏通。每天早晚坚持搓脚心一次，还能补脑益肾、益智安神、调节睡眠、改善消化不良、促进食欲等状况。

【按摩方法】

干搓

左手握左脚脚背的前部，用右手沿左脚脚心上下搓100次，至脚心发热为止。换右脚搓100次。

湿搓

把双脚放在温水盆中泡到发红，再按干搓的方法搓脚。

酒搓

将半两白酒蘸在手上，按干搓的手法搓脚，两脚心各搓100次。

【按摩功效】

这种按摩方法不仅可以刺激脚心神经，还能滋阴补肾、颐养五脏六腑，提高睡眠质量。

情绪胎教 | 充分做好产前的心理准备

妊娠第9个月时，胎儿即将出生，兴奋和愉快的情绪与紧张的心理在准妈妈的心中同时并存着，这种情况使准妈妈情绪起伏波动很大。准妈妈的情绪依然会直接关系到胎儿的健康成长，从这点来看，准妈妈还是不能忽视自己的情绪变化。

妊娠第9个月时，准妈妈到底该怎样进行情绪调节呢？

首先，准妈妈要充分做好产前的心理准备。产前心理准备的重要性甚至超过了对分娩知识的各种学习和对各种分娩技能的锻炼。大多数准妈妈无法准确预估到自己将要面临的问题，所以等到问题真正出现的时候，就会感到特别无助。准妈妈如果能在产前做好充分的心理准备，那么就会得到更大范围的心理保护。

其次，准妈妈要寻找到分娩过程中的心理支持。分娩的过程是非常痛苦的，准妈妈应该有一个承受这种痛苦的心理准备。准妈妈在了解了产痛意义的同时，也要消除恐惧与怨恨的心理，不能将承受痛苦的不满都归错于宝宝身上，当你真正体验到分娩疼痛的意义所在时，你会消除负面情绪，这是有利于产后调整妈妈和宝宝之间的母子关系的。

最后，产后宝宝需要准妈妈的心理支持。出生后的宝宝散发出的起始的幼稚情感，只有在得到母亲的接受的情况下，才能发展。因此，产后准妈妈要一如既往地关爱自己的宝宝，保护宝宝免受过分的外部和内部压力。

> **小贴士 | 推荐准妈妈读的书**
>
> 怀孕期间，准妈妈适合读一些清新优美的小说或散文，如朱自清、冰心的散文。他们的散文，语言清新优美，思想内容健康，准妈妈读了可以净化心灵，对胎儿也会产生一种潜移默化的影响。
>
> 适合准妈妈在孕期读的小说也应思想内容健康，语言风格清新，如《小王子》《爱的教育》《小公主》等。读这类书不仅可以使准妈妈情绪稳定，也会使胎儿得到爱的教育。

其他胎教 | 备受重视的英语启蒙胎教

现在,英语是一种非常重要并特别受家长重视的语言教育。学习英语要从娃娃抓起,所以,我们完全可以尝试一下对胎儿进行英语启蒙教育。曾经有专家说:"只需一个袖珍耳筒式录音机,一盘磁带和英文唱的摇篮曲,就可以使胎儿将来成为精通两种语言的人才。"

那么,准妈妈该怎样对胎儿进行英语启蒙教育呢?其实,我们可以采取这样的方法:准妈妈把一个袖珍耳筒式录音机固定在腹部,在孕晚期的几个月中,放英语儿歌给胎儿听,并以英语儿歌的节奏摇晃腹中的胎儿,每天进行2~3小时。但这两三个小时的教育时间是要断开进行的,每次以不要超过45分钟为宜,以免胎儿产生厌烦情绪。

胎儿的内耳和鼓膜是在妊娠4个半月时唯一已经发育成熟的器官。这说明从此时起,胎儿就有了听力,并且开始注意外界的声音了。这时候用舒缓的英语歌曲对胎儿进行英语启蒙教育,可以使胎儿在准妈妈腹中时就开始接触这种语言的声音,对英语产生一定的"记忆",以对其将来的英语学习产生帮助。

第34周

进入34周后,准妈妈可以长舒一口气了,因为你不用再为可能早产而担心了。即使出现了早产,在这个阶段出生的宝宝99%都能够在子宫外成活,而且大多数不会出现与早产相关的长期的严重问题。

胎儿在成长 | 宝宝到底有多大啦

现在,大多数的胎儿开始进入头朝下的姿势,随时准备着从准妈妈的子宫中娩出。为了可以抵御轻微的感染,免疫系统也正在迅速发育。

由于胎儿的脑部正在飞速地发育,中枢神经系统正在发育形成,此时的他(她)突然变得不再活跃,而是经常在睡眠中度日。现在胎儿的脑部已经包含了上亿的神经细胞,完成了更复杂的将神经细胞和神经细胞的突触连在一起的任务。

胎儿的肺部已经发育得很成熟了。他(她)的手指末端非常小,指甲变得十分锋利了。不过胎儿的头骨却还是很柔软的,为了分娩时可以顺利通过狭窄的产道,他(她)的每块头骨之间还留有一定的空间。胎儿的脂肪层正在变厚,这是在为他(她)出生后保持体温做准备呢。

准妈妈变化 | 宝宝让我"孕味"十足

准妈妈的身体变化使自己的动作变得非常费力、缓慢。身体重心的转移和肚子的重量,给准妈妈的腿部带来了非常重的负担,常常出现痉挛和疼痛的症状,有时腹部还会出现抽痛和一阵阵紧缩。现在,准妈妈脚、脸、手都肿得更加明显了,脚踝部也肿得老高,这都是正常现象。不过,如果手或脸突然肿胀得非常严重,就一定要去就医了。不要因为身体的各种水肿而控制水分的补充,因为补充的水分越多,反而越能帮助身体把多余水分排出体外。另外,此时正是母体和胎儿需要大量水分的时候,补充水分不仅对缓解准妈妈的便秘等症状有极大好处,而且对胎儿的生长

发育也是极为有利的。

初产的准妈妈肚脐周围可能会出现发痒的红斑或条纹,以后还会扩散至大腿和肢体末端,这是妊娠瘙痒性荨麻疹及斑块的症状,在妊娠晚期才会发生。胎儿体重增长过快使准妈妈腹部过度膨胀,才会使皮肤发生这种改变。这周胎儿的胎位成了准妈妈该关注的重点,胎位是否正确关系到准妈妈是否能正常分娩。

胎教课堂 | 语言暗示消除分娩恐惧

本周的胎教原则与重点是:语言暗示可以消除准妈妈的恐惧心理。

兹德拉梅斯洛夫提出:用语言进行暗示可以消除孕妇的恐惧心理。这种暗示方法很简单,平日里,他人(家人、朋友或准爸爸)可以对准妈妈说:"你的骨盆较宽,很适合分娩;你体格很强壮,有利于分娩。"还可以用无声的语言对准妈妈进行鼓励,比如,给因子宫颈疼痛而紧张、恐惧的准妈妈送上一束鲜花,里面附上一张纸条,写上"阵痛的到来是幸福的开始"或"世界因为有了女人而五彩缤纷"等赞美的语言,给予准妈妈精神上的鼓励。

饮食胎教 | 营养摄入多样化、高质量

【营养重点】

本周的饮食还是继续保持食品多样化、量适当、质量高、易消化、低盐、低脂、适当控制饮水量的饮食原则。为了促进维生素D的合成,有利于钙质的吸收,准妈妈还要多去晒晒太阳。腹部的继续胀大,挤压了胃部而迫使消化功能继续减退,并且更加容易产生便秘,因此,准妈妈要多吃含纤维多的食品,以有助于这些症状得到缓解。

另外,准妈妈还要多注意饮食卫生,以免患上肠炎、肝炎等疾病,因为这些疾病对于将要分娩的准妈妈来说,无疑是雪上加霜。

【食补指导】

准妈妈此时可能正被便秘困扰着,准妈妈要多吃那些可以预防和缓解便秘症状的食物。

土豆

土豆易消化,且含有大量的粗纤维,可以促进胃肠蠕动,有效地改善孕期便秘。

玉米

玉米是粗粮,其中含有丰富的膳食纤维,能刺激胃肠蠕动,加速粪便排泄,改善孕期便秘。

黄豆

黄豆含有丰富的优质蛋白质和膳食纤维,既有利于胎儿发育,又能促进准妈妈的新陈代谢,并且可以通肠利便,改善孕期便秘。

芋头

芋头属于碱性食物,可以保护消化系统,增强免疫功能。准妈妈常吃可以促进肠蠕动,改善便秘症状。

草莓

草莓含有多种维生素、矿物质、蛋白质、膳食纤维、有机酸和果胶等营养成分,果胶和膳食纤维具有助消化、通大便的作用。

【饮食推荐】

木耳银芽炒肉丝

腐竹的蛋白质和脂肪含量高。木耳则有益智

健脑、补血活血、滋阴润燥、养胃通便、清肺益气、镇静止痛的作用。将这两种食材搭配食用，可以补充蛋白质、脂肪、碳水化合物、钙、磷、铁、锌和维生素C等多种营养素，准妈妈常吃可以补血益气、健胃消肿。

材料：腐竹50克，豆芽、木耳、肉丝各100克，香油、盐、水淀粉、干淀粉、姜末、酱油各适量。

做法：腐竹泡发好，斜切成小段；肉丝用酱油和干淀粉腌渍15分钟；木耳泡发好，洗净，切丝；豆芽洗净，在开水中焯一下。热锅热油，爆香姜末，倒入肉丝炒散，随后放入豆芽、木耳丝煸炒，加少许清水、盐，放入腐竹，用小火慢烧3分钟，转大火收汁，最后用水淀粉勾芡，出锅前淋入香油即可。

玉米淮山猪排汤

玉米含有丰富的纤维素，能促进胃肠蠕动，使体内的有害物质尽快排出体外。

材料：玉米100克、生淮山300克、猪排300克、江瑶柱30克、莲子10克、生姜和盐各适量。

做法：将玉米粒剥下来；江瑶柱浸泡好后，撕成丝状；莲子洗净待用；生淮山去皮，洗净后切滚刀块；猪排骨切成2厘米宽的小段；生姜切片。将上述备好的食材一起放入沙锅，加入清水，用大火煮沸后转小火煲2小时左右，出锅前加盐调味即可。

运动胎教 | 准妈妈运动，准爸爸"奉陪到底"

【运动说明】

准爸爸表达自己对妻儿爱意的时候到了，准妈妈做运动时准爸爸就做陪练吧。怀孕期间，准妈妈需要维持一定的运动量，在此情况下，准爸爸如果能陪妻子每天运动30分钟，将会对胎儿发育产生更好的作用。

【运动方法】

准妈妈从闭上眼睛深呼吸开始，可以依次做些腹式呼吸、有氧保健操等强度适宜的运动，这有利于准妈妈放松身体、伸展骨盆底肌肉，有利于胎儿顺利通过产道。在这个过程中，作为陪练的准爸爸要先为妻子做好准备工作，准备好椅子或在地板上铺上毯子等。像孕妇保健操一类的运动，夫妻二人还可以选择一套专门为夫妻共同设计的动作练习，在练习过程中，准爸爸要随时扶一下她的身体，并时常给予鼓励，让她充满信心，坚持到底。

【运动功效】

准爸爸陪准妈妈一起运动，既能增加准妈妈的运动积极性和自信心，又能增进夫妻感情，并且会对胎儿的发育产生很好的影响。

按摩胎教 | 亲情互动的 3 个小游戏

【按摩说明】

孕晚期，准妈妈对胎儿的胎教是不是可以再增加点内容呢？做一些抚触形式的小游戏吧，可以增加胎儿和准妈妈的亲密程度。

【按摩方法】

游戏 1

准妈妈一只手压住腹部的一边，另一只手压住另一边，轻轻按压，让胎儿感觉到你的动作并做出相应的反应。反复几次后，胎儿可能会将手或脚移向妈妈按压的位置。

游戏 2

准妈妈随着音乐的节奏轻轻在肚子上打拍子，通常重复几次后，胎儿会有反射动作。

游戏 3

准妈妈以二拍、三拍的节奏轻拍腹部，反复拍几次后，准妈妈拍两下，胎儿会在拍的地方回踢两下，轻拍三下，他就会回踢三下。

【按摩功效】

在孕晚期的时候，胎儿的胎动最明显，若准妈妈能经常通过上述方法与胎儿一起做胎教游戏，就可以起到与胎儿互动的作用，增加妈妈和胎儿的亲情联系。

情绪胎教 | 远离惊险恐怖的电视、电影

准妈妈从怀孕开始，就尽量不要看惊险刺激或恐怖的电视，也不要参加容易让人产生紧张情绪的活动。恐怖惊险的电影、电视往往会破坏准妈妈的心情，从科学角度来讲，准妈妈的情绪发生突然紧张、惊恐等重大波动时，胎儿会有明显的感觉，严重时甚至会导致流产。另外，惊险恐怖的影视片中阴郁刺激的情节会影响准妈妈的情绪，使准妈妈的情绪也处于阴郁刺激的状态里，长期保持这样的情绪，胎儿也会承袭准妈妈的这种情绪，使生长发育产生异常，出生后的脾气性格也会表现得阴郁怪异。

所以，准妈妈在怀孕期间应该保持轻松、愉快的心情，所以最好远离那种令人恐怖、紧张的影片，多听听轻音乐，看看轻松的喜剧片，这样才会对胎儿的智力、性格发育带来好的影响。

| 小贴士 | 德沃夏克的 e 小调第九交响曲《自新大陆》第二乐章——抚平焦躁的心情

德沃夏克的这首《自新大陆》共分四个乐章，第二乐章是其中最出彩的部分。这一章的乐曲节奏缓慢，充满了奇异的美感和美妙的情趣。这一乐章旋律极其优美，其舒缓的节奏能使听者的情绪平静下来。准妈妈心里焦躁时，不妨听听这章乐曲，可以使情绪逐渐平静下来。

其他胎教 | 天马行空的想象力胎教法

怀孕时准妈妈如果能进行体力、精神上的放松训练，排解紧张心理，对胎儿的大脑发育有诸多裨益。准妈妈在怀孕期间经常进行些富有想象力的训练，那么以后生出的宝宝将会机灵、聪明、活泼，性格也比较外向。

准妈妈如果能到沙盘活动室进行一些有关动手能力和想象力培养的训练，如利用布娃娃或动物玩具及小房子等设计庭院、在沙盘上造出一个自己想象中的小世界等。准妈妈如想完成这些任务，就必然要发挥一定的想象力，而大脑的这一

活动会使血液中增加的激素通过脐带传给胎儿，并相应地刺激胎儿的大脑，为胎儿出生后的创造力、想象力打下基础。

第 35 周

囤积脂肪——这是胎儿为自己降生后独自生存做的最后一项准备，有了这层脂肪，胎儿就可以调节自己离开子宫后暴露在空气中身体的温度。所以，准妈妈要多摄入富含脂肪的食物，只是别太肆无忌惮，否则可能会适得其反。

胎儿在成长 | 宝宝到底有多大啦

本周胎儿的身长已经有50厘米左右了，体重约2.5千克。胎儿现在的重点是要开始增长体重，他（她）现在变得圆圆的、胖乎乎的，他（她）的皮下脂肪已经形成，这是在为他（她）出生后调节体温打基础呢。

第35周的胎儿内脏及性器官已经发育完全，两个肾脏已经发育完全，肝脏也可以自行代谢了。此时，准妈妈最好开始坚持做胎动计数的工作，看看胎儿的胎动次数是否在正常值范围之内。如果胎动每12小时在30次左右，即为正常；如果胎动每12小时少于20次，则预示着胎儿可能缺氧；若每12小时少于10次，胎儿可能会有生命危险，应及时去医院就诊。

准妈妈变化 | 宝宝让我"孕味"十足

本周，准妈妈的子宫体积已经增大到怀孕前的15倍了，像气球一样膨胀起来的子宫继续挤压着准妈妈的内脏，尿频、烧心、消化不良等问题依旧困扰着准妈妈。子宫内的空间已经变得越来越小，快要容纳不下胎儿了，所以，准妈妈会经常看到胎儿在活动时的手脚、肘关节等部位凸显的样子。此时，准妈妈身体越来越沉重了，子宫开始有了轻微的收缩，阴道分泌物增多，便秘现象严重。

到本周，准妈妈的体重约增加了11～13千克。子宫壁和腹壁已经被撑得很薄了。胎儿增大并逐渐下降，使很多准妈妈觉得腹坠腰酸，骨盆后部肌肉和韧带变得麻木，有一种牵拉式的疼痛，使行动变得更为艰难。平时做起来很简单的事情，现在却变得非常吃力，让准妈妈感觉非常疲累。

胎教课堂 | 增加顺产概率的五种方法

本周胎教的原则与重点是：如何增加顺产的概率。

5种方法可助准妈妈增加顺产的概率：
1. 做好分娩前的准备。
2. 孕期合理营养，控制体重。
3. 做孕期体操。
4. 定时做产前检查。
5. 矫正胎位。

饮食胎教 | 孕晚期决定新生儿体重的 70%

【营养重点】

本周正是胎儿获取身体大部分蛋白质、脂肪、铁质、钙质和磷的重要时期，孕晚期是胎儿体重增长的关键时期，出生时体重的 70% 都是在此时期内增加的，因此，准妈妈应该继续前面的饮食原则的同时，注意蛋白质、钙、铁的摄入，减少谷类的摄入量，既要满足胎儿成长的需要，又要避免自己和胎儿都太过肥胖。

【食补指导】

本周，可能最让准妈妈感到痛苦的症状就是便秘了。逐渐增大的胎儿给准妈妈带来了很大的负担，引发准妈妈便秘。为了缓解便秘，准妈妈应该注意摄入足够量的膳食纤维，以促进肠道蠕动。另外，准妈妈还要辅以适当的户外运动，并养成每日定时排便的习惯。

准妈妈可以适当地食用一些牛肉，因为牛肉具有补脾胃、益气血、强筋骨等作用，可以适度缓解肌肉疼痛。另外，饮食上要多注意卫生，避免因食物不洁患上肠胃病。

【饮食推荐】

板栗烧鸭

板栗性温味甘，有补肾养胃、健脾消肿、舒筋活血的功效，其含有大量的淀粉和丰富的蛋白质、脂肪、维生素等营养成分。鸭子性凉，尤其适合准妈妈在干燥的季节食用。

材料：鸭子1只，板栗、盐、料酒、酱油、胡椒粉、葱花、姜末、蒜各适量。

做法：鸭子洗净，剁块。锅内烧油至七成热，爆香葱花、姜末，放入鸭块、料酒、酱油翻炒均匀，再放入清水和盐，待水开后放入板栗，煮至鸭子熟时放入蒜、胡椒粉即可。

青椒牛肉丝

牛肉含有的蛋白质可以提高机体的抗病能力，有利于胎儿的生长发育。青椒中维生素 C 的含量非常高，维生素 C 有助于铁的吸收，常吃可以补中益气、滋养脾胃、强健筋骨、止渴止涎。

材料：牛肉 300 克、青椒 200 克、料酒半匙、酱油半匙、淀粉 1 匙、葱末 1 匙、姜末半匙、蒜末半匙、盐 1 小匙、白糖 1 小匙、胡椒粉半小匙、香油半小匙、米酒适量。

做法：牛肉洗净，横纹切丝，放入适量米酒、酱油、淀粉、水拌匀；青椒洗净，切细丝，入滚水烫约 1 分钟后捞起备用。锅内热油，加入牛肉丝，翻炒至牛肉丝九成熟后捞起。锅热油，爆香葱末、姜末、蒜末，加入牛肉丝、青椒丝及淀粉、盐、白糖、胡椒粉大火迅速炒拌均匀，淋上香油拌匀即可。

运动胎教 | 学做孕妇清静体操

【运动说明】

练习清净体操的前提条件是要有一个清净的心态。准妈妈坐稳，伸直腰部，正视前方，下巴略微向里收。在呼吸法上主要采用自然地呼吸方式，根据情况也可做出深呼吸动作。

【运功方法】

卧姿练习

1. 两腿一起上抬。双手垫住头部，两腿一起上抬并弯曲。

2. 双腿轮流上抬。平躺，弯曲左腿，然后抬起右腿与身体呈 90°角，与此同时用双手垫住头部。尽可能长时间地保持这一姿势，然后把腿放下来之后休息片刻。

坐姿练习

1. 双手推门势。双手手掌向前方完全张开。双臂分开与臂部同宽,举止肩膀的高度。一边收缩手臂一边长长地叹气,在伸直手臂的同时再将气息呼出。重复4次。

2. 叠手姿势。两手手指交叉向前推,然后先向上举,在移动到头后,最后头部向后倾。将此套动作重复2次。

站姿练习

四肢运动。双脚分开与肩膀同宽,右臂向上伸直,手指朝向天空,左腿上前迈步并在空中弯曲成90°角。两侧轮流做,各重复5次。

走姿练习

在空气清新的地方慢慢走动,与此同时重复将自己的手掌向内弯曲再向外展开的动作。

【运动功效】

卧姿体操练习可以促进全身的血液循环,强化腰部力量,预防腿部的浮肿症状。坐姿体操练习可以增加准妈妈的肺活量,从而给胎儿带来充足的能量供给,并能让准妈妈手脚渐渐温暖起来,心情也会随之变得愉快舒畅。站姿练习可促进血液循环和新陈代谢,强化腿部肌肉和骨盆腔,提高顺产概率。走姿练习可将清新的空气传递给胎儿,通过深呼吸来提高胎儿的供氧量。适量的行走能够强化孕妇腿部的肌肉并放松骨盆肌肉。

按摩胎教 | 胃部不适,通过按摩解决

【按摩说明】

下面介绍五种按摩手法,用来辅助治疗准妈妈的身体不适症状。但应注意,准妈妈在胃及十二指肠溃疡出血期不宜对上腹部进行按摩。另外,平时要保持规律的起居生活,饮食要有节制,少食生冷、辛辣、刺激和不易消化的食物,不宜过度疲劳,心情要愉悦放松。

【按摩方法】

预备式

准妈妈坐稳,挺直腰,双脚平放,打开与肩同宽,左手手心与右手背重叠,轻轻放在小腹部,双目平视前方,微闭,调匀呼吸,全身放松,静坐1~2分钟。

揉按中脘穴

将右手半握拳,拇指伸直,拇指指腹紧贴在中脘穴,适当用力按揉0.5~1分钟。

按摩上腹

将左手掌心叠放在右手背上,将右手掌根放在上腹部,适当用力做顺时针环形摩动0.5~1分钟,以上腹部有温热感为佳。

分推肋下

将双手4指并拢,分别放在同侧剑突旁,沿季肋分别推按0.5~1分钟。

掐压足三里穴

将双手拇指指尖放在同侧足三里穴上,其余4指附在小腿后侧,适当用力掐按0.5~1分钟。

【按摩功效】

上述五种按摩手法可以达到调中和胃、理气止痛、健脾止吐的功效,准妈妈在按摩中精神和身体得到了双重放松,减轻了胃部的不适感。

情绪胎教 | 小家伙也会有"脾气"

研究发现,胎儿也是有记忆力的,可以记住准父母施予的胎教内容,所以,作为能直接影响

胎儿的准妈妈，就要格外注意自己的情绪，不要让自己的不良心情影响胎儿的生理和心理发育，因为他（她）也是有"脾气"的。

从孕8周开始，胎儿就可以用蹬腿、摇头等动作来表示自己的厌烦情绪了。到了怀孕6个月左右，胎儿就开始表现出他（她）的脾气，会偶尔发点小脾气。对于准妈妈是不是对他（她）的到来真心欢喜也能察觉出来，并做出反应。他（她）感受到的准妈妈的情绪是十分稳定的，而且带着非常喜悦的感情这就表明准妈妈喜欢他（她）、期盼他（她）的到来。准妈妈的这种平静状态会使胎儿的身心得到最健全的发育，就连胎动也会变得有节奏起来，最后准妈妈的分娩过程也会变得很顺利。

如果胎儿感受到的是准妈妈对他（她）的忧郁排斥之情和不喜欢之情，那么他（她）就会受到不良的影响，出生后会出现肠胃及行为上的问题。如果胎儿感受到的是准妈妈对他（她）的厌恶之情，感受到准妈妈不希望他（她）来到这个世界上，那么这样的胎儿很容易早产，即便足月出生，也会出现体重过轻的现象，并在情绪及情感上都会表现得比较冷漠。

| 小贴士 | 准爸爸小笑话

老张很爱说阿谀奉承的话。一天，他请了四位朋友到家里做客，当朋友到齐后，他便关心的问起四位朋友都是如何来的。

甲说："我开车来的。"

他说："相当威风！"

乙说："我骑马来的。"

他说："相当潇洒！"

丙说："我走路来的。"

他说："相当从容！"

坐在一旁的丁听了，实在无法容忍老张这副奉承的嘴脸，便说："我爬着来的！"

只听老张笑眯眯地朝他伸出大拇指说："相当稳当啊！"

其他胎教 | 帮助胎儿提高IQ和EQ的方法

聪明的宝宝并不是我们简单意义上理解的IQ（智商）高的宝宝，"聪明"也包括EQ（情商）因素在里面。也就是说，只有IQ和EQ均衡发展的宝宝才能称得上是聪明的宝宝，那么，怎样才能生出这样的宝宝呢？在胎儿时期，准父母又该做些什么来帮助胎儿提高IQ和EQ呢？

其实很简单，只要准父母在胎教上多多用心就能帮助胎儿提高IQ和EQ。EQ和IQ均衡发展的必须条件如果按重要程度来列举的话，其排序如下：

1. 对胎儿大脑的适当刺激。
2. 孕妇健康的子宫环境。
3. 优秀的遗传因子。

只要具备了以上三条基本准则，每对父母生出的孩子都有可能成为天才。任何人最初的学习地点都是母亲的身体内，当母亲体内的学习环境不如意的时候，胎儿就会出现意外。人类在出生时已经带着约50兆以上的神经键，这些神经键并不是由遗传因子决定的，而是来自于环境。这里所说的环境，一方面是指出生后的环境，这当然非常重要，另一方面是指准妈妈的体内环境，这一点更加重要。神经键的活性程度左右着人类的智力，并左右着人一生的生活。

在准妈妈的子宫里，胎儿已经开始了初步的学习。这时准妈妈的母体变化会影响胎儿的肢体动作，影响他（她）的大脑发育。胎儿调节肌肉运动的小脑、脑下垂体的发育开始形成于孕6周，从此时开始，准妈妈要努力给胎儿一个很好的发育环境，这样胎儿就能健全地发育小脑，出生后的肢体协调能力也会非常优秀。在准妈妈不良情绪的影响下，胎儿也可能变得抑郁、躁动、不安，出生后乃至长大后的性格和行为也会表现得比较怪异或与周围环境格格不入。

的变化让准妈妈感到腹股沟和腿部非常疼痛，去厕所的次数也越来越频繁。准妈妈不会再像之前那么容易饥饿了，少食多餐还是一个不错的选择，它会让你的肠胃舒服一些。

体重的增加、肚子和身材的巨大变化都使准妈妈的行动越来越不方便，起居坐卧也会很费力。现在肚子大得连肚脐都膨凸出来了，下腹部的坠胀感让准妈妈总觉得胎儿马上就要降生了，这都属于正常现象，准妈妈只要格外注意，避免长时间站立，就不会发生早产的情况。

第 36 周

你对胎儿进行的胎教都达到了最佳效果吗？你和胎儿都真正开心快乐起来了吗？胎教内容有没有寓教于乐的效果呢？胎儿就要与你见面了，在这最后的阶段，一定要将胎教继续进行到底啊！

胎教课堂丨胎教放松准妈妈的心情

本周胎教的原则与重点是：准妈妈巧妙地用胎教来放松心灵。

孕晚期，面对即将分娩的情况，准妈妈时常出现情绪焦虑的现象，建议准妈妈用各种胎教方法来缓解这种负面情绪，让心灵得到放松。

准妈妈可以通过听音乐、亲近自然、想象美好的事物、唱歌等方式来达到放松情绪的目的。这些放松方法也可以综合起来一起运用，会更好地帮助准妈妈尽快消除焦虑、紧张、担心的负面情绪。有时候，在对胎儿进行胎教的同时，一个深呼吸、一次短时间的冥想、听一个美丽动人的童话故事，都可以释放准妈妈孕期焦虑的心情，还能达到教育腹中胎儿的效果，真是一举两得啊！

胎儿在成长丨宝宝到底有多大啦

本周胎儿仍在继续生长，身长达到了51厘米左右，体重也约有2800克了。这周胎儿的指甲又长长了些，肝脏也已经开始能够处理一些废物。由于子宫壁变得很薄，因此会有更多的光亮透射进子宫里，这会使胎儿逐渐形成自己每日的生活规律。

此时的准妈妈最好开始注意休息和保持个人卫生，因为你随时都有可能会分娩。

准妈妈变化丨宝宝让我"孕味"十足

胎儿在逐渐下沉到准妈妈的骨盆，这时准妈妈的肋骨和内脏器官都感觉轻松了许多。烧心的情况也有所好转了，呼吸也变得容易了许多。压力

饮食胎教丨谨防酮症酸中毒症

【营养重点】

孕晚期，准妈妈子宫增大、乳腺发育、血液

增加和胎儿生长都需要足够的蛋白质；同时，为了满足胎儿骨骼的生长所需，钙质的需求量也比之前加了一倍，胎儿为了形成血液会从母体吸收大量的铁，所以铁质对准妈妈来说也格外重要。

如果准妈妈碳水化合物摄入不足，可能会导致蛋白质缺乏或酮症酸中毒，因此要适量补充碳水化合物，但不能盲目补充，因为过量摄入碳水化合物会造成胎儿过大，导致难产。现在，准妈妈可以多吃一些淡水鱼，以促进乳汁分泌，为能够给新生儿提供营养充足的初乳而做准备。

【食补指导】

准妈妈要继续坚持少食多餐的原则，同时要注意营养均衡。本周还有一个重要的营养补充任务，那就是补充维生素 B_{12} 和维生素 K。胎儿的神经开始发育出起保护作用的髓鞘，发育过程将持续到他（她）出生以后，髓鞘发育依赖于维生素 B_{12}，这种维生素只存在于动物制品中，准妈妈只要保证吃一些精瘦肉、家禽或低脂肪奶制品，就可以补充胎儿发育所需的维生素 B_{12}。维生素 K 对血液凝结很重要，花椰菜、甘蓝、菠菜、香瓜、青豆等食物可以提供充足的维生素 K，多吃这类食物对准妈妈和胎儿都很有好处。

【饮食推荐】

红菇炖鸡汤

红菇富含多种氨基酸，有滋阴活血、健脑养颜的功效。鸡汤含有丰富的钙质和骨胶原。准妈妈常吃这两种食物可滋阴养颜，活血化瘀。

材料：野生红菇 200 克、三黄鸡 1 只、盐适量。

做法：将红菇和三黄鸡洗净，一起放入沙锅中，先用大火煮沸，再改用小火煲 2 小时，至鸡肉软烂，出锅前加盐调味即可。

胡萝卜牛腩

牛肉富含铁质，准妈妈常吃可以补铁。胡萝卜中的胡萝卜素、维生素 B、维生素 C 的含量丰富，准妈妈常吃可补充身体所需的营养。

材料：牛腩 100 克，胡萝卜 50 克，南瓜 50 克，高汤、盐各适量。

做法：胡萝卜洗净，切块；南瓜洗净，去皮后切块；牛腩洗净，切块，焯水。锅内加高汤煮开，加入牛腩块煮至八分熟，放入胡萝卜块、南瓜块，加盐调味，继续炖煮至南瓜和胡萝卜烂熟即可。

运动胎教 | 回归自然的"森林浴"

【运动说明】

回归大自然才是最好的养生方式。准妈妈有孕在身了，也应多接触大自然，从大自然中吸取自然之精气，以给胎儿提供更大的生长动力。"森林浴"就是一种不错的回归自然的方法。

【运动方法】

有条件的话，准妈妈要多去幽静的绿荫路上散步，甚至是去大森林中做"森林浴"。森林中有新鲜的空气，其粉尘含量远远小于闹市区，没有噪声污染，可以使准妈妈的精神得到完全放松，同时能呼吸到充足的空气负离子。

【运动功效】

准妈妈做做"森林浴"，可以达到祛病健身的目的，并且能够使准妈妈的身心得到彻底放松，宁静的心情和健康的体魄对腹中胎儿的生长发育是十分有利的。

按摩胎教 | 抚触按摩刺激胎儿的感觉器官

【按摩说明】

到怀孕的第9个月，由于胎儿已经足够大，子宫壁也已经变得很薄了，这时可以用手在腹壁上清楚地触摸到胎儿的头部、背部和四肢。这时做些抚触动作，胎儿会获得更清晰的感觉，收到的效果也会特别好。

【按摩方法】

准爸爸或准妈妈可以用手轻轻地抚摸胎儿的头部，有规律地来回抚摸胎儿的背部，也可以轻轻的抚摸他（她）的四肢，胎儿感受到触摸的刺激后，就会做出相应的反应。触摸顺序可由头部开始，然后沿背部到臀部至肢体，动作要轻柔有序，有利于胎儿感觉系统、神经系统及大脑的发育。

触摸的时间最好定在晚上9点左右进行，每次以5～10分钟为宜。如果在触摸时发现胎儿用力蹬腿，则说明他（她）有抵触情绪，不喜欢你这样对他（她），那么请立即停止触摸；如果胎儿感到舒服，就会轻轻蠕动，准父母就可以把触摸胎教继续进行下去。

【按摩功效】

这种抚触按摩的方法可以有效地刺激胎儿的感觉器官，使其得到更好地发育，还能增进母子或父子之间的感情。

情绪胎教 | 准妈妈为何冷落丈夫

孕期，准妈妈体内的孕激素分泌量增多，这会使她对异性的兴趣降低，不喜欢甚至讨厌、反感、敌视与异性接近，这是生理原因造成的淡漠心理。这时候，准爸爸最好能调整好自己的心理，不要跟准妈妈计较，要理解准妈妈是因为爱孩子而对你有些许怠慢，这是女性爱孩子的天性所致，也是对你的爱的另一种表达方式。只要夫妻双方都能理解对方，准爸爸努力帮助准妈妈克服淡漠的心理，相信准父母可以很顺利地度过孕育宝宝的这一艰难阶段，夫妻感情也会有所升温。

小贴士 | 快乐胎教——一家三口的一天

清晨，美好的一天来临了。照在床上的阳光，柔柔的，很舒服。每一天都是新的一天，怀孕的日子里，准妈妈每天都该以期待的心情渴望新一天的到来。准妈妈睁开眼睛的第一件事，就是用手轻轻地抚摸着隆起的肚子，用愉悦的声音对腹中的胎儿说一句："早安，宝贝！新的一天开始了，快起床吧！"

起床后，准妈妈打开录音机，播放一些专业的胎教音乐——钢琴曲、儿歌、古诗等，并一边洗漱一边聆听，或者干脆跟着一起哼唱。

上班的路上人多、车多，准妈妈以步代车也是种不错的选择，不过前提条件是单位离家不是太远。多走走路能使准妈妈吸入更多的新鲜空气，加速体内废物的排出，有效缓解孕期的不适反应，对胎儿也是大有好处的。另外，上班的路上也可以随时对胎儿进行胎教，与胎儿进行交流。准妈妈可将沿途所看到的建筑和风景、碰到的人和事情，以及发生的有趣情景，一一讲给胎儿听。

在单位的工作中，准妈妈要以积极的心态、张弛有度的节奏进行一天的工作。不要有倦怠心理，不要慵慵懒懒，是保持饱满的

热情，更加认真地对待工作。这种乐观积极的态度一定可以感染腹中的胎儿，因为快乐的心情就是最好的胎教。准妈妈在工作生活中要一改往日急躁的性格，尽量保持淡定、不郁不怒、心情愉悦的心理状态，以平和的心态来度过每一天。

晚上，准爸爸下班回家了。结束了一天忙碌的工作，现在就是准父母和胎儿三人世界的快乐时光。准爸爸可以向胎儿"汇报"一下今天的工作，给准妈妈讲几个笑话，大家一起乐一乐。三个人还可以一起做些胎儿喜欢的游戏，如点肚皮的游戏，或者给胎儿讲故事，准爸爸浑厚、低沉的声音会深得胎儿喜欢，这时他（她）会积极做出反应。

睡前，准爸爸可以给准妈妈做个按摩，两人一起给胎儿创造一个安静舒适的入睡氛围和环境。美好快乐的一天即将结束，记得睡前要对胎儿说晚安！

其他胎教 | 理想中的完美胎教

近代学者蔡元培先生提倡去公立胎教院与育婴院给胎儿一个接受良好胎教的机会，他认为家庭自身很难给胎儿一个完美的教育。

蔡先生理想中的公立胎教院的大体环境应该是："设在风景佳胜的地方，不为都市中混浊的空气、纷扰的习惯所沾染。胎教院的建筑形式要匀称、玲珑，用本地旧派，略参希腊或文艺复兴时代的格调。凡埃及的高压工，峨特的偏激派，都要避去。四面都是庭园。有广场，可以散步，可以作轻便的运动，可以赏月观星。园中奇葩花木，使四时均有雅丽之花叶可以悦目。选毛羽秀丽、鸣声清雅的鸟类，散布花木中间须避去用索系猴、用笼装鸟的习惯。引水成泉，勿作激流。汇水成池，蓄美观活泼的鱼。"

在准妈妈居住的室内应该是："糊壁的纸，铺地的毯，都要选恬静的颜色、疏秀的花纹；应用与陈列的器具，要轻便雅致，不取笨重或过于琐巧的。一室中要自成系统，不可混乱。陈列雕刻图画，都取优美一派，应用健全体格的裸体像与裸体画。凡有粗犷、猥亵、悲惨、怪诞等品，即使描写个性，大有价值，这里都不好收入。过度刺激的色彩，也要避去。"

房间内还应该给准妈妈准备些阅读书目和材料，文字内容要乐观、平和，凡是描写社会黑暗面、个人精神异常内容的，都不要摆放其中。准妈妈可每日听一段音乐，乐曲的选取标准与图画一样，太过刺激、委靡的，都不要。总之，准妈妈要完全生活在平和、活泼的环境氛围里面，才没有不好的影响传到胎儿。这才是给胎儿的最完美的胎教。

第10章

37～40周
——头已经完全入盆

准妈妈将要完成一个有着里程碑意义的阶段性任务——生命延续。夫妻间的爱情有了美好的『结晶』，未来的路还很长，亲爱的宝宝将与你们共度以后的美好时光。

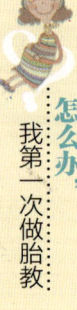

第 37 周

准妈妈已经有了各种产前的生理及心理迹象，按耐不住要做妈妈的幸福与喜悦，丈夫的温柔体贴也让准妈妈心情舒畅。多希望这么美好舒心的日子永远持续下去啊，没问题，宝宝出生后，生活又会进入新的篇章，它将更加光辉灿烂，幸福美满！

胎儿在成长 | 宝宝到底有多大啦

孕育胎儿的最后一个月来临了，这是孕期的最后阶段，但是胎儿并没有停止发育，他（她）还在继续生长着。怀孕第 37 周，胎儿体重已经增长到 3 千克左右了，身长也达到了 51 厘米左右。此时，胎儿体内的脂肪已经增加到体重的 8% 了，经过了这个月的脂肪堆积，到出生时他（她）的脂肪可占体重的 15%。

本周胎儿的头部已经完全进入骨盆了。他（她）正在练习呼吸，肺和其他呼吸器官都已经发育成熟了。已经被他（她）占满的子宫空间让他（她）无法自由活动，不过没关系，这时他（她）可以继续在子宫里发育脑部。

准妈妈变化 | 宝宝让我"孕味"十足

由于越来越接近分娩的日子了，准妈妈可能会出现"现血"现象，即子宫颈变软及变薄后，黏液栓塞和血液混合流出阴道的现象，这是正常现象，是子宫颈为分娩做准备而扩大的结果，准妈妈们不必担心。

本周开始，羊水体积有所减少，不规则宫缩频率增加。当你感到不规律宫缩带来不适时，最好多做呼吸练习以保持心情放松。这时的宫缩并不是我们所说的临产宫缩，而是正常宫缩，它比上一个月时的宫缩更加频繁，随着胎儿在子宫内的位置不断下降，准妈妈越发感到下腹坠胀。

胎教课堂 | 乌托邦式的胎教环境

本周胎教的原则与重点是：康有为乌托邦式的胎教环境设想。

康有为认为，理想中的完美胎教环境应该是："孕妇应高洁、寡欲、学道、养身，中正无邪，仪容不体现情欲之感，举止不出现儿女私情，没有情感和忧愁扰乱她的内心，这样生下的孩子便和平中正。在胎教院中，孕妇受到人们的尊重，孕妇的住所清洁整齐，每日有人给她们讲授分娩、育儿的科学理论，学习工艺、天文、乐津、图画。在胎儿院中，终日乐声镣绕回荡，这些优雅的乐曲可以涵养性情、启发神智。"

饮食胎教 | 每日摄入热量 2300 千卡

【营养重点】

准妈妈在此阶段的热量补充是格外重要的。孕妇每日摄入热量的标准应为 2300 千卡，这个数字告诉我们，准妈妈的营养需求并不像我们想象的那么多，所以没必要大吃大喝，尤其是油炸食品、高热量食品、高糖分食品等，准妈妈最好少吃。

【食补指导】

本周准妈妈应坚持的饮食原则依旧是少食多餐。

本周，准妈妈越发明显地感觉到消化系统的运作慢了下来，多吃些制作精细、易于消化、营养丰富、有补益作用的菜肴，可为准妈妈的临产积聚能量。另外还要格外注意预防便秘和水肿。

【饮食推荐】

羊肉冬瓜汤

羊肉性温味甘，可补虚祛寒、温补气血、开胃健脾。冬瓜性寒味甘，可利尿消肿，孕晚期有水肿症状的准妈妈应多吃冬瓜。

材料： 羊肉片100克，冬瓜300克，香油、葱末、姜末、盐各适量。

做法： 冬瓜去皮、瓤，洗净，切片；羊肉片用盐、葱末、姜末腌渍5分钟。热锅热油，先放入冬瓜略炒，再加适量清水烧沸，加入腌渍好的羊肉片，煮熟后淋入香油即可。

蔬菜黄鱼卷

黄鱼具有益气养血、强筋壮骨、健脑添髓、舒筋活血的功效，准妈妈在孕期常吃，可促进产后的乳汁分泌。

材料： 黄鱼肉100克，肥猪肉25克，鸡蛋清30克，荸荠25克，荠菜25克，油皮50克，小苏打、葱末、姜末、面粉、料酒、淀粉、盐、香油各适量。

做法： 将面粉、小苏打和清水调成面糊；肥猪肉、黄鱼肉、荸荠、荠菜均切细丝，加入葱末、姜末、鸡蛋清、料酒、盐、香油搅拌成肉馅。油皮平铺，抹上肉馅，再卷成长卷，外面抹上蛋清，切成3厘米长的小段，蘸上面糊，放入油锅中炸成金黄色即可。

运动胎教 ｜ 仰卧运动缓解腰腿酸痛

【运动说明】

准妈妈的腰部和背部所承受的压力越来越大，腰部和背部也产生了酸痛的症状，其实，通过一些小小的运动就可以使这一症状得到缓解，如果这类小运动做得早的话，还可以预防准妈妈腰背疼痛。

【运动方法】

1. 仰卧，一腿伸直，双手抱另一条腿弯曲的膝盖，尽量用膝盖贴胸前，腰及肩背贴向床面。这个动作一松一紧为一组，做5组，然后换另一条腿做。

2. 仰卧，双手抱膝，使双膝弯曲至胸部，坚持5秒再慢慢放平双腿。

【运动功效】

这套动作可以使腰部关节、肌肉放松，减轻腰痛。

按摩胎教 ｜ 按摩风池穴可治落枕

【按摩说明】

到了怀孕后期，由于准妈妈无法以正常姿势睡觉，所以很容易落枕。另外，睡觉时颈部受风，也会导致准妈妈有落枕的现象。不要着急，这不是什么大毛病，自己动手就能治疗。

【按摩方法】

点穴

用拇指点按风池半分钟。

松筋

首先在颈部两侧寻找压痛点，在压痛点上用拇指按揉约1分钟，再用手捏拿颈部和肩部肌肉2分钟。

活动颈部

用手指按住疼痛一侧的肌肉，头部先做左右转动，再做抬头、低头运动，最后再做颈部环转运动。当转到某个角度出现疼痛时，手指立即按揉局部，头部继续转动。

抱颈

双手手指交叉，掌根抱住颈部，双掌根相对用力，捏挤颈部，并向上提起，反复10次，再用手掌在患部使用掌擦法操作20次。

【按摩功效】

这些按摩方法可以有效治疗准妈妈的落枕症状。

情绪胎教 | 了解分娩，缓解紧张感

准妈妈，尤其是第一次怀孕的准妈妈，都会有一定的紧张情绪。准妈妈想到十月怀胎后将要经历分娩的生死考验，心里就一阵阵紧张、发怵。准妈妈总是会想分娩时可能发生的情况，以致自己的心情更加紧张。

其实，准妈妈完全可以通过正确认识分娩而消除紧张情绪。准妈妈应该了解，现在的医疗水平很高，医院的医疗设备相当完善，卫生条件也大大好于从前，发生意外事故的概率相当小。也许你是因为偏听偏信了一些长辈的话，才产生了对分娩恐惧的紧张心理，但了解了这些以后，你的顾虑是不是可以消除了呢？另外，请不要相信那些不科学的偏方，一定要去正规医院进行产检和分娩，这样可以保证你的分娩安全。

| 小贴士 | 静心瑜伽之放松功

准妈妈先平躺呈"大"字形，然后在心里用意念把身体的每个部分、从脚到头地放松一遍，配合平稳的呼吸，可以使烦躁失眠的人静心安神。

其他胎教 | 充满生命力的氧气胎教

美国的一个研究小组发现：在氧气供给充足的子宫内生长发育的胎儿，出生后头脑会相对发达，智商也明显偏高。准妈妈多呼吸新鲜空气可以提高胎儿氧的供给，有利于胎儿的脑发育。

在各种氧气胎教的方法中，最简单的要属散步和"森林浴"了。通过适当的散步和"森林浴"使自己吸入充足的氧气，不仅可以促进胎儿脑部的发育，还能调节准妈妈忧郁紧张的心情。在不适宜外出的时节里，准妈妈也要打开窗户给室内通通风，换换新鲜空气，并借助简单的体操运动以增加氧气的吸入量。

第38周

即便是马上就要脱离母体、来到这个世界上了，但只要一刻没离开妈妈的肚子，胎儿也会抓紧时间多生长一刻。准妈妈会生出多重的宝宝？这时候还不是能给最后结论的时刻，只要宝宝还在肚子里，脂肪依旧在囤积，体重依然在增长。

胎儿在成长 | 宝宝到底有多大啦

现在，胎儿的头部已经完全进入骨盆并在其中开始摇摆了，因为周围有骨盆的骨架保护，胎儿还是很安全的。胎儿在准妈妈体内处于这样的位置对他

（她）来说是很有好处的，因为这样可以留出更多的空间使他（她）的小胳膊小腿儿伸展开来进行活动。

胎儿的体重进一步增长到3.2千克左右了，身长又多长了1厘米，达到了52厘米左右。小家伙的手脚指甲都长到了手指和脚趾的末端，头发也长到了2厘米左右。如果准父母中有一方的头发是自来卷的话，小家伙的头发很可能也是自来卷。之前覆盖在胎儿身上的一层细细的绒毛和大部分白色的胎脂开始逐渐脱落，皮肤变得光滑。脱落的物质和分泌物会随着羊水吞入胎儿肚子里，储存在其肠道中，等到出生后形成黑便排出体外。

准妈妈变化｜宝宝让我"孕味"十足

腿部的水肿情况已经特别严重了，无论是谁，怀孕后都会经历这个痛苦的过程，尤其是在孕晚期，这种状况尤其明显。胎儿进入骨盆后对膀胱造成挤压，这使准妈妈越来越频繁地上厕所。在真正的宫缩开始之前，假宫缩的阵痛常常会来袭击准妈妈。

由于胎儿入盆，本周开始准妈妈会觉得上腹部的闷胀有所缓解，食欲变得逐渐好起来了。紧张和焦虑的心情常伴随着准妈妈度过了怀孕的最后日子，其实完全没必要用这样的心情去迎接即将到来的分娩，充分休息，适当活动，做好生产的准备，这才是准妈妈这个阶段该做的事情。

胎教课堂｜小心你的言语"教坏"宝宝

常言道"言为心声"，准妈妈在怀孕期间一定要尽量避免说脏话，更不要吵架，努力增加语言、文学的修养，以优美的语言充实、丰富、美化自己的生活。准父母对胎儿进行胎谈胎教和语言胎教的时候，要充分体现对胎儿的关心和爱抚，把你对胎儿的爱告诉他（她），用心描述大自然的风景变化和眼前的美好景观以及准父母对未来生活的憧憬给胎儿听，还可以讲些愉快优美的童话故事给胎儿听，这会给胎儿以安全舒适的感觉。

饮食胎教｜不再补充各类营养素制剂

【营养重点】

本周准妈妈的胃口开始好了起来，因为胎儿进入骨盆后对准妈妈胃部的压迫变小了，所以准妈妈开始食欲大增，频繁地想要吃东西。即便如此，准妈妈也要在饮食方面有所控制，应均衡营养、少食多餐，以免胎儿过度增长。另外，准妈妈要保证水分的补充，除了喝水外，喝些牛奶、果汁也不错，但不要喝碳酸饮料，以免引起肿胀，更不要喝含有咖啡因的饮料，以免改变体内激素分泌，使身体感到不舒服。

【食补指导】

准妈妈最好多吃些动物性食物含量较高和大豆类的食物，以补充需要增加的优质蛋白质。豆油、菜油等植物油和核桃仁等坚果有利于宝宝脑发育，也要多食用。适当吃些动物肝脏和全血，保证每天食用两种以上的蔬菜，以全面均衡营养，还能缓解便秘。

【饮食推荐】

虾仁芙蓉蛋

鸡蛋清的蛋白质含量丰富，准妈妈常吃可以补充蛋白质，有利于虚弱身体的恢复。虾仁的钙、磷、铁等矿物质含量丰富，钙、磷可令骨质强壮，铁具有生血作用，对预防佝偻病有很好的效果。

材料： 鸡蛋清6个，虾仁50克，葱末、黄酒、盐、淀粉、熟猪油各25克。

做法： 虾仁加盐、淀粉、鸡蛋清1个拌匀，腌渍15分钟。鸡蛋清5个加盐打散，加清水搅匀，倒入汤盆内，放入蒸锅蒸6～7分钟取出。锅置火上，放入熟猪油烧热，放入腌渍好的虾仁划散，再放入葱末、黄酒翻炒均匀，盛在蒸好的蛋羹上即可。

运动胎教 ▎增加骨盆底肌肉柔韧性

【运动说明】

分娩胎儿对准妈妈骨盆底肌肉的柔韧性要求很高，也要求其有很大的承受能力，所以准妈妈不妨做一些骨盆底肌肉的运动练习。

【运动方法】

1. 绷紧阴道的肌肉，就像小便时突然中断小便，憋住尿的感觉一样。
2. 保持阴道肌肉绷紧，坚持4秒，然后放松。尽量逐步增加到每日3次，每次做30～40次。

【运动功效】

这两个简单的小动作可以加强支撑准妈妈尿道、膀胱、子宫、阴道和直肠的肌肉力量，帮助准妈妈更快、更容易的分娩，同时也有助于防止怀孕前后的尿液漏出情况发生，还可增加直肠和阴道的血液循环，防止痔疮发作，加速产后撕裂伤口的愈合。

按摩胎教 ▎乳房按摩确保母乳喂养顺利

【按摩说明】

孕期的乳房按摩可以帮助准妈妈软化乳房，清除乳管中因新陈代谢而产生的污垢，使乳腺管畅通，增加乳汁流出。重要的是，准妈妈们担心喂养过孩子后会产生的乳房下垂的问题，这也能通过胸部按摩得到解决。

【按摩方法】

按摩前，一定先要用温热的毛巾热敷整个乳房。热敷过后，将一只手放在另一侧的乳房上，另一只手按压在这只手上，双手用力向胸中央推压乳房。双手同时放在乳房斜下方，从乳房根部振动整个乳房，并将乳房推压至向斜上方进行按摩。从下方托起乳房，双手向上推压。

【按摩功效】

正确的乳房按摩可以确保母乳喂养的顺利进行，并给母亲增强了母乳喂养的信心。

情绪胎教 ▎准爸爸要体谅妻子

作为准妈妈的家人，尤其是准爸爸，当准妈妈变得爱发脾气时，应该多体谅、忍让她。准妈妈面临着身体和心理的双重不适感，压力本来就大，丈夫要真正理解妻子，在准妈妈发脾气时，要先克制自己的情绪，再劝慰妻子，多与妻子沟通，帮助妻子排遣心中的不快。准爸爸还应该多陪妻子做些利于胎儿或是夫妻双方都比较感兴趣的事情。

> **|小贴士|准爸爸帮助妻子放松的注意事项**
>
> 1. 保证周围环境安静且安全，尽量避免噪声的干扰，避免放松过程被中途打断，这不仅极不利于准妈妈的情绪调节，而且还有可能让她的情绪变得更加糟糕。
> 2. 放松过程中，准妈妈如果感到身体不适，则应立刻停止，并马上告知丈夫，紧急

情况下和情况严重时请及时、尽快地寻求医生的帮助。

3. 放松练习只是对孕妇身体及情绪上的不适的一种辅助性的调节练习。它不是万能的，也不是一直有效果的，对这一点一定要有正确认识。

4. 放松过程中最好选择曲调轻缓、悠扬的音乐，特别是那些描述大自然的音乐。

5. 由于孕妇特殊的身体条件，练习放松时最好在舒适的躺椅上。同时准爸爸最好为妻子准备些舒服的坐垫、靠垫，避免准妈妈因长时间练习而感觉身体疲累。

其他胎教 | 性格胎教，你的性格我做主

塑造宝宝的性格，准妈妈对胎儿施与的胎教是非常重要的。准妈妈要在胎儿性格形成的关键期内，对胎儿进行一些有意识的精神刺激，这对他（她）性格的形成有着举足轻重的作用。为了更好地使胎儿形成良好的性格，准妈妈最好可以做到以下几点：

1. 以身作则。6个月以后的胎儿能把感觉转换为情绪，这时，准妈妈产生的各种情绪就会毫无掩盖全都被胎儿感受到。准妈妈的精神状态、情感、行为、意识可以引起体内激素分泌异常，影响到胎儿的性格形成。所以准妈妈要以身作则，克服怀孕期间的所有痛苦，用坚强的意志影响到胎儿，为胎儿出生后能有自尊自强、勇于与困难作斗争的好性格打下基础。

2. 精神刺激。这一行为主要是由准爸爸来操作的。准爸爸可用开玩笑、逗乐等幽默的方式使妻子开心，这种方法可使准妈妈情绪有片刻的由平静到喜悦的波动，而这种波动可使胎儿得到性格上的锻炼。

第39周

此时，也许有的妈妈已经和宝宝见面了。没有见面的也在焦急的等待与盼望之中。现在无须再做那些实质的努力了，你只要保存好分娩的体力，不要做出让自己生产困难的事情，就算是取得最后的胜利了。

胎儿在成长 | 宝宝到底有多大啦

本周胎儿随时有出生的可能，即便现在出生也能算是足月儿了。本周胎儿的体重已经长到了3.2～4千克，身长也增长到53厘米左右。胎儿的头部已经基本固定在骨盆中，因此他（她）的胎动也少多了，这让你感觉腹部更加沉重。

胎儿本周还会继续增加体重，男孩儿会比女孩儿的体重略重些，这些快速增加的脂肪储备可以帮助宝宝出生后调节自己的体温。

准妈妈变化 | 宝宝让我"孕味"十足

本周，准妈妈一定觉得自己的肚子又重又坠，

有随时要掉下来的感觉。这时，准妈妈的行动更加不便，身体上不舒服的感觉也会影响到情绪，即将临盆的情况也使准妈妈开始有了思想上的负担。

从本周开始，准妈妈的子宫已经充满了骨盆和腹部的大部分空间，越来越加重的沉重感使准妈妈感到特别不自在，因此要小心活动，避免长期站立。即将分娩，准妈妈从现在开始要好好休息，密切注意自己的身体变化，随时做好生产的准备。

胎教课堂 | 生产前心情放松最紧要

本周胎教的原则与重点是：保持生产前的镇定放松心理，为顺利生产打下良好的心理基础。

马上就要分娩了，准妈妈不妨在心里祈求你和宝宝平安顺利。告诉准妈妈们一个简单有效的放松心情法：坐下来，放松呼吸，并挺直伸展后腰部，两腿盘起，双手自然放在膝盖上，然后深呼吸，将深深吸入的空气聚集在肚脐下面，然后慢慢呼出去，如此反复。如能在做这种放松心情的呼吸时听着舒缓的音乐或者沉浸在美好的回忆里进行冥想，效果会更好。

饮食胎教 | 补充蛋白质，积蓄分娩能量

【营养重点】

分娩时会消耗大量能量，所以从现在起，准妈妈要多补充蛋白质等高能量营养物质。不过，本周依旧要遵循少食多餐的饮食原则，还要注意口味宜清淡，多吃易于消化的食物。为了避免胎儿过大，影响顺利分娩，准妈妈最好依旧限制自己的脂肪和碳水化合物等能量的摄入。多吃些含有多种氨基酸、维生素C、维生素D、维生素E、泛酸及肌醇等营养素的食物是个不错的选择，这不仅能补充准妈妈所需的营养素，还是胎儿大脑发育的天然增补剂。这种营养丰富的食物最典型的要数蜂蜜，大脑细胞所需的营养在蜂蜜中含量是最高的，同时蜂蜜还可以有效预防和改善妊娠高血压综合征、妊娠贫血、妊娠合并肝炎、痔疮、便秘以及失眠等多种疾病。

【食补指导】

准妈妈依旧要崇尚健康饮食，拒绝快餐诱惑。快餐通常是高油、高盐、高糖的烹调方式做成的食物，常吃快餐会造成高胆固醇、高热量的后果。

【饮食推荐】

红枣花生炖猪蹄

猪蹄含有丰富的胶原蛋白，准妈妈吃了可达到滋补身体的功效。花生、红枣均有补气血、增乳汁的功效。

材料： 带皮花生仁100克、红枣15枚、猪蹄7~8块、盐1/4小匙、米酒1小匙。

做法： 花生仁用水浸泡8小时；猪蹄洗净，先用沸水焯烫、去毛脂；红枣洗净、去核。将猪蹄、花生仁和红枣，连浸泡花生的汁水一起放入锅中，再加5杯水和盐、米酒，炖煮至花生与猪蹄烂熟即可。

鲫鱼豆腐汤

鲫鱼具有良好的催乳作用，并能帮助准妈妈产后迅速恢复身体。搭配蛋白质含量高的豆腐食用，可益气养血，促进乳汁分泌。

材料： 鲫鱼1条（约250克），豆腐400克，黄酒、葱花、姜片、盐、水淀粉各适量。

做法： 豆腐切成5厘米厚的薄片，用加了盐的沸水余烫5分钟，捞出沥干备用；鲫鱼去鳞、内脏，抹上黄酒、盐，腌渍10分钟。锅置火上，油烧至五成热，爆香姜片后立即放入鱼，煎至两

面黄，加适量清水，大火烧开后，改用小火炖煮30分钟，放入豆腐片，加盐调味后用水淀粉勾芡，出锅时撒上葱花即可。

运动胎教 | 用指尖促进脑部血液循环

【运动说明】

体内激素的变化使准妈妈常常昏昏欲睡，脑子也感觉迷迷糊糊的，不似孕前那般清醒了。但是，坚持做手指运动能有效促进脑部血液循环，均衡左右脑的供氧量，同时对胎儿大脑发育也有间接刺激作用。

【运动方法】

挤压中指

右手轻轻挤压左手中指，持续一会儿，换左手挤压右手中指。

轻攥中指

右手轻轻攥住左手中指，持续一会儿，换左手轻攥右手中指。

轻挤无名指

右手轻轻挤压左手的无名指和小指，压一会儿，再换到左手挤压右手的无名指和小指。

挤压手心

右手先挤压左手手心一会儿，再以同样方法挤压右手手心。

上挺手指

左手无名指指甲顶住左手大拇指指肚，其他手指用力上挺，右手方法相同。

按压指肚

两手中指指肚合拢，其他手指交叉放在指根处，轻轻按压。

【运动功效】

这套手指运动可以帮助准妈妈提神醒脑、消除疲劳、减轻精神负担等，还能稳定准妈妈的情绪，缓解精神压力和紧张情绪。

按摩胎教 | 穴位按摩提神、醒脑、除疲劳

【按摩说明】

准妈妈在怀孕期间经常容易疲劳、犯困，如果恰逢天气炎热，则更容易打盹。不过，如能对3个穴位进行按摩，马上就能使准妈妈清醒起来，达到提神醒脑的效果。

【按摩方法】

风池穴

风池穴位于颈部，枕骨之下，与风府穴（后发际正中直上1寸）相平。对它进行按摩可提神、缓解眼睛疲劳。准妈妈首先保持身体正直，用两手拇指分别置于两侧风池穴，头后仰，拇指环形转动按揉穴位1分钟，可感到此处有明显的酸胀感，反复5次。

百会穴

百会穴位于头顶正中的最高点，对它进行按摩可以提神醒脑、升举阳气。用双手拇指或食指叠按于百会穴，用力舒缓柔和，直到有酸胀感即可，持续30秒；同时可做轻柔缓和的环形按揉，反复5次。

太阳穴

太阳穴位于眉梢与眼外角连线中点，向后约一横指的凹陷处，对它进行按摩不仅可以提神，还可以缓解头痛。用双手拇指或食指分别置于两侧太阳穴，轻柔缓和地环形转动，持续30秒。不要用力过度，有酸胀感即可停止。

【按摩功效】

对这三个穴位进行按摩，可达到提神醒脑的目的。

情绪胎教 | 外国准妈妈精神放松法

俄罗斯的准妈妈开创了语言胎教和音乐胎教的"结合体"的方法来放松自己。准妈妈将要说给胎儿的话唱成歌曲给胎儿听，歌曲韵律大多取材于一些俄罗斯著名诗人充满童真的诗歌，歌词中既有类似"世上只有妈妈好"的内容，也包括小朋友做游戏的情节，以及天气、四季和动植物知识。

秘鲁的准妈妈用海豚的叫声来刺激胎儿脑部的活动，帮助胎儿提高器官感知能力。海豚的叫声同时也能让准妈妈紧张的情绪放松下来，所以，"海豚胎教"成为秘鲁准妈妈们新的胎教潮流。

其他胎教 | 日本准妈妈的情商胎教法

日本一位妈妈拥有四位天才儿女，那是因为她使用了情商胎教方法。

胎教并不是要灌输多少知识给腹中的胎儿，而是要培养胎儿的一种在未来人生中的健康心态。准父母们在平日里工作和生活的琐事让他们变得很繁忙，如果再花大把时间去对胎儿进行专门的胎教，实在是让他们感到分身乏术。其实，胎教始终是潜移默化的教育胎儿的方式，并不需要人为刻意。在平时的生活中，准父母只要随时保持愉快平和的心态就好。准父母在对腹中胎儿实施胎教时，尽量多地创造两人与腹中胎儿在一起的时间，多和他（她）说说话，告诉他（她）你们有多爱他（她）。你们一起讨论开心的话题时不妨也让胎儿加入进来。你们夫妻二人也要给胎儿树立一个相互体谅、相互谦让的榜样，给胎儿创造一个和谐的氛围，让胎儿从最开始就生活在充满爱与信任的世界里。

另外，再配合以一些常见的、有成效的胎教方法，如天天给胎儿讲故事、给胎儿听古典音乐。

这些对胎儿进行启蒙教育、语言语感的养成以及记忆力的培养等胎教方式，可以训练出一个高情商的宝宝，让宝宝在称为天才的道路上总是走在他人的前面。

第40周

这"万里长征"终于走到了最后一步。听着宝宝呱呱坠地的声音，准妈妈会喜极而泣，还是兴奋、幸福难以掩饰呢？不管是什么样的心情，不久的将来，就会有人叫你妈妈，你肩头的责任从此多了一份，你的生命中从此多了一份最深沉的牵挂。

胎儿在成长 | 宝宝到底有多大啦

孕40周是胎儿降生的时候，宝宝在这周终于要和妈妈见面了。不过这个分娩的时间也不是绝对的，提前或错后两周都是正常的，能在预产期内出生的宝宝仅有5%左右。本周胎儿已经由一个单薄的受精卵细胞一路成长来，发育到拥有数以亿计个细胞的"小人儿"了，他（她）的身长达到了53厘米以上，体重也平均达到了3.3～4千克。

本周如果胎儿还没有出生，他（她）的生长环境也会开始有所变化。伴随了他（她）10个月的羊水开始由清澈透明变为浑浊的乳白色。这是由于胎儿身体表面绒毛和胎脂的脱落及其他分泌物的产生，导致羊水质地有所改变。另外，胎盘的功能也在逐渐退化，直到胎儿出生，胎盘也就完成了它的使命。

胎儿内脏和神经系统功能已经健全，手脚的肌肉更发达且富有活力了，他（她）的脑细胞发育也基本定型。胎儿的胸部现在更凸出了，由于肝在红细胞生产中的特殊作用，肝会自然变大。刚出生的宝宝并不会像洋娃娃般可爱，通常他们的头部在通过产道时受挤压导致暂时的畸形，浑身覆盖的胎脂和血液让他们看上去脏兮兮的。宝宝的肤色会有不匀，有胎记或皮疹，这些都属于正常现象。

准妈妈变化 | 宝宝让我"孕味"十足

准妈妈随时可能分娩了，现在应该做好一切准备，随时准备去医院。首先，准妈妈要准备好生育卡、保健手册、医保卡等一切入院手续。其次，准妈妈要准备好入院的生活用品，如宽松的衣物、内衣、护垫、拖鞋等。巧克力营养丰富，临产时吃几块巧克力，有助于缩短产程，顺利分娩，准妈妈可以多准备一些。此外，准妈妈也要为新出生的宝宝准备生活必需品，如奶瓶、衣服等。

分娩时，宝宝的脑袋先出来，很多准妈妈到宝宝的头正在使劲撑开产道时，可能就会停止用力产出婴儿，这样会增加撕开的痛苦，甚至需要做外阴切开手术。其实准妈妈们不知道，这种疼痛持续的时间是很短的，由于宝宝的头撑开了阴道组织，以至神经受到"封锁"——有了天然的麻醉效果。

胎教课堂 | 择优而行，不同孕育生产不同宝宝

第一类为理想母亲。这类母亲时刻盼望自己能有一个属于自己的宝宝，她们在怀孕时的状态和感觉是最佳的，这样她们的分娩就最顺利，生下的孩子也会身心健康。

第二类为矛盾母亲。这类母亲表面上似乎对怀孕很高兴，外人也认为她乐意做母亲，可是子宫里的胎儿却能感受到母亲潜意识里的矛盾情绪和母亲内心深处对他们的排斥心理。这些母亲孕育出的宝宝大部分会有行为问题和肠胃问题。

第三类为淡漠母亲。这类母亲给人的感觉是不想得到孩子，但是其实她们潜意识里是希望怀孕生子的，这两种信息最后会全被胎儿接受，这些孩子出生后，情感冷漠，总是昏昏欲睡。

第四类为不理想母亲。这类母亲不愿意生宝宝，她们在怀孕阶段生病最多，早产率也最高。她们生

下来的孩子常常会出现体重过轻、情绪反常的情况。

饮食胎教丨易消化,分娩前饮食第一原则

【营养重点】

怀孕的最后时期了,准妈妈随时都可能分娩。如果是初产妇,且身体各项指标正常,如要自然分娩,是可以吃一些易消化食物的。分娩前最好让自己吃饱、吃好,补充充足的水分,为分娩准备足够的能量。

本周准妈妈仍需要摄入各种营养元素,以保证自己和胎儿都能获益,保证良好的身体素质。摄入充足的维生素、蛋白质、铁质、钙质以及身体所需的脂肪酸、热能量都是怀孕晚期准妈妈需要遵循的营养补充原则。

【食补指导】

准妈妈应继续吃补充维生素、蛋白质、铁、钙以及身体所需的脂肪酸、热能等营养元素的有关食品,如富含维生素B_1的粗粮、海鱼动物性食物、大豆类食物、维生素D含量高的食品及动物肝脏等。另外,准妈妈要继续控制自己的碳水化合物的摄入,以免造成胎儿过大,分娩困难。

【饮食推荐】

海苔四季豆蛋糕卷

海苔中藻胆蛋白含量丰富,藻蛋白可降血糖、抗肿瘤、杀死癌细胞,增强人体免疫力。海苔中还含有藻朊酸,这有助于清除人体内带毒性的金属。另外,海苔还能预防神经老化,调节机体新陈代谢。准妈妈常吃不仅可以催乳,还能使皮肤润滑。

材料:鸡蛋清210克、低筋面粉100克、塔塔粉2克、四季豆100克、干紫菜10克、生花生仁25克、盐2克、白砂糖80克、沙拉酱30克。

做法:用搅拌器将鸡蛋清和塔塔粉混合搅拌至起泡,再加入2/3的白砂糖、盐,继续搅拌至白砂糖溶解,将剩余的1/3白砂糖加入鸡蛋清中搅拌至湿性偏干性发泡,加入低筋面粉拌匀成面糊,置于底部铺上白纸的烤盘内,以190℃的温度烤约20分钟。四季豆余水备用。烤好的蛋糕倒扣于白纸上,待冷却后,在上面涂抹上沙拉酱,铺上海苔片,摆上5根为一小束的四季豆,中间挤上沙拉酱、撒上生花生仁。在前端约2厘米处浅切一刀,但不要切断,再用擀面杖将其与白纸一起卷起即成。

肉苁蓉海参炖瘦肉

猪肉的优质蛋白质和脂肪酸含量丰富,可为身体提供血红素和半胱氨酸,能促进铁的吸收,改善缺铁性贫血。海参的胆固醇和脂肪含量少,准妈妈常吃对强身健体很有好处。

材料:肉苁蓉、海参、枸杞子、瘦猪肉、盐各适量。

做法:肉苁蓉洗净泡软;海参洗净,泡发好,切丝;枸杞子洗净;猪瘦肉洗净,切块。将猪瘦肉、肉苁蓉、海参、枸杞子一同放入炖盅内,加适量开水,加盖用文火隔水炖煮3~4小时,出锅前加盐调味。

运动胎教丨产前体操,做得舒心,生得顺心

【运动说明】

产前体操做起来很容易,也比较方便,只是要注意,胎儿过大和高危妊娠者不宜练习。产前体操最好可以配合轻柔舒缓的音乐声将有助于准妈妈放松全身,并可以更好地发挥想象,对胎儿也是种很好的胎教体验,又能增强自己的美感和生活乐趣。

【运动方法】

脚部运动

背部挺直坐着，脚尖在地板上尽量上翘，脚心不离地面，然后脚背绷直，脚趾向下，两脚交替动作。

扩胸运动

双手在胸前屈肘平举，手向下分开，手心向上，向身体两侧平伸。

肩部运动

双肩环绕两手放在肩头，手心向下，分别向前、后环绕。

腹背肌锻炼

双手叉腰，向前、左、后、右推动胯部。

髋部运动

盘腿坐定，两手掌放在膝盖上，随着呼吸轻轻向下推。

振动骨盆

平躺，两腿屈膝，两手放在体侧，提臀，收紧臀肌，然后再放下，从头开始慢慢做10次。接着翻过身来，膝盖和双手着床，头下垂，向胸部弯曲，抬头，尽力把头向前伸，使重心随着移动，再后退恢复到原姿势。

按摩呼吸

侧卧，一手按摩腹部，进行鼓腹呼吸。吸气时手向上腹部抚摸，呼气时手向下腹部抚摸，嘴里发出"噗噗"的声音。

短促呼吸

仰卧，略微提气，用鼻子短促、反复呼吸5~6次，然后再慢慢地把气呼出来，嘴要轻轻张开。

提肛运动

轻轻吸气，收缩肛门、会阴部肌肉，像中断排尿时那样用力收紧肌肉。维持片刻后呼气放松，反复做10~15次。

【运动功效】

产前体操可以使准妈妈释放紧张情绪，促进新陈代谢，增加胎儿子宫内的活动，使羊水摆动刺激胎儿皮肤，有利于胎儿大脑发育。产前体操还可避免胎儿脑部缺氧，帮助准妈妈顺利分娩。

按摩胎教 | 多管齐下，按摩调节胃口

【按摩说明】

准妈妈此时可能胃口又会变得不好，还会伴有恶心、呕吐的症状。其实，我们用一些按摩方法就可以缓解准妈妈的这种不适感，快来学习一下吧。

【按摩方法】

准妈妈采取半卧姿势，准爸爸或其他按摩者站在准妈妈背后，先用拇指点揉百会穴和风池穴1~2分钟，使其感觉头颈部有热气流动。然后用食指和中指蘸生姜汁按揉内关穴、商阳穴和太白穴各20~30次，直到准妈妈感觉胃部发热，换另一侧进行相同按摩。

将准妈妈双腿垫高，用拇指按摩其腿部的足三里穴和丰隆穴各1~3分钟，然后张开双手手掌，贴在准妈妈胸肋两侧，每推拿按摩3次向下移动一个肋间隙，直到脘部及期门穴，每边按摩各20~30次。

【按摩功效】

这种按摩方法可以有效缓解准妈妈妊娠呕吐的症状，帮助准妈妈增加胃口，改善消化功能，并使准妈妈的疲劳之感有所缓解。

情绪胎教 | 交响曲《田园》调节产前情绪

分娩来临前，准妈妈一定要做好心理准备。

准妈妈要明白，生育过程几乎是每位女性的本能，是一种十分正常的自然生理过程，是每位母亲终身难忘的幸福时刻。

准妈妈要放松心情，才能使身体也得到放松，这样才能配合医生的指导，顺利分娩出宝宝。放松心情，才能使身体也得到放松，这样才能配合医生的指导，顺利分娩出宝宝。分娩时由于产道产生的阻力和子宫收缩帮助胎儿前进的动力相互作用，给准妈妈带来疼痛与不适，这是很自然的现象，准妈妈应该不要害怕、紧张，勇敢地承受这一切，你的积极心态是会作为早期教育传递给孩子的。

贝多芬的F大调第六交响曲以"田园"命名，它不仅是用音符描绘了清新辽阔的田园风光，而且将自己在大自然中的愉快心境也表达了出来。田园绮丽的景色，那潺潺的流水，啾啾鸣叫的鸟儿以及村民欢聚的生活场景，在乐章中表现得活灵活现。乐曲用音符描绘的感情非常丰富，忽疾忽缓的节奏，表现出田园生活一派生机勃勃的景象。准妈妈听听这样的曲目，能在曲作者细腻的音符组织中享受到愉悦与宁静的感觉。

其他胎教 | 备忘录，优质胎教的10个金点子

1. 准父母来自不同的家庭环境和背景，但对小宝宝的降临要达成一致的共识和做好周全的准备。

2. 孕育下一代不仅是夫妻双方的事情，更是双方家庭的事情，所以要了解和估计到双方家庭中每个成员的心情。

3. 准妈妈怀孕期间饮食要营养均衡。

4. 受孕养胎的环境一定要安静、舒适；准妈妈要心情放松。

5. 准妈妈怀孕期间要保持愉快、平稳的情绪，家人要多给准妈妈以祝福和关怀。

6. 准妈妈怀孕期间生活要有规律，避免感冒生病。

7. 怀孕5～7个月开始就可以对胎儿进行音乐胎教了，这时胎儿的听觉系统正在成长发育中，音乐胎教有助于胎儿的心智发展。

8. 胎谈胎教是很好的胎教方式，准妈妈可以采用此法孕育胎儿。

9. 适度的运动，可促进血液循环，为胎儿提供适当的营养和健康成长的气氛，对其脑部发育很有好处。

10. 建立属于母体与胎儿的母子理想国，在舒适的环境中做些有情趣的事情，并对胎儿有美的想象，这样能对其进行美的教育。